Te Maldigo con Alegría

OTROS LIBROS DE TIFFANY HADDISH

The Last Black Unicorn

Layla, the Last Black Unicorn

Te Maldigo con Alegría

TIFFANY HADDISH

DIVERSION BOOKS

NEW YORK

Diversion Books
A division of Diversion Publishing Corp.
www.diversionbooks.com

Diversion Books and colophon are registered trademarks
of Diversion Publishing Corp.

For more information, email info@diversionbooks.com

First Diversion Books Edition: July 2024
Paperback ISBN 978-1-63576-976-0
e-ISBN 978-1-63576-988-3

Book design by Neuwirth & Associates, Inc.

Printed in the United States of America
10 9 8 7 6 5 4 3 2 1

Diversion books are available at special discounts for bulk purchases in the US by corporations, institutions, and other organizations. For more information, please contact admin@diversionbooks.com.

ÍNDICE

NOTA DE LA AUTORA

Todas las historias en este libro son exactamente como las recuerdo. Pero la forma en que las recuerdo puede no ser la misma en que otras personas involucradas las recuerdan, porque, como en mi programa de televisión *The Afterparty*, todo mundo tiene su propia versión de los eventos. Ésta es la mía.

INTRODUCCIÓN

LA GENTE ME DICE que soy una celebridad, pero no siempre me siento así. Si soy una celebridad, ¿dónde está mi celebración? ¿Me la perdí? ¿Hicieron una fiesta sin mí? Casi siempre me siento como una persona común. Me compro mis propios Kotex. Saco a pasear a mi perro y recojo su popó con una bolsa de plástico. Y lavo mi propia ropa porque no quiero que nadie huela mis calzones. Pero pasó algo que me hizo pensar que debo de ser bastante famosa después de todo: el museo de cera de Madame Tussauds me pidió permiso para hacer una estatua mía.

Déjame decirte que hacer una figura de cera de tu cuerpo es todo un *proceso*. No es que saquen tu modelo de un molde, le pongan una peluca y tan tan. Se tarda casi tanto como hacer un ser humano de verdad, pero sin la cogida al principio. Tuve que ir a un edificio en Los Ángeles y posar mientras me medían las cejas, la barbilla, la frente, los ojos, los codos, la panza y los pies. Midieron mis callos, mis juanetes, todo. Con tanta intimidad se metieron a mis recovecos que pensé que me llevarían a desayunar a la mañana siguiente.

Algunos meses después, cuando llegó la hora de ver el resultado, llegué a la inauguración un poco antes para echarle un vistazo por mi cuenta. Pasé por Michael Jackson, Stevie Wonder, Drake, Rihanna, Gwen Stefani y Big Poppa. Nicki Minaj también estaba. Muhammad Ali, Shaq. Como la mejor fiesta que te puedas imaginar.

Después de pasar por Biggie Smalls, paré. Ahí estaba. Ahí estaba *yo*. Caramba, se veía igualita a mí.

La nena se veía *bien*. Le pusieron mi vestido Alexander McQueen blanco, el que usé para el estreno de *Girls Trip* (y para los Oscar, y para los premios de MTV, y para unos seis lugares más, porque el vestido fue *caro*). Tenía una mano en la cadera y servía con la otra. La nariz estaba bien. La boca estaba bien. Las piernas, los brazos, la raya del pelo . . . todo perfecto. Usaron pelo humano de verdad para todo: el cabello, las pestañas, las cejas. No miré bajo el cofre, así que no sé lo que hicieron para las partes femeninas. Supongo que tenían pelo rizado en su caja de herramientas. Hasta los pliegues de la mano coincidían con los míos. Pensé: *ya no necesito tener hijos. Si tuviera un bebé conmigo misma, sería como ella.* Los escultores hicieron un trabajo increíble.

Y sin embargo . . .

No sé cómo describir lo que me molestaba. Aunque la estatua era perfecta —y quiero decir *perfecta*—, no lo era. Era yo en parte, pero no del todo. Me quedé mirándola un rato hasta que entendí lo que me estaba poniendo los pelos de punta.

La estatua no tenía dolor en los ojos. Sí, ya sé, es un maniquí, así que supongo que era lógico que fuera así, pero parecía haber tenido una vida muy buena. Ahí estaba de pie, con su belleza, disfrutando del éxito. Lo que la diferenciaba de mí es que yo sí he tenido mi cuota de dolor. Quizás más que mi cuota.

Siempre quise brindar alegría y risas a los demás porque sé lo que significa estar triste. Sé lo que significa sufrir y ver a otros sufrir. Una de las peores cosas que te puede suceder en la vida es sentir que tú eres la única que sufre, porque parece que Dios la trae contra ti. Pero mira, por más chingaderas que te sucedan, no eres la única que sufre. Por eso decidí compartir algo de mi dolor en este libro: no porque quiera deprimirte, sino porque quiero que sepas que no eres la única que la caga y se siente mal.

Yo solía ocultar muchas de las partes duras de mi vida porque no quería que nadie me tuviera lástima. Pero cuando empecé a tener éxito, la gente me empezó a preguntar: "¿Cómo lo hiciste, Tiffany? ¿Cómo es que tu vida es tan buena?". Me di cuenta de que, al ocultar los errores que he cometido, proyecto una idea equivocada. Y habrá alguna niña por ahí pensando que si se equivoca, ya estuvo. Se acabó. No hay chance de tener una buena vida.

Así es que ahora, cuando la cago, muestro mis debilidades antes de que alguien más lo haga. Les digo: "Miren, sólo dormí dos horas ayer, estaba estreñida y la cagué con muchas líneas en el ensayo. Hoy lo haré mejor". Si le digo a todo mundo que metí la pata, nadie puede avergonzarme por ello. Si digo mi verdad, no hay arma que puedas usar contra mí, a menos que sea una lanza o algo por el estilo.

Por ejemplo, déjame contarte muy brevemente un mal día en el trabajo.

Estaba en Miami para hacer un show de víspera de año nuevo. No sé si conoces Miami, pero allá vive el diablo. Hay que cuidarse. Yo no sabía, pero lo descubrí.

La noche antes del show tomé una mala decisión. En vez de dormir bien como debía, salí con todos mis amigos que habían venido a la ciudad a ver mi espectáculo. Me pasé la noche bailando, riendo y bebiendo más de lo que había bebido en toda mi vida. Bebí muchos tragos que parecían agua y sabían a fuego. Me divertí toda la noche y toda la mañana. Estaba tan borracha, que estoy segura de que me meé en el Uber. Mi *rating* definitivamente bajó.

Cuando me dejaron en el lugar del espectáculo, mal podía abrir los ojos. Apestaba como un trozo de carne marinada en alcohol y me dolía tanto el cuerpo que pensé que se me iban a salir los riñones. Me dirigí a los camerinos, donde me desmayé y dejé que me maquillaran como si fuera un cadáver siendo preparado para un funeral de ataúd abierto. No estaba preparada. Pero cuatro mil personas habían pagado para verme actuar, así que salí al escenario como si nada.

Quizás te hayas enterado de lo que sucedió después. Digamos que el espectáculo no estuvo a la altura de Tiffany Haddish. Fue horrible. Fue una BOMBA. No una bomba bonita, como una prueba de misiles en el desierto que aterroriza a unas cuantas lagartijas. Fue más bien como una pinche bomba gigante que mata-todos-los-perros-y-cabras-del-pueblo. Tripas por todos lados. No fue bonito. Lección aprendida. No te pongas hasta las chanclas la víspera de un gran día.

Quería hablar de aquella noche desastrosa durante mi programa especial *Black Mitzvah*, pero todos me dijeron que no lo hiciera. Cuando digo "todos", quiero decir dos personas en particular, pero no voy a decirte sus nombres porque quiero que todos los de mi equipo sepan que son importantes para mí y que siempre los protegeré. Me dijeron: "Eso no es chistoso, Tiffany. Nadie se va a reír contigo. Se van a reír *de ti*, como si fueras tonta". Pensé: *Bueno, siempre y cuando se rían . . . Nadie es perfecto todos los días en el trabajo. Todos pecamos. Todos somos criaturas imperfectas.* Cuando conozco a alguien que parece perfecto, pienso que debe de ser un extraterrestre o que esconde niños en el sótano o algo por el estilo. Siempre que me equivoco, aprendo de mi error. Así es como crezco. Quizás si hablara sobre lo que he aprendido, quienes me escuchan también podrían crecer.

Así que conté la historia de mi espectáculo en Miami durante mi especial. ¿Y sabes qué pasó? A la gente *le encantó*. Hubieras oído al público gritar. Se rieron tanto que podía sentirlo en el pecho.

Cuando actúo, sé que el público está allí para reírse, pero creo que también busca una conexión con algo real. Así es que, lector o lectora, eso es lo que te ofrezco aquí: algo real. Voy a empezar con un par de piezas graciosas para que entres en calor, pero éste no es sólo un libro de risa. También me voy a meter en cosas profundas, porque soy una contadora de historias. Te voy a contar algunas historias sobre momentos en que tuve que comer mierda, errores que he cometido, cosas duras que he vivido, y sobre cómo todo eso me hizo más fuerte de lo que jamás pensé que podría ser. Mi esperanza es que, si escuchas mis historias sobre mis errores, quizás no cometas los mismos o no sientas que eres la única persona en el mundo que mete la pata. Si ves mis victorias, quizás te ayude a lograr las mismas victorias. Y si me ves hacer algo bueno, quizás se te ocurra cómo hacerlo mejor. A veces soy buena, a veces una mierda, pero no quiero vivir mi vida como víctima profesional. Prefiero ser una superadora profesional.

Quizás te preguntes por qué algunos eventos no aparecen en el libro. Te oigo decir: "Cabrona, ¿de veras crees que lo olvidamos? ¿Por qué no dijiste nada sobre eso?" Hay ciertas cosas que no incluí en el libro porque ya pasaron a mejor vida, y no estoy en el negocio de desenterrar a los muertos.

Pero el resto del tiempo, no llevo peluca. No llevo maquillaje. Ni uñas postizas. Ni pestañas. Te voy a contar mi vida, todo aquello que me hace ser más viva, más humana y mucho más interesante que ese hermoso maniquí de cera. Algunas partes de este libro serán graciosas —si lo lees en público y tratas de no reírte, la gente podría pensar que algo te pasa—, pero espero que los chistes signifiquen algo más cuando veas que todo lo que he vivido ha dado forma a lo que soy.

¿Estás lista?

ALGUNAS COSITAS
QUE DEBES SABER

ANTES DE EMPEZAR, ¿SABÍAS que escribí otro libro? Sí, lo hice. Se llama *El último unicornio negro* [pausa para efecto dramático], y fue un bendito bestseller del *New York Times*. En ese libro escribí sobre el mejor sexo de mi vida, por qué me autodenomino unicornio, sobre la vez que con mi pinche frugalidad usé un cupón de Groupon para un tour en un pantano con Will Smith y Jada Pinkett Smith —dos personas que definitivamente no tienen que preocuparse por ahorrar $37.50— y sobre el día en el que accidentalmente maté a un hombre en un Bar Mitzvá con mis nalgas (no te asustes, era muy viejo y murió feliz). Y también incluí mucho de mi infancia, con sus innumerables altibajos.

Si leíste *El último unicornio negro*...

¡Gracias! Espero que lo hayas disfrutado. Trabajé mucho en ese libro, y me alegra saber que la gente encuentra algo en él que las hace sonreír. He notado que quienes leen mi primer libro me hacen muchas de las mismas preguntas cuando terminan, así que las voy a responder aquí. Si no leíste *El último unicornio negro*, pasa a la siguiente sección para que sepas lo que tienes que saber antes de adentrarte a este libro.

¿Cuándo fue la última vez que te cagaste en los zapatos de alguien?

Ya tengo más de cuarenta años —soy una mujer adulta—, así que hace mucho que no me cago en los Jordans de nadie. Pero después de contarle a mi hermana la historia que compartí en *El último unicornio negro* sobre la vez que me cagué en los zapatos de mi novio cuando me traicionó, ella se lo contó a su amiga blanca que vivía en Tallahassee. Unas semanas después, esa chica descubrió que *su* novio la estaba engañando. Apenas se enteró, supo lo que iba a hacer. Él acababa de comprar un coche nuevo, así que ella fue al baño y puso el producto de sus esfuerzos en una bolsa de plástico. Se metió al coche, abrió la guantera y lo echó todo encima. Ahora bien, Tallahassee está en *Florida* —un pantano—, así que había caca líquida deslizándose sobre el manual del propietario.

Supo por sus amigos que durante semanas anduvo en el coche preguntándose de dónde provenía el olor a mierda, pero no la encontró. Pero una noche lo paró la policía. Abrió la guantera para sacar el registro y éste estaba cubierto de mierda. La venganza es jodida, traidor. Me alegra saber que la inspiré, aunque no haya participado directamente.

Ahora que soy mayor y que he avanzado en mi carrera, tengo mejores métodos de venganza.

Tanta gente que me odiaba cuando iba subiendo me decía cosas como: "Tiffany, tú no eres nada. No sé por qué pierdes tu tiempo con esas clases de actuación. No vas a ser nada. Eres demasiado hiperactiva. Demasiado del gueto. No vas a llegar a ningún lado". Eran palabras hirientes, pero ya perdoné a la mayoría de las personas que me las dijeron. No fue su culpa que el esperma de su papi diera en el óvulo más podrido cuando se vino. Perdono, pero no olvido. Tengo memoria de elefante cuando se trata de gente que me ha hecho daño. Así es que esto es lo que hago: Cuando estreno una película, llamo a mi publicista y me aseguro de que mis carteles estén en los barrios donde viven los que más me odian, para que vean mi rostro sonriéndoles donde quiera que vayan. *Tienen razón. No voy a ningún lado. Estoy en todos lados.* Luego cojo la mierda que me decían, la uso en mi actuación y gano dinero con ella. *¿Les gusta esa mierda?*

¿Dónde diablos está Roscoe?

No he visto a Roscoe. Una de las grandes pérdidas de mi vida es no saber dónde está Roscoe. Decidí que debe de estar pudriéndose en un ataúd en algún lado porque no lo puedo encontrar. No es posible que no sepa que lo estoy buscando. Ya conté la historia un millón de veces. Debe de saber que quiero saber de él. Si no está muerto, es un cabrón. De cierta forma espero que esté muerto, para que no ande por ahí rompiéndoles el corazón a otras personas. Descansa en paz, Roscoe.

¿Cómo está tu mamá?

No voy a mentir: es un día a la vez. Logré sacar a mamá del psiquiátrico. Gasto mucho dinero para cuidarla. Trato de que tenga buena alimentación, los chefs, los médicos, todo lo que puedo hacer, y hasta cierto punto funciona. Su cuerpo se está recuperando. Perdió mucho peso. Hace unos años era cien por ciento diabética, ahora ya es lo que los médicos llaman prediabética, lo cual es bueno. Le compré una casa como siempre soñé. Pero la vida no es como en las películas. No hay un *fade out* con "Lovely Day" como música de fondo mientras nos tomamos de las manos y nos sonreímos en el sofá. Casi todos los días sigue hablando consigo misma o con gente que sólo ella ve. Puede discutir consigo misma y terminar doblándose de risa. Trato de encontrarle la gracia. Me digo a mí misma: *Mi mamá no necesita amigos. Sus amigos están en su cabeza. ¡Nunca está sola!* Otras veces, es difícil encontrarle la gracia. La llevo a pasar una tarde de madre e hija de lo más normal, pero de repente algo la detona y pum, trata de pelearse con alguno de los empleados donde quiera que estemos o se lanza contra mí, tratando de golpearme y sacarme los ojos.

Tengo que recordarme a mí misma que no soy Dios y que debo dejar de tratar de serlo. La quiero, pero, ay, es difícil.

¿Por qué no te volviste a casar?

No te metas en lo que no te importa.

¿Sigues usando cupones Groupon?

A güevo, claro que sigo usando Groupon. Tengo más dinero de lo que tenía cuando era sin techo, pero sigo sabiendo cuánto vale un dólar. Uso Groupon un chingo. El año pasado compré un cepillo de dientes eléctrico. Cien parches de acción rápida para adelgazar. Una lectura psíquica. (Esa mujer es mala. Se equivocó sobre todo. Le di una estrella. Pero la lectura sólo costó diez dólares, así que supongo que recibes lo que pagas.) Seis máscaras de bisutería. Una chaqueta ligera Galaxy con agujeros en los bolsillos. (Una estrella.) Un par de shorts femeninos de cintura alta. Guantes desechables de látex extragruesos. Un brasier deportivo acolchado. Shorts estilo ciclista de cintura alta para yoga. Un vestido sexy de manga tres cuartos. Tres pesas rusas de vinilo para gimnasio casero. (He estado haciendo ejercicio.) Y parches de biotina de primera calidad para el pelo, la piel y las uñas. Si crees que voy a malgastar mi dinero pagando al por menor, estás loco.

¿Cuándo vas a hacer *Girls Trip 2*?

Las chicas y yo hablamos de hacer una secuela todo el tiempo. Me encantaría que Meryl Streep apareciera en la película interpretando a mi mamá. Si tienes ideas para el guion, échame un grito.

Si no leíste *El último unicornio negro*...

Primero que nada, ¿por qué chingados no? Ni siquiera lo tienes que *leer*. Lo puedes comprar como audiolibro y escucharlo mientras te lavas los dientes en la mañana. Me nominaron a un Grammy por mi grabación del audiolibro. No sabía que te podían nominar a un Grammy por leer. Pero así fue. Me nominaron por leer en voz alta, y sólo aprendí a leer en la *prepa*. ¿Cómo la ves?

En fin, si no leíste mi primer libro, no te lo voy a arruinar con un *spoiler*, pero hay algunas cosas que te tengo que decir antes de que leas *este* libro, porque hablo de ellas y quizás necesites algo de contexto para saber a qué me refiero.

El punto es que no salí de la vagina de mi mamá siendo una comediante famosa. Mis primeros años de vida fueron como una película de Lifetime: *Del barrio a Hollywood: La historia de Tiffany Haddish*. Mi camino no fue fácil. Hubo angustias, dramas y mucho dolor.

Mi papá se fue de casa antes de que yo cumpliera cuatro años; simplemente desapareció, dejándome al cuidado de mi mamá y mi abuela. Nos fue bien hasta que mi mamá tuvo un accidente automovilístico grave cuando yo tenía ocho años. Su cabeza atravesó el parabrisas. Había sido empresaria. Tenía propiedades. No era una mujer tonta. Pero después del accidente su mente ya no volvió a ser la misma.

Estuvo tres meses en el hospital mientras yo vivía con mi abuela y mis tías. Tuvo que volver a aprender a hablar, a caminar y a comer. Su médico me dijo:

—Ahora tienes que madurar, ser su mayor ayudante.

—No hay problema –le dije–, la amo. Haré todo lo que necesite.

Su accidente alteró nuestra dinámica, un cambio de 180 grados. A los nueve años de edad, me convertí en mamá instantánea. Todo lo que mi mamá me había enseñado, se lo tuve que enseñar a ella. Tuve que enseñarle a caminar y a hablar de nuevo. Antes de su accidente tenía un vocabulario muy amplio, pero después sólo le quedaron unas cuantas palabras. No se podía expresar correctamente, lo que la enfurecía y se ponía muy violenta.

Unos años después, los médicos la diagnosticaron con esquizofrenia, pero a mí me parece que tenía una de esas conmociones cerebrales de jugador de futbol americano que te provocan cambios de humor. Se frustraba tanto que me golpeaba en la boca. *Bam*. Me apaleaba. Me madreaba. Rompió mi pequeño espíritu. Perdí el resto de mis dientes de leche de una vez. Incluso me noqueó un par de veces.

Nadie debería tener que pelear con su mamá de esa forma.

Vivía aterrorizada, pensando cómo evitar que me rompiera el cuello o que me tumbara otro diente. ¿Cómo lograr que esa persona fuera suficientemente feliz para que dejara de lastimarme?

A mis trece años, mis hermanos, hermanas y yo terminamos bajo cuidado tutelar, supongo que porque no fui una buena mamá. Viví en varios hogares.

Como te podrás imaginar, esos baches no fueron el mejor entorno para una joven. Me metía en problemas en la escuela. Muchos. Mi trabajadora social me dio a elegir entre terapia psiquiátrica y el campamento de comedia de Laugh Factory. Elegí el campamento. Me salvó la vida —emocional y mentalmente—, pero no ayudó mucho a alimentarme ni a tener un techo sobre mi cabeza.

Por un tiempo, a los veintitantos años de edad, mi coche Geo Metro fue mi hogar. Era sin techo, pero una sin techo bonita. No tenía regadera, pero tenía toallitas de bebé para limpiar las partes importantes. Siempre llevaba el cabello y las uñas arreglados. Y hacía lo mío: actuaba, me presentaba a audiciones, trataba de consolidar mi carrera.

Me veía bien, pero dormía en mi coche y tenía un chingo de hambre, contaba los centavos en mi cenicero para comer algo. Y entonces, un bendito día, Kevin Hart me confrontó por vivir así. En vez de avergonzarme, me ayudó. Ese hombre es un ángel para mí.

Cuando me volví a levantar, me pude enfocar en lo que me salvó la vida, lo que me da sentido y alegría y suficiente dinero para comer y dormir en una cama de verdad en mi propia casa: la comedia.

Bueno, eso es lo básico. La mayoría de las historias en este libro tendrán sentido ahora. Pero, en serio, ahora que tienes este libro, lee mi libro anterior también.

UN MUNDO FELIZ

EL PRIMER LIBRO QUE leí de principio a fin fue *Queen* de Alex Haley. Fue la idea de mi profesora de teatro en la prepa. Miss Gree fue quien descubrió que yo era prácticamente analfabeta a los quince años de edad. A esa edad sólo sabía leer palabras de tres letras y mi ortografía era una mierda. Pensaba que *if* se escribía *ef*. Me hacía visitarla fuera de clase y leerle para practicar. Llegaba y leía a tropezones los artículos periodísticos que ella escogía o partes de libros para mis tareas. Una tarde, en su clase, me sugirió que escogiera un libro por mi cuenta, uno que pudiera gustarme. No tenía ni idea por dónde empezar, así que Mis Gree me preguntó:

—Bueno, qué tal esto: ¿cuál es tu película favorita basada en un libro?

—No sé.

—Bueno, ¿cuál es tu película favorita? Empecemos con eso.

—Eso es fácil. ¿Quién engañó a Roger Rabbit?

Me encantaba esa película porque había una escena en la que el detective dice: "¿Por qué toda esa gente hace cosas buenas por ti?".

Y el conejo responde: "Porque los hago reír, Eddie. Si los haces reír, harán cualquier cosa por ti". Hacer reír a la gente era mi truco para que ayudaran a mi analfabeta persona a hacer la tarea, pero supongo que no había un libro sobre *Roger Rabbit*, así que eso quedó descartado.

—Hmm –dijo Miss Gree–. Piénsalo y me dices.

Lo pensé, y lo que se me ocurrió no fue una película. Fue una miniserie de televisión, *Queen de Alex Haley*. La miniserie era una de mis favoritas porque el día después del primer episodio, un chico llamado Eugene en la escuela me dijo: "¡Tiffany! ¡Tiffany! ¿Viste *Queen* el fin de semana? Dios mío. Te pareces a Halle Berry".

—¡Gracias! Es tan bonita –le dije.

—Sí, te pareces a Halle Berry cuando está jodida. Como la sucia Halle Berry.

Carajo. ¿Por qué tenía que decir que me parezco a Halle Berry jodida? Podría haber dicho que me parezco a Halle Berry en la película *Los Picapiedra* o *Boomerang*. Pero, ¿sabes una cosa? Escucharlo decirlo como quiera me hizo sentirme guapísima porque Halle Berry es increíblemente bella, haga el papel que haga. Además, esa miniserie era muy buena.

De manera que el libro que quería leer era *Queen*. Fui a la biblioteca de la escuela para pedirlo, pero no tenían ninguna copia. Mi mejor amiga Lena y yo terminamos yendo a la Biblioteca de Inglewood para ver si lo tenían.

Para una chica que mal sabía leer, me pasé muchísimo tiempo en la biblioteca. Como en mi infancia pasé tanto de casa en casa, ése era el único lugar que me parecía estable. Los mismos estantes. El mismo olor a libros polvorientos. Los mismos sin techo durmiendo la siesta a la mesa. Cuando todavía no sabía leer, pedía libros en casete. Venían en paquetes de plástico duro. Hasta un libro corto venía en unos cincuenta casetes, pero me encantaba escucharlos. Recibí tantas historias gratis. Cuando exploraba los estantes, no podía leer todos los títulos. Podía pronunciar una o dos palabras como "romance" o "rico". Pedía cualquier audiolibro que contuviera la palabra "rico" porque pensaba ser rica algún día. También me encantaban las portadas sexys. *Ay, ésta trae un hombre lobo y una mujer con los pechos al aire. Lo quiero.* Metía los casetes en mi Walkman al llegar a casa y estaba lista por horas.

El día que fui a buscar a *Queen* fue la primera vez que entré a la biblioteca en busca de un libro específico en papel. Lena y yo lo cogimos del estante y lo pedimos prestado. Era muy grueso. Debía de tener unas setecientas páginas. Podría haber servido de taburete. Su peso en mis manos me agradaba.

Una vez que empecé a leerlo, me lo llevaba a todos lados. Lo leí en el autobús escolar. Lo leí en el autobús normal. A veces, cuando alguien me ofendía y me enojaba tanto que me daban ganas de pelearme, en vez de golpearlos, me llevaba *Queen* al baño. Golpeaba ese enorme libro hasta que me dolía la mano. Esa fue una nueva táctica para mí porque, por más que no me guste admitirlo, cuando era joven, mi forma de lidiar con mis emociones era pelearme con alguien. No siempre estaban dispuestos a pelear conmigo porque pensaban que estaba loca, y entonces trataba de destruirlos con palabras. Mi boca era un fusil de asalto que disparaba insultos. Pero cuando empecé a cargar a *Queen* en mi mochila, dejé las armas. Después de golpear la portada un rato, me sentaba en el escusado y leía con rabia. Leer sobre la vida en la plantación me calmaba. Supongo que decir eso es bastante jodido. Pero la historia era fascinante y la escritura era encabronadamente bella. Me atrapaba de tal forma que era como estar dentro de los personajes, sintiendo lo que ellos sentían, como cuando Queen estaba desesperada por saber más sobre su padre. Caramba, me identificaba con eso, y esa conexión me hacía pasar página tras página. Lo mágico de la lectura era que todo lo que el personaje vivía, por muy parecido que fuera a lo que sucedía en mi propia vida, no me podía lastimar. La historia no era más que palabras en una página, así que podía sentir todo eso sin caerme en un hoyo. Y muy pronto me olvidaba de cualquier chingadera en mi vida real que me estuviera jalando hacia abajo.

Así que ese fue el primer libro que terminé que no era del Dr. Seuss. Me tardé una eternidad para terminarlo. No es fácil leer un libro entero cuando apenas pasaste el nivel de lectura de Hooked on Phonics. Cuando finalmente cerré el libro, me sentí muy orgullosa. De hecho, estaba tan orgullosa que nunca devolví el libro. Pagué unos $12.80 de multa y aún lo tengo en mi librero en mi casa con el sello: "Inglewood Public Library". Mal hecho.

El segundo libro que leí fue *Un mundo feliz* de Aldous Huxley. Ese libro es bien pinche sexy: repleto de orgías-porfías. Los personajes vivían en un mundo alternativo donde podían tener todo el sexo que quisieran. No creían en el matrimonio o la monogamia, y no había celos. Nunca sentían emociones negativas porque cuando se sentían mal, tomaban unas bolitas llamadas soma que los hacían sentirse bien y felices. Apenas sentías una mala emoción, te podías tomar una pastilla. Gulp, y bam, se fue. Tienes que leer ese libro. (O no. Tiene algunas políticas jodidas de gente blanca, pero no percibí nada de eso cuando era adolescente.) No dejaba de pensar que el libro se llamaba *Utopía* porque el mundo en el que sucedía me parecía perfecto.

En el libro, viven en un lugar que se llama Estado Mundial, donde los personajes hacen bebés en placas de Petri. Los cultivaban en un laboratorio donde todo mundo tenía un trabajo específico. Todos sabían perfectamente lo que se esperaba de ellos en todo momento y cuál era su papel. O bien se encargaban de fecundar el óvulo, o bien determinaban cuál sería el rango del niño en la sociedad una vez nacido. No había que preguntarse dónde encajaba uno. Todo estaba previsto.

Fuera de la burbuja del Estado Mundial se encontraba lo que llamaban "Reservas para Salvajes". (¿Ahora entiendes lo que quiero decir sobre la política? Obviamente, el libro fue escrito hace mucho tiempo por un hombre que podría haber sido elegido alcalde en el Sur de Jim Crow. Hace tiempo que lo leí, pero si hubiera personajes negros en el libro, te aseguro que los llamarían *negroes*.) Como quiera que sea, era un lugar muy parecido al mundo en el que vivimos ahora: tener bebés de forma natural que salen de tu vagina, enamorarse de una pareja, enfermarse, envejecer . . . todas las cosas con las que estamos acostumbrados a lidiar. Y había todas esas emociones horribles: desilusión, depresión, rabia . . . sentimientos que pueden pisotearte el alma.

En la época en que leí *Un mundo feliz* en la prepa, ya tenía mucha experiencia viendo a mi mamá luchar contra sus emociones. Después de su accidente, estaban por todos los pinches lados. Era literalmente esquizofrénica y probablemente lo había sido por años, aunque los médicos sólo la diagnosticaron cuando yo tenía unos doce años. Fueron cuatro años sin medicación e imprevisible. Su violencia llegó a su ápice cuando perdió un bebé.

Se sentía enferma, vomitando como si tuviera gripe. Yo le llevaba té y galletas y corría a la tienda de la esquina para tratar de comprarle comida con nuestros vales de alimentos. Un día, al regresar, la encontré llorando a mares en el baño. Le pregunté:

—¿Qué te pasa, mamá?

—Estoy embarazada. No sé qué voy a hacer.

—¿Cómo que estás embarazada? No tenemos espacio para que estés embarazada. ¿Por qué hiciste eso? Las cosas ya están muy difíciles de por sí.

Estaba tan enojada con ella, tan desilusionada. Pensé: *Ahí viene otro niño y yo voy a tener que cuidarlo.*

Cuando supo que eran gemelos, se puso tan feliz. La noticia la hizo sonreír. ¡Gemelos! Qué bendición. Pero uno o dos meses después, cuando tenía unos cuatro meses de embarazo, perdió uno de ellos. Fue como si toda la felicidad y tranquilidad que tenía hubieran muerto con el bebé. Estaba tan triste y deprimida que dejó de cuidarse, ni siquiera se bañaba. Su estado mental estaba tan jodido que murmuraba que los médicos le habían dado pastillas abortivas a escondidas y que por eso había muerto el bebé.

El momento en que nació el bebé sobreviviente, mi hermano Justin, todas sus emociones —el dolor, la pena, la frustración— la devoraron. Tenía una enfermedad mental tan seria que no quería siquiera alimentar al nuevo bebé. No teníamos dinero para comprar Similac, así que cogía a mi hermano, que olía a humedad, y lo limpiaba. Después se lo llevaba a mi mamá y le limpiaba las tetas y las axilas para que no apestara, y se lo ponía en la teta para que comiera algo.

No tenía fuerzas para cuidarse a sí misma o a su bebé, pero sí para madrearme. La violencia se multiplicó por diez. Era como si sus emociones llenaran su cuerpo hasta reventar, y la única forma de librarse de ellas fuera golpeándome. Daba mucho miedo. No tenía idea de con quién iba a tener que lidiar en cada momento. Me levantaba todos los días preguntándome: ¿Hoy tendré que pelearme con mi mamá?

Quién sabe si su desenlace hubiera sido diferente si los médicos le hubieran dado antes la atención que necesitaba. Lo que sí sé es que esos años hubieran sido diferentes para mí.

Cuando empecé a leer *Un mundo feliz*, le decía: "Mamá, tienes que tomar medicamentos. Si te tomaras unas pastillas serías mucho más feliz."

La gente que tomaba pastillas en el Estado Mundial era feliz. Había orden porque no había emociones intensas ni relaciones tumultuosas que agitaran el barco. Cuando los personajes se tomaban esas pastillas, nadie le daba un puñetazo en la cara a su hija. Cuando mi mamá empezaba a golpearme, la idea de un destino inescapable en un mundo predeterminado me parecía estupenda.

Poco después del nacimiento de Justin, las trabajadoras sociales empezaron a llegar a la casa para ver cómo estábamos. La respuesta: nada bien. Trataron de convencer a mi mamá a que se sometiera a una evaluación psicológica, pero se rehusó. Trataron que aceptara medicarse pero dijo: "Sólo quiero tomar Herbalife. No me gusta cómo me hacen sentir las pastillas". Finalmente mi madre estalló y se puso tan violenta que la arrestaron, y todos los niños terminamos en casas de acogida, como lo describí en mi libro anterior. La policía la llevó al hospital y de allí la enviaron a un centro psiquiátrico. En el psiquiátrico finalmente la medicaron para calmarla.

Mi abuela nos recogió a todos los niños en nuestras diferentes casas para visitar a mi mamá en el psiquiátrico. Cuando llegamos, casi no la reconocí. Lo que le habían dado —Haldol, creo— la sacó de sí misma. Babeaba y gemía "Huuuuuhhhhp", casi como si dijera "*help*", "ayuda". Espero que nunca tengas que ver así a un ser querido.

Saltemos a mis veinte años: mi vida no iba bien. Si sabes algo de mí, probablemente conoces esta historia, así que no la voy a repetir con mucho detalle. Vayamos al grano. Estaba tomando decisiones tontas que me dejaron arruinada, hambrienta y viviendo en mi coche. Eran tiempos malos y duros.

Tuve un colapso nervioso. Estaba súper deprimida. Mis sentimientos en ese momento me rebasaban y me dio un cortocircuito. No sabía para dónde ir, qué hacer conmigo misma. Algunos días me quería morir. Incluso me pasé uno o dos semáforos a propósito.

Fui a terapia, aunque no era una paciente muy natural. En vez de hablar sobre lo que me sucedía, me la pasaba ensayando mi material en el consultorio. Mi terapeuta se sentaba frente a mí y casi no podía tomar notas porque no paraba de reír. Le estaba pagando a esa perra 125 dólares por hora para hacer comedia en su sofá. No estábamos progresando mucho. Hablar sola no resolvía el problema, así que le dije que necesitaba algo más fuerte que nuestras sesiones. Me mandó a un psiquiatra que me recetó medicamentos. Pensé: *Muy bien, ahora sí avanzamos. Me voy a tomar estas pastillas y harán que desaparezca todo el dolor. Me apunto.*

Empecé con Paxil. Lo primero que sucedió fue que me sequé. Apenas empecé a tomar las pastillas, mi boca se secó. Mis labios siempre estaban resecos. Mis pies estaban agrietados. Y mi vagina estaba irritada. ¿Sabes lo difícil que es caminar deprisa cuando tu concha está seca? ¿Alguna vez viste a una señora mayor intentando cruzar la calle? Toda enroscada como camarón. Tienes que caminar despacio, porque si frotas tus paredes demasiado rápido, tu biscocho explota. Era incómodo. No tenía jugos. Bebía agua, mucha agua, pero seguía seca. Mis lágrimas también se secaron, pero ni siquiera tenía ganas de llorar. No sentía tristeza. No sentía rabia. No sentía alegría. No sentía *nada*. Sólo ganas de bostezar. Bostezaba todo el pinche tiempo.

Así es que cambié a Prozac. Recuperé algo de humedad en mi boca. Ya no bostezaba. Pero seguía sin sentir nada . . . quiero decir *nada*. Absolutamente nada.

Todo lo que antes me daba placer dejó de hacerlo. Ni siquiera me importaba comer. La comida sabía a papel mojado. Podrían servirme la mejor comida del mundo y la disfrutaría tanto como la avena instantánea. No tenía ganas de estar con amigos. Nada había cambiado en ellos. Seguían siendo las mismas personas que amaba hacía años, pero cuando me llamaban para preguntarme si quería salir con ellos, me sentía tan emocionada como si estuviera hablando con un vendedor de seguros. Era como si alguien hubiera tomado una llave de tuercas y me hubiera cerrado la válvula de la alegría.

Aunque me sentía de la chingada, era genial en el escenario porque ése es el único lugar donde siempre me he podido conectar con mis sentimientos, y ni siquiera las pastillas pudieron acabar del todo con eso. Un buen espectáculo aún me producía una descarga de adrenalina, y sabía que debía estar feliz porque me invitaban a actuar, pero no lo estaba. Me sentía vacía. Curiosamente, sonreía mucho más con Prozac, pero no eran sonrisas genuinas. Mi rostro respondía a la idea de que "debería estar sonriendo ahora", y no a un sentimiento de felicidad en mi corazón.

Era como si mi corazón se hubiera apagado. Para tratar de ponerlo en marcha, empecé a cogerme a todo lo que veía sólo para sentir algo.

Y en realidad sí sentí algo, pero lo que sentí fue dolor. El sexo *dolía*. Mi zona vaginal, mi chakra raíz, no funcionaba. No había suficiente energía allá abajo. El sexo era un acto meramente mecánico. Los tipos me la metían, pero no tenía orgasmos. Después de una noche de mal sexo, pensaba: *Bueno, tal vez me conecté con el güey equivocado. Quizás no sea la persona adecuada. Voy a probar con otro.* Y me iba a buscar a otro hombre con quién coger. Pero no. Seguía sin sentir nada.

Estaba vacía de sentimientos. Las pastillas tenían el efecto exacto que yo había querido para mi mamá en mi adolescencia, cuando intenté convencerla a tomar pastillas para que sus sentimientos se encogieran a tal punto que dejaran de estallar de sus puños a mi cara. Pero lo que estaba descubriendo es que, de una manera muy jodida, no sentir nada era tan malo como sentir demasiado.

Por aquel entonces, muchos amigos míos estaban muriendo, asesinados en las guerras entre pandillas y todo eso. Uno pensaría que habría sentido algo con eso, pero para mí era como decir: "Vaya, se murieron. Vamos al funeral". Como un pinche robot.

Iba a tantos funerales. Estaba tan jodida de la cabeza que empecé a pensar que eran el lugar ideal para conseguirme hombres. En un funeral, ni siquiera recuerdo de quién era, me fijé en un tipo. No era tan guapo, pero era muy alto. Tenía trenzas y era algo gracioso. Andre, creo que se llamaba.

Se veía triste durante la ceremonia. Me acerqué, me puse muy cerca, y le empecé a hablar, diciendo cosas como: "Lo sé. Lo sé, es tan trágico. Todo va a estar bien". Me quedé a su lado durante el velorio. Comimos pasta con queso y estuvimos juntos todo el tiempo. Después del funeral, nos empezamos a llamar por teléfono, hablando de esto y aquello, y nos empezamos a conocer mejor. Al poco tiempo empezamos a salir juntos y las cosas se pusieron sexy.

Una noche, durante la cena, dejó el tenedor sobre la mesa.

—Tengo que decirte algo –dijo. Terminó de masticar–. Tengo una verga muy grande.

Pensé: ¿Y a mí qué? Aguanto cualquier *verga*. *Pequeña, grande, no me importa.*

—No hay problema. La aguanto. No hay verga demasiado grande para mí. Si Dios la hizo, así debe ser. Mi cuerpo está hecho para estirarse y encogerse. No me asusta.

Sonrió tanto que pensé que me iba a pedir matrimonio allí mismo.

Unos días después, nos volvimos a ver y empezamos a besarnos. Era obvio que íbamos a coger. Nos fuimos al cuarto y cuando la sacó, me congelé. La chingadera era más grande que una calabaza premiada. Tenía un bate de béisbol completo entre las piernas.

—Dios mío. ¡Mira eso!

—Te dije que era grande.

Debería haber cogido mis bragas y dicho: "¡Híjole! Se me olvidó la ropa en la lavadora. ¡Me tengo que ir!" Pero había presumido tanto de que aguantaba cualquier espada que pensé que tenía que sustentarlo. Porque soy una mujer de palabra. Estaba tan alejada de la realidad que no pensé en lo que una verga de ese tamaño podía hacer dentro de mí.

Me disculpé diciendo: "Ahora vuelvo". Fui al baño y saqué un lubricante de mi bolsa. Generalmente sólo me pongo un poco en el exterior de mi conchita, pero me puse como la mitad del tubo hasta dentro para ese tipo. Pensé: *Tengo que estar lista para esto.*

Respiré hondo unas cuantas veces y volví a donde me esperaban él y su Louisville Slugger. Después de besarnos un rato, metió la punta. Déjame decirte, estaba a punto de morir. ¿Pero lloré? No. ¿Corrí? No. ¿Pensé en lo que estaba haciendo? No. Ni siquiera estaba en mi cuerpo. Estaba flotando en algún lugar por encima de toda la escena, viéndola suceder.

Cuando terminó, estaba tan feliz que pensé que se iba a levantar y bailar por todo el cuarto. Dijo: "Ésta es la primera vez que alguien me deja meter mi verga entera". No me digas.

No habían pasado ni cinco minutos desde que terminamos cuando empecé a sentir un dolor terrible en el abdomen, como si tuviera un tejón ahí dentro tratando de salir a mordidas. Empecé a vomitar . . . y a vomitar y a vomitar. Salí de su baño doblada.

—¿Te sientes mal?

—Sí, me duele mucho el estómago. Tal vez fue algo que comimos.

Me dejó en casa, donde no dormí mucho porque el mentado tejón estaba hambriento. La mañana siguiente, me dolía tanto que apenas podía ver. Me la pasé vomitando, aunque ya no tenía nada en el estómago. Me dio un poco de miedo. *Este cabrón me contagió con herpesgonorreasífilis.*

Fui al hospital, donde la doctora me hizo un examen pélvico, que fue duro porque estaba muy sensible e inflamada.

La doctora levantó la vista de detrás de la sábana y me dijo: "Tiene el útero inclinado."

Así de grande era el pito de Andre. Me inclinó las entrañas.

Me dijo que debía masajearme y hacer ejercicios Kegels para que el útero volviera a su sitio. Fue en ese momento que una semilla se plantó en algún lugar de mi conciencia. Pensé: *Tengo que dejar de tomar esas pastillas.*

—Tendrá que abstenerse del sexo por un tiempo, y cuando lo haga con ese hombre, hágalo con cuidado.

No tenía que preocuparse por eso. Podía estar insensible al mundo, pero no era idiota. No tenía la mínima intención de volver a coger con Long Dong Silver.

Un año después, me encontré con Andre, acompañado por otra mujer. Me la presentó diciendo: "Ella es mi esposa".

Le di la mano y estoy segura de que me presenté, pero lo único que lograba pensar era: *Muchacha, eres una mujer fuerte. Debes de tener una lata de café por vagina.*

Pasaron quizás unas seis semanas después de esa consulta médica antes de hacerlo con alguien más. Cuando lo hice, no sentí nada en mi concha. Estaba insensible. Pensé que Andre me había descompuesto la vagina para siempre. Después estuve con otro tipo una semana después, y me dio mucho gusto ver que finalmente sentía algo allá abajo; pero seguía sin sentir nada en el corazón.

El Prozac funcionaba demasiado bien. Pero adormecer mi dolor no resolvía el problema. Necesitaba dejar esos fármacos. Era como uno de esos personajes en el libro de Huxley. No estaba realmente en el mundo real. Estaba en un ambiente artificial. No había altibajos. Mi paisaje emocional era un desierto sin puntos de referencia. Incluso habría agradecido un bajón, una punzada de dolor que me hiciera ver que las cosas no siempre estaban tan mal. Si nunca sientes dolor, ¿cómo puedes saber lo que es la alegría? Sentía un montón de nada. Pura planicie. Extrañaba las grandes alturas y valles del sentir. Era terrible. Entendí que un mundo sin sentimientos no es la utopía; es una distopía, una pesadilla que te puede destruir.

Sé que a mucha gente le han ayudado los antidepresivos, y no quiero decirle a nadie que deje de tomar algo que le está ayudando, pero esas pastillas no me sentaban bien. No recuerdo el día exacto en que tomé la última pastilla. Sólo sé que había decidido: *Basta*.

Cuando dejé de tomar Prozac, pasaron unos dos o tres días y . . . ¡bum! Tuve un tsunami de sentimientos. Los jugos regresaron. Me permití sentir cada sensación, por dentro y por fuera. Fue un gran alivio. Como cuando estás a punto de tener un accidente automovilístico pero giras en el último momento, y de repente te das cuenta de lo cerca que estuviste de no existir y la vida se te presenta en Technicolor. Sollozaba, me reía por nada, tenía ataques de alegría, ataques de súper tristeza. Tenía tanta energía que no sabía qué hacer con ella. En la adolescencia, cuando mis emociones me rebasaban, mi impulso siempre fue golpear a alguien. Traté de apagar mis sentimientos con pastillas. Pero una vez que dejé de tomarlas, necesitaba otra válvula de escape. Decidí entonces: *Bueno, cuando me sienta así, en vez de golpear a alguien o tomarme una pastilla, voy a bailar.* Toda vez que me ponía loca, lloraba o bailaba. Bailaba cuando había tanta energía emocional fluyendo dentro de mí que tenía que moverme. Lloraba

cuando estaba feliz. Lloraba cuando estaba triste. En general trataba
de hacerlo en la regadera, a menos que estuviera muy borracha: yo sola
sollozando con Dios.

Es bueno llorar. Hay que recordar que nacimos llorando. Es tu
primera forma de comunicación. Sacas por los ojos todo lo que ya no
puedes contener dentro de ti. Cada vez que lloraba, era como si me
estuviera limpiando. A veces salían cosas que ni siquiera sabía que
tenía dentro. Era como si fuera una acaparadora sin saberlo. Abría
un armario y, zaz, todo lo que había metido allí me caía encima. Al
menos ahora podía ver lo que tenía que enfrentar. Recuerdos que había
reprimido saltaron para que los pudiera ordenar. Me permití sentir las
emociones, en vez de tratar de acallarlas.

Hace poco descubrí un lugar llamado Break Room LA. Es una
gran bodega donde puedes ir a romper cosas. Te dejan aventar vasos a
la pared, romper platos contra el suelo, destruir barriles, golpear metal
con un mazo. Es un alivio. Cuando salí, me sentí como si hubiera
acabado de tener el mejor sexo de mi vida. Debería haber cuartos de
ira como ese en todas las ciudades.

Me permito sentir mis sentimientos —todos— en vez de tratar
de eliminarlos con medicamentos o reprimir o negarlos. No puedes
sentir toda la fuerza de las buenas emociones si no te permites sentir
las malas.

Llevo mis sentimientos a flor de piel, no hay duda. Mi forma de
enfrentar las penas ahora es sentir el dolor, abrazarlo y después incor-
porarlo a mi trabajo y a mi creatividad. Mis emociones son combustible
para mi comedia. Devoro mi dolor, lo dejo entrar en mí, para poder
metabolizarlo y escupirlo de forma graciosa. Transformo mi dolor en
alegría ajena, y eso me alegra. Puede que a veces no entienda lo que
siento —porque esa chingadera es confusa—, pero trato de no frenar
toda la gama de mis emociones. Cuando tratas de luchar contra ellas,
cuando reprimes tus emociones, no sabes de qué otra forma pueden
salir o los peligros que quizás puedas correr.

Por eso dejo fluir mis sentimientos. Los expreso en voz alta. No tengo ningún problema en decir: "Hoy estoy triste". A veces mis sentimientos son tan fuertes que me cuesta evitar que me escurran los mocos por la nariz. Pero no me importa. Esos sentimientos son los que me hacen humana. Me hacen real. Y me hacen sentir hermosa. Como Halle Berry.

EDUCACIÓN SEXUAL

EN LA ADOLESCENCIA, CUANDO mi trabajadora social me preguntaba qué quería ser cuando fuera grande, yo le decía: "Quiero ser algo que cambie la vida de la gente, como una enfermera . . . o tal vez alguien que haga cecina de res, porque ésa es mi comida favorita". Ahora que soy mayor, tengo otras ambiciones profesionales. Todavía quiero cambiar vidas, pero ahora pienso que si la comedia no funciona, voy a conseguirme un empleo como educadora sexual. Todos los que concluyeran mi clase saldrían saludables porque les enseñaría todo lo que necesitan saber. No se enfermarían y les encantaría el sexo; sería muy bueno que esos chicos y chicas tuvieran la información necesaria. No tendrían que avergonzarse por no saber qué onda. La vida ya es suficientemente dura para que la gente te haga sentir mal por lo que no sabes. Piénsalo. Si alguien fuera cien por ciento sincera contigo sobre el sexo, podrías tener una vida sexual buena y saludable, en vez de ser acosada y forzada a hacer cosas que no quieres hacer o a sentir que tu cuerpo no es suficientemente bueno o cualquiera de las otras cosas que resultan de lo que las malas experiencias te enseñan sobre el sexo.

La forma en que se enseña sobre la salud en la actualidad está jodida. No te dicen nada de lo que realmente necesitas saber. Hay tantas cosas que tuve que aprender por ensayo y error; ojalá alguien me las hubiera enseñado, para que pudiera estar preparada. Por ejemplo, no te dicen que si tienes la cara llena de granos es porque estás estresada. Cuando veo a alguien con acné, pienso: *Ay, esa persona tiene mucho estrés y desequilibrio hormonal.* ¿Conoces a algún adolescente? Están jodidos. Tienen muchas cuestiones internas de las que no hablan.

La adolescencia es una de las etapas más difíciles de la vida porque todo está cambiando y no tienes control. Tu cuerpo se transfigura de la noche a la mañana. Tu cuerpo hace *Tantantantan ¡TETAS! Chanchanchanchan ¡NALGAS!* Además, cambias de emociones como transformista. Un momento amas todo: ¡Dios mío, qué chido es el club de teatro! Diez segundos después, no lo soportas: ¿Sabes qué? ¡A la chingada con el pinche club!

Tus maestros y maestras te deberían hablar sobre todo eso —decirte todo lo que necesitas saber sobre tus emociones y tu cuerpo, sobre todo lo que le sucede durante el sexo—, pero no lo hacen. Por ejemplo, ningún educador de salud en toda la historia universal les ha hablado a sus alumnos sobre los pedos vaginales. Esa madre te agarra por sorpresa. La primera vez que viví el trueno allá abajo, lo estaba haciendo de perrito con un tipo con un pito de buen tamaño. En mi cabeza, pensaba: *Ay, esto es increíble. Me toma por detrás, es genial. Ni siquiera lo tengo que mirar.* Estaba en la punta de los pies como cisne negro mientras él bombeaba con gusto. Y entonces lo escuché: *pbbbbfffffffft.* ¿Qué chingaos? ¿Qué sucedía? ¿Algo tronó? Era grande, pero no *tan* grande. No sabía qué hacer porque nadie me había hablado de los pedos vaginales. No sabía si debía levantarme y salir corriendo o reírme. Pero él no se inmutó. De hecho, empezó a bombear más rápido, como si ese pedo de concha lo hubiera excitado, así que enterré mi cara en la almohada como avestruz y seguí cogiendo.

Yo simplemente no imaginaba que un gran *pbbbbffffffffffft* fuera posible porque nadie en mis clases de salud había dicho: "Chicas, habrá un momento en el que estén teniendo sexo y un hombre esté penetrando su vagina. Al hacerlo, estará bombeando aire en ella. Cuando se relajen, puede haber un ruido que suene más o menos así [*cojín Whoopee*]. No se alarmen. Es normal. Sólo se están relajando". Tampoco tus amigas te dicen nada de eso. Nunca dicen: "Imagínate, lo estaba haciendo con Héctor ayer y de repente, híjoles, mana, mi concha empezó a hacer *beatbox*". Si yo diera clases de educación sexual, hablaría sobre eso. Y les diría también que hay hombres a quienes les encanta que una concha les hable.

Mi propia educación sexual no empezó bien porque mi mamá fue la primera persona que me contó sobre los pajaritos y las abejas cuando yo tenía siete años.

Estábamos viendo una telenovela y los personajes se estaban besando en la cama y entrando en acción. Mirando los cuerpos contorsionándose en la tele, le pregunté a mamá: "Mami, ¿qué están haciendo?".

—Lo que hace la gente para hacer bebés.

Lo pensé un rato y dije: "Entonces lo voy a hacer un día". Porque en esa época, quería tener un montón de hijos.

Mi mamá ni siquiera dejó de mirar la pantalla. Sólo dijo:

—Nada de eso. No puedes besar a ningún niño hasta que te den tu inyección.

—¿Qué inyección?

Me explicó que tendría que esperar hasta que tuviera veintiún años para hacerlo con un chico, porque es a esa edad que te ponen la vacuna. Me dijo que los niños tienen ciertas enzimas en la boca, y que si los besas antes de estar vacunada, las enzimas te devoran la cara. Después se comen tu garganta y te mueres en veinticuatro horas. Las enzimas en la boca de los chicos son peligrosas hasta que te vacunan. Yo todavía estaba tratando de entender qué diablos eran las "enzimas" cuando me dijo:

—Una vez vacunada, ya no te da la enfermedad del esperma.

—¿La enfermedad del esperma? ¿Qué es eso?

Mi mamá se acomodó en el sofá y me dijo que los chicos tienen una cosa que sale disparada de su hoyito de la pipí. Parecen mocos, y no quieres que eso te toque y sobre todo que se te meta, porque se comerá tu cochecito para bebé. Después se te caen las piernas. Y tendrás una muerte lenta y dolorosa en tres días. Durante *mucho* tiempo me creí esa locura.

Poco después de recibir mi primera clase de educación sexual de mi mamá, mi familia se cambió de South Central a Pomona, y tuve que ir a una escuela de blancos donde me pusieron en la clase de Miss Takeuchi de segundo de primaria. Esa escuela era 99.9 por ciento blanca, pero había otra chica negra en la clase de Miss Takeuchi. Eventualmente me hice amiga de otra chica llamada Amber. Amber y yo nos llevábamos súper bien. Caminábamos juntas a la escuela todos los días y hablábamos sobre un chico llamado Ian que nos gustaba a ambas. Al principio, ninguna de las dos le gustaba a Ian. Nos ignoraba por completo. Pero supongo que Amber logró superar sus defensas, porque un día, de repente, ya eran novios. No me enojé. Si no iba a estar conmigo, por lo menos que estuviera con mi mejor amiga. Además, quería que Amber fuera feliz. Pero una tarde, vi a Amber besar a Ian atrás de la escuela y de inmediato empecé a llorar . . . no porque estuviera celosa, sino porque pensé que Amber se iba a morir por besar enzimas. Lloré tanto, que mis mocos fluyeron de mi nariz hasta mi blusa.

Corrí hacia ella y la tomé de la cintura.

—Amber, ¡Dios mío! ¡Te vas a morir!

—¿De qué estás hablando?

Le dije lo que mi mamá me contó. Amber puso los ojos en blanco.

—Tiffany, tu mamá no sabe lo que está diciendo. Eso no es verdad.

Pero mi mamá había sido muy clara sobre la enfermedad del beso, así que le dije:

—Amber, te quiero mucho. Eres mi mejorsísima amiga, y quiero que sepas que voy a estar en tu funeral.

Yo seguía llorando cuando llegué a casa. Cuando mi mamá vio las lágrimas y los mocos, me preguntó:

—¿Por qué estás llorando? ¿Qué pasa?

Respiré sollozando.

—Amber besó a un chico y se va a morir mañana. No entiendo por qué lo hizo. Le dije que no lo besara y lo hizo de todos modos. ¡Se vaaaaaa a moriiiiiiiiiir!

Mi mamá negó con la cabeza y me dijo:

—Tiffany, no te preocupes, Amber no se va a morir.

Dejé de lloriquear un segundo.

—¿Cómo sabes?

—Porque su familia le puso la vacuna antes de tiempo. Sabían que iba a ser una puta.

Tenía sentido, supongo. O sea, no pensé que mi mejor amiga fuera una puta, pero no sabía qué pasaba por la cabeza de sus papás. Así que, bueno, quizás la vacunaron y no se acordaba. Me traté de controlar.

—Mamá, quiero que me vacunen antes también.

—De ninguna manera. No te voy a vacunar antes. Porque tú no eres una puta. No tenemos putas en esta familia. Vas a esperar hasta que tengas veintiún años.

Yo solo dije: "Bueno". Estaba tan aliviada de saber que mi amiga no se iba a morir y tener un funeral de féretro cerrado porque la enfermedad se había comido su cara. Durante años, creí que la gente se vacunaba contra las enzimas del beso y la enfermedad del esperma. Cuando veía personas que definitivamente aún no cumplían veintiún años besándose y cogiendo, pensaba: "Es un puto, esa es una puta, él es un puto. Esa es una puta. Puta, puta, puta, puta".

El accidente de mi mamá sucedió poco después de nuestra plática, cuando yo tenía ocho años. Mis preocupaciones con la enfermedad del esperma pasaron a segundo plano por un tiempo. Las enzimas no parecen tan asustadoras cuando tu mamá no puede hablar o recordar quién chingados eres.

Después de un tiempo, mi mamá recuperó el habla y regresamos a Los Ángeles, donde tuve una clase de educación sexual de verdad en la primaria. Los niños estaban de un lado del auditorio; las niñas, del otro. Pero sólo nos hablaron sobre la menstruación (la vagina tiene un revestimiento, después sale un montón de sangre y tienes que usar unos pañales llamados Kotex) y cuestiones muy técnicas sobre el sexo en sí (el esperma entra al óvulo, así es como te embarazas). Fin. No hablaron en detalle sobre los cambios en nuestros cuerpos. Cuando me empezaron a crecer los pechos, pensé qué tenía cáncer de mama, porque los primeros bultitos eran muy duros.

Estaba de visita con mi abuela un día y me preguntó:

—¿Cómo estás? ¿Qué sucede?

—Estoy segura de que tengo cáncer de mama –respondí.

—¿Qué? ¿Por qué crees que tienes cáncer de mama, Tiffany?

—Porque me duele el pecho. Me duelen mucho los pezones y hay una bola dura atrás de ellos.

—Ah, ¿tienes picaduras de abeja?

—No dije nada sobre picaduras de abeja. Te estoy diciendo que lo más probable es que tenga cáncer de mama. Lo vi en la escuela, y hablaban de chipotes. Y yo tengo chipotes.

—No tienes ningún maldito cáncer de mama. Te estás desarrollando. Esas son picaduras de abeja. Vas a tener senos.

Nuestras maestras de educación sexual nunca nos dijeron que nuestros pechos serían duros al principio. Como si quisieran cubrir los datos lo más rápidamente posible sin entrar en detalle, sobre todo acerca de los cuerpos de las niñas.

De hecho, las maestras omitían muchas cosas en esas clases. Cuando nos hablaban del sexo, no nos decían que el esperma sale del hoyito de la pipí y que parece mocos, así que no relacioné todo eso con lo que pensé que sabía sobre el sexo.

En la secundaria tuvimos más clases de salud, pero fueron igual: todo muy teórico. Nada de eso parecía real o que tuviera algo que ver con cuerpos humanos de verdad. Y definitivamente no sonaba agradable. Parecía ciencia. En segundo de secundaria, finalmente entramos en detalle. Hablábamos de *todo* lo relacionado con el sexo: la mecánica, las hormonas, las enfermedades venéreas. Pensé: *Bueno, ahí viene. Ahora vamos a aprender sobre la enfermedad del esperma.* Estaba súper atenta. Pero pasaron los primeros días de la semana dedicada a las enfermedades venéreas y nadie mencionó la enfermedad del esperma. ¿Qué carajos?

Yo seguía esperando que nuestro maestro, el Sr. Thill, describiera algo que pareciera la enfermedad del esperma. Pensé que tal vez mi mamá no sabía el nombre correcto, que tal vez se llamaba de otra forma, como *spermatcus enzymus* o algo así. Y entonces, cerca del fin de la semana, cuando estábamos terminando la unidad temática, el maestro dijo: "Y esas son todas las enfermedades que te pueden dar. Pasando a otro tema…". Levanté la mano.

—¡Sr. Thill! ¡Sr. Thill! Oiga, se le olvidó la más importante. La enfermedad del esperma.

Me miró con cara de ¿Qué?.

—La enfermedad del esperma. No dijo nada sobre la enfermedad del esperma.

—¿Qué es la enfermedad del esperma, Tiffany? Explícame.

Así es que le dije lo que sabía. Lo describí todo. Las enzimas, la cara devorada, la muerte, la vacuna que nos pondrían a todas. Se hizo un silencio total en la clase.

Cuando terminé, el Sr. Thill me preguntó:

—¿Quién te dijo eso, Tiffany?

—Mi mamá.

Se quedó muy pensativo.

—¿Hace cuánto estás en esta escuela?

—Éste es mi segundo año.

—¿Has visto a alguien besarse?

—Sí, he visto a chicos besarse. Claro que he visto a chicos besarse, pero sabemos que ya tienen la vacuna. ¡Son pus! Su mamá se las puso antes. Yo no estoy vacunada. Tengo que esperar hasta que tenga veintiún años.

El Sr. Thill meneó la cabeza.

—Yo sugiero que vayas a casa y platiques con tu mamá.

La clase entera estalló en carcajadas. Los miré como si fueran una bola de idiotas.

Debería haberlo sabido para ese entonces. Quizás en algún momento me debería haber sentado con mi mamá y preguntado: "¿Me estabas tomando el pelo con la tal enfermedad del esperma o qué?". El problema es que no podía realmente hablar con mi mamá al respecto. Después de su accidente, lo último sobre lo que quería hablar con ella era el sexo. Cuando el Sr. Thill me dijo que debería tener otra plática sobre sexo con ella, ni siquiera la veía mucho porque hacía unos meses que estaba bajo cuidado tutelar. No tenía la intención de hablar sobre el sexo con mi madre adoptiva y darle una razón para expulsarme de casa. En vez de eso, toqué el tema con mi trabajadora social. Le conté todo lo que mi mamá me había dicho sobre el sexo y le dije que el Sr. Thill no parecía saber de qué hablaba. Le pregunté si me podía aclarar algunas cosas.

—Bueno, Tiffany –dijo–, no puedo decirte que tu mamá tenía razón. Pero tampoco te puedo decir que estaba equivocada, porque *sí* hay gérmenes….

Era como si no quisiera arruinar algo que podía ser bueno. Como si pensara: *Entiendo lo que tu mamá estaba tratando de hacer. Un poco equivocada, pero por lo menos no eres una pu.*

—Lo que sí te puedo decir es que debes conocer a la persona con quien vas a tener intimidad. Besarse es algo muy íntimo.

Eso me hizo pensar que tenía que aprender a besar a un chico para no cagarla cuando lo hiciera después de que me pusieran la tal vacuna. Quien me enseñó fue mi amiga Lena, a quien conocí a los doce años, y empecé a practicar todo el tiempo.

—Así es como aprendes a besar. Tomas una presilla para el cabello, la pones contra tus labios y haces: *ehhhh ehhh ehhh.*

Tomaba una presilla, se la llevaba a la boca y la movía como si la estuviera besando.

Había una chica llamada Tanya que tenía catorce años, un año más que nosotras, y que nos vio practicando besar en el autobús y nos dijo:

—No, eso no funciona. Lo que tienen que hacer es practicar en el dorso de su mano así [*finge estar besando su mano*].

De manera que Lena y yo empezamos a practicar babeándonos el dorso de la mano durante todo el camino de regreso a casa. Tanya nos observaba como si fuera nuestra entrenadora.

—No, es demasiada lengua. Menos lengua, menos lengua. Él es el que tiene que poner la lengua.

Unas semanas después, vimos a Tanya besar a un chico en el nivel inferior del edificio C, bajo la planta baja por donde se entraba a la escuela. Allí es donde sucedían todas las cosas raras, donde los chicos iban a fumar mota o a meter la mano en pantalones ajenos. Una semana después, la vimos besar a otro chico en el patio. Dije: "Chales, Lena, esa Tanya se va a morir. Más vale que se vacune. Se va a morir". Lena me miró como diciendo: ¿En serio crees esa pendejada que le dijiste al Sr. Thill? Luego me miró a los ojos.

—Tiffany, eres una idiota.

Me lo dijo todo.

—Mira, tu mamá te mintió. Yo ya besé a un montón de chicos y no tengo ninguna vacuna. No te vas a morir. No te va a pasar nada. Lo único que te va a pasar si ponen su cosa de la pipí dentro de ti es que te vas a embarazar. Nada más.

Y ahora, ¿qué se suponía que tenía que hacer con esa información? Lena era mi mera compa. Confiaba en ella más que en cualquier maestro. Sabía que no me mentiría. Siempre éramos sinceras una con la otra, de manera que me empecé a preguntar si mi mamá estaba equivocada después de todo.

—Bueno, tal vez tengas razón. De todos modos, quiero saber por qué Tanya besa a tantos chicos.

El día siguiente, le preguntamos a Tanya por qué besaba a tantos chicos.

—Sólo trato de aprender a besar mejor. Tienes que besar a varios chicos, *así* es como aprendes a besar. Sólo haces lo que ellos hacen. Lo que sea que el chico haga, lo haces también.

Si Lena había besado a muchos chicos, y si Tanya había besado a muchos chicos, y si ambas todavía tenían la piel completa, quizás las enzimas no se comerían mi cara si besara a alguien. Interesante. Tendría que pensar al respecto.

Para cuando terminó el verano de tercero de secundaria, estaba bastante segura de que no existía la tal enfermedad del esperma. Quizás fuera tiempo de empezar a besar. Además, pensé: *La vida no me está tratando muy bien. Estoy bajo cuidado tutelar. Mi mamá está loca. Si me devoran viva, qué me importa. Por lo menos habré besado a un chico.*

El chico que tenía en mente para mi primer beso, Jerome, parecía un pinche hombre lobo. Era fe-o. En serio, un pinche hombre lobo. Pero el hombre lobo me miraba de reojo cuando pasaba por su pupitre, así que sabía que le gustaba. Sólo no sabía si él me gustaba a mí. Le dije a Lena que no estaba segura de seguir con mi plan de hacer que mi primer beso fuera con él. Me dijo:

—Tiffany, no todos son perfectos. Hay que empezar con algo.

—No lo sé. Es un perro.

—Pero le gustas. A nadie más le gustas.

En eso la morra tenía razón.

Una tarde, estaba en casa de Jerome. Estábamos sentados escuchando Babyface y él olía bien, como a jabón Irish Spring, así que me lancé. Acerqué mi cara a la suya y juntamos nuestros labios. ¡Lo estaba haciendo! ¡Finalmente estaba besando a un chico! Tengo que decir que ese beso fue bastante asqueroso. Movía tanto su boca, como si estuviera tratando de comerse mi cara. ¡Como las enzimas! Me metió la lengua a la garganta, muy *uhhh, uhhh, uhhh.* Recordé lo que me dijo Tanya, así que hice lo mismo. *Uhhh, uhhh, uhhh.* Después de un tiempo, me dijo: "Guau, besas increíble". Nos besamos como una hora. No sé si fue por causa de sus babas o de las advertencias de mi mamá dándome vueltas en el fondo del cerebro, pero no me gustó besar. Como quiera continué. Como dijo Lena, había que empezar por algo.

Cuando llegué a casa, me miré al espejo. Mi cara seguía intacta: labios, dientes, mejillas, todo. Ninguna señal de las enzimas. Mira nada más.

Sé que parece que pasó mucho tiempo antes de que entendiera que no me iba a morir por tener sexo o que besar no me devoraría la cara. Quizás pienses que me avergüenzo, pero déjame decirte algo. No me avergüenzo. Para nada. No me avergüenzo por no saber. En mi opinión, nadie se debería avergonzar por no saber algo. Hay muchas cosas que saber en este mundo, y nadie nace sabiéndolas todas . . . en realidad, ninguna. Hay que enseñarles a los bebés a hacer todo menos respirar y cagar. Prácticamente todo lo demás se aprende viviendo.

Si no tengo la información, lo resuelvo de la mejor manera posible hasta que alguien me enseña otra forma. Sé que hay personas que hacen lo que sea para no parecer ignorantes. Actúan como si lo supieran todo. ¿A quién quieren engañar? Si alguien me pregunta algo que no sé, no finjo saberlo. ¿Para qué? Alguien me dice: "¿Conoces a tal artista o actor o empresario famoso?". En vez de hacerme pendeja tratando de ocultar que no sé de lo que me están hablando o de cambiar el tema, sólo digo: "No. ¿Quién es?".

Hace poco, estaba haciendo un espectáculo en vivo y se presentaron algunas dificultades técnicas cuando estaba presentando a alguien. Por mis audífonos los productores me pidieron que "vampeara" (*vamp* en inglés) un rato mientras resolvían el problema. ¿Y ahora? Pensé: *No tengo idea de qué quiere decir vampear. "Vampear" suena como volverse vampiresa o e-vamp-orarse, como desaparecer. ¿Cómo voy a desaparecer?*

Quizás quieren decir elaborar. Puedo elaborar. Pero en vez de fingir que sabía de lo que hablaban, expliqué lo que sucedía en vivo: que alguien me estaba pidiendo que "vampeara" y no tenía la más puta idea de lo que querían decir. No me dio pena. Nos recuperamos y el espectáculo continuó. Nadie se murió. No se cayó el cielo. Y aprendí una nueva palabra. (¿*Vamp*? ¿Quién dice *vamp*? Si hubieran dicho "improvisar", todo hubiera estado bien.)

Nunca te avergüences de no saber algo porque nadie es perfecto y nadie sabe todo. Vivimos en estos trajes de carne para aprender lo que los demás tienen que enseñarnos y lo que podemos descubrir por nuestra cuenta. Si tienes miedo de parecer idiota, matas tu curiosidad y no aprendes nada nuevo.

Dicho eso, ojalá alguien me hubiera contado la verdad sobre el sexo antes de hacerlo. Si hubiera sabido de qué se trataba, lo podría haber disfrutado más desde el principio. Es como cuando vas a un restaurante y hay un montón de cosas que no reconoces en la carta. Si no te comunicas y preguntas qué es *unagi* (porque alguien te dijo que todos los tipos de sushi son básicamente lo mismo), puedes atragantarte con el pedazo huesudo de anguila que aparece en tu plato. Pero si superas la vergüenza por no tener toda la información que necesitas y preguntas: "¿Qué chingados es eso?" —o mejor, si el restaurante tuviera una buena traducción impresa en la carta—, podrías pedir algo que de hecho disfrutes.

Quién sabe, tal vez un día estudiaré para saber cómo ser maestra de educación sexual de verdad. Si algún día sucede, voy a responder todas las preguntas de los chicos y chicas. Les contaré la verdad sin adornos sobre el sexo, y terminaré todas las clases con algo que mi personaje Mia dice en *Like a Boss*: Ten sexo seguro; de lo contrario, ponle mi nombre.

SI QUIERES
SALIR CONMIGO

TENGO LA REPUTACIÓN DE ser muy abierta sobre mi vida sexual. Tal vez por lo que soy más conocida sea por mi demostración de cómo mamarla como Auntie Angel usando un plátano encajado en el centro de una toronja en *Girls Trip*. Me desviví por esa fruta, lamiendo y chupando como profesional. Todo mundo empezó a consumir vitamina C con vitamina D cuando esa escena llegó a las pantallas, porque las ventas de toronjas se dispararon.

No me considero una cómica guarra, pero no me da miedo decir "panocha" en público. No tengo ningún problema en hablar sobre mi vagina en el escenario o incluso ponerla a trabajar. No como piensas. No soy una pu de paga-para-jugar, pero una vez en Laugh Factory alguien me pidió que me tirara pedos vaginales y lo hice. El ruido resonó por todo el club como si alguien hubiera pisado un ganso. Todo mundo enloqueció. Una mujer con largas trenzas que estaba sentada al fondo se me acercó después y me dijo: "Es imposible que ese sonido haya salido de ti. Debes de tener algún tipo de máquina en tu bolsillo.

¿Dónde está?". Pero no, lo hice de forma natural porque mi cuerpo es una máquina increíble.

Si me escuchas actuar, puedes pensar que soy, digamos, promiscua. No hay duda de que me he dado mis vueltas y no niego tener cierta experiencia. Si estás buscando el último modelo, busca en otro lado. Pero si quieres a alguien que conoce su cuerpo, que sabe cómo lo quiere y que sabe cómo hacer que todo mundo se la pase bien, ¡entonces súbete!

Pero no me acuesto con cualquier verga. Hay ciertos criterios que el vato tiene que cumplir. Si quieres meterte conmigo, esto es lo que hay que saber.

Tienes que esforzarte

Si de veras quisiéramos hacer un gran cambio en la sociedad —deshacernos del racismo sistémico, acabar con la pobreza, arreglar el sistema de salud, etcétera—, la mejor forma de hacerlo sería que las mujeres dejáramos de coger. Es sólo cerrar las piernas. Clausurar nuestras fábricas de diversión. Se acabaron las conchas. Créeme, se acabarían las guerras. Si todas las mujeres dijeran: "Cierro esta panocha hasta que haya justicia, hasta que haya paz en el mundo y hasta que todos tengan suficiente para comer. No tendrás nada de esto hasta que vayas al centro de votación y elijas algo de justicia social", en dos meses todo estaría resuelto, porque los hombres hacen casi cualquier cosa si creen que tienen chance de coger.

Por ejemplo, a mis veintitantos años, solía llevar hombres a mi departamento y los obligaba a colorear antes de cogerme. Sí, escuchaste bien. Hombres adultos —pandilleros, narcos, tiras— llegaban a mi casa y yo ponía un libro para colorear de princesas o de *Toy Story* y unos plumones en la mesa de la cocina y les decía: "Mira, ¿estás tratando de ligarme? Vas a tener que colorear algunos unicornios. Hazlos muy bonitos. Si te quedan bien, te voy a coger como nunca. Si se ve descuidado, fuera de las líneas, con colores pendejos, te jodes y no cojo contigo". Después checaba su trabajo, porque puedes saber mucho de la gente viendo cómo colorea. ¿Se tomaba libertades creativas (hojas rosas y un sol morado en el cielo)? ¿Iba yo a acabar de cabeza con una enorme peluca afro? ¿O se mantenía dentro de las líneas y conforme al manual? ¿Con las luces apagadas y sólo en posición misionero? Como quiera que fuera, quería saber con quién me metía.

¿Y sabes qué? Sólo tres vatos se rehusaron a colorear para mí. Después supe que dos de ellos eran gay.

Quiero que me demuestres que estás dispuesto a hacer cualquier cosa por desnudarme, así que ponte a trabajar.

Conoce a Tiffnicidad

He hablado tanto sobre mi vagina que podrías hacer un retrato policial de ella. (La llamo Tiffnicidad. Tiffatrevida, si eres atrevido.) Ese retrato no sería bonito porque cuando hablo sobre mi vagina, no es necesariamente de la mejor manera. No estoy diciendo que mi conchita es una bella orquídea con pétalos delicados o un bolso suave de terciopelo que te envolverá y te hará hablar con los ángeles. Al contrario, he dicho que mi panocha sabe a pollo al ajillo y parece un *hot dog* que explotó por estar demasiado tiempo en el microondas.*

De manera que el dibujo puede no tener la mejor apariencia. Como quiera, tienes que conocerla si quieres estar conmigo. Tienes que entrar a Tiffnicidad y encontrar mi punto G, memorizar esa ubicación y poner un pin en tu GPS sexual.

Uno de estos días voy a dar una clase sobre cómo encontrar el punto G. Habrá música suave mientras conduzco a la gente en un viaje de autodescubrimiento. Personalmente, me familiaricé con cada centímetro de mi interior durante un montón de noches solitarias a los treinta y tantos años. Fumaba un poco de mota y me daba a la tarea

---

* Quiero aclarar que no odio a mi vagina. Mi vagina es mi compa. La amo. No parece un *hot dog* que explotó. Ese fue un *chiste*. Si a algo se parece, es a la parte inferior de una babosa bella y saludable.

de conocer a Tiffnicidad muy íntimamente. Tocaba mi interior —oye, nena, ¿cómo eres?—, empujando todas las partes suaves y esponjosas, pero no pasó mucho durante un tiempo, salvo que me quedaban pegajosos los dedos. No pasó nada, nada, nada, hasta que, *Oye, espérate, ¿qué es eso? Hmmm, esa sí que es una sensación interesante.* Mi vida sexual subió de nivel desde entonces porque aprendí a mover mi cuerpo para obtener lo que quería.

Ojalá hubiera sabido dónde estaba mi punto G cuando tenía veinte años. No hubiera desperdiciado tanto tiempo con esas vergas de burro. (Para que lo sepas, mi punto G está tres pulgadas hacia dentro y a la izquierda. Lo demás es sólo espacio viviente.) Después de descubrir dónde apretar, me puedo satisfacer cuando quiera en unos tres minutos, así que más vale que hagas que valga la pena dejarte entrar allí.

No necesito una hora poderosa

Quiero tener intimidad contigo durante unos veinticinco minutos en total, con el sexo en sí sólo unos cinco a siete de esos minutos, y después quiero dormir unas cincuenta horas. No me gusta besar mucho tiempo. No necesito que limpies toda mi cara con tu lengua como si fueras una mamá vaca. Después de más de treinta segundos o un minuto de besar, empiezo a pensar: *¿Qué chingados esperas? Quítame la ropa de una vez.*

Una vez que empecemos, no me tardo mucho en venirme. Me la metes en el lugar correcto unas seis, siete, ocho veces, y listo. Mucho más que eso y empiezo a preguntarme: *¿Qué pasa? ¿Esto es un examen pélvico? ¿Una histerectomía?*

Y no trates de sorprenderme con alguna pendejada que viste en Pornhub. Si piensas salir con algo extraordinario, más vale que me lo digas primero, porque si no, te voy a golpear. Por ejemplo, tengo una cuestión con el cuello. No me beses el cuello, no me chupes el cuello, no me toques el cuello. Incluso si te acercas a mi cuello para susurrarme algo al oído, te puedo golpear. Tienes que decirme qué haces. Pregunta antes de invadir el espacio de mi cuello.

Hay hombres que quieren que les digas cómo darte placer, y yo estoy encantada de complacerlos. *Aquí tienes. Imprimí algunas instrucciones ilustradas de IKEA para ti. Tres pasos fáciles, no se requieren herramientas.* Pero otros hombres quieren embarcarse en una aventura de dos horas explorando tu cuerpo. Quieren que seas más misteriosa, que dejes pistas para ellos, pequeños indicios como: "Al cercano valle tus labios deberán cursar. A la izquierda girando un mundo mágico vas a encontrar". Cabrón, no tengo tiempo para una búsqueda del tesoro. Soy una mujer ocupada. Ya te dije dónde está mi punto G. Concéntrate en eso.

No me muestres esa cosa

Te voy a decir algo de una vez: A menos que yo lo pida, no saques tu verga de tus calzones. Si me la muestras cinco minutos después del principio de nuestra cita, me voy a preguntar a quién más se la has estado mostrando.

Mi peor primera cita fue a los veintitrés años. Salí con un tipo muy guapo, piel clara, ojos claros, un par de señales en sus mejillas, en muy buena condición. Me recogió en su Jeep Wrangler. Nelly sacudía las bocinas, y lo escuché en el momento en que se estacionó frente a mi casa. Abrí la puerta, quité un par de envolturas de KitKat del asiento del pasajero y me subí. Al colocar mi bolsa en el suelo, mi termo golpeó mi tobillo. Esto fue en la época en que llevaba mi propio trago al restaurante para que mi pareja supiera que soy considerada y ahorrativa. Llevaba un pequeño termo con vodka. Cuando llegaba el mesero, le pedía un jugo de arándano de tres dólares.

Ni siquiera habíamos llegado al restaurante —estábamos en el coche esperando en un semáforo— cuando olí algo raro, como un sándwich de salchichas. Me puse a olfatear, tratando de descifrar de dónde venía el olor, cuando el tipo me dijo: "Oye, ¿qué te parece si me ayudas a tranquilizar esto?". Me volteé y vi que había sacado su cosa. Ahí estaba, perreando bajo el volante. Ahí estaba la salchicha.

Resoplé: "¿En serio?".

El olor de salchicha se me metía por las fosas nasales y me hacía cosquillas en el cerebro. Abrí la ventana porque apestaba mucho. El Wrangler tenía ese tipo de ventanillas que se bajan con una manivela. Me dio un tirón en el codo al girar la manivela para que saliera el olor. Me sonrió y detuvo el coche junto a un parquímetro.

—Sí, hablo en serio.

Se echó hacia atrás en su asiento, sacudiendo su V como si quisiera que alguien le pusiera una medalla de oro.

—Eres demasiado guapa. Necesito que me ayudes.

—Bueno –dije–, déjame ayudarte.

Y la golpeé. O más bien la abofeteé bien sabroso. ¡*Zas!* ¡*Zas!*

El tipo me gritó. "¡Pinche vieja loca!" Estaba tan enojado, que su verga definitivamente se tranquilizó.

—Debería darte vergüenza –le dije–. Ni si quiera me has llevado a cenar todavía.

Luego fuimos a Cheesecake Factory. Cuando llegó el mesero para tomar nuestra orden de bebidas, mi termo se quedó en mi bolsa.

—Dos vodkas con arándanos y una botella de vino. ¿Y tiene toallitas de bebé para mi amigo?

La ensalada china de pollo que pedí no olía muy bien, pero por lo menos olía mejor que su verga. Cuando me llevó a casa, salté del coche y nunca lo volví a ver.

Amigos, no hagan esa pendejada.

Me gusta pequemediano

Prefiero un pene pequeño. No cojo con micropenes, pero entre cuatro y seis pulgadas de carne es perfecto. Pequemediano.

Cuando son grandes, los hombres pueden ser bien pinche groseros, y van y vienen cuando se les da la gana. Pero los hombres con pocas pulgadas . . . esos son más respetuosos. Más amables. Tienen más probabilidades de ser serviciales. Sacan la basura. Te frotan la espalda. Te desatascan el desagüe.

Miren, soy floja. Si no lo tengo que hacer, te toca a ti. Si llego a casa y los platos están lavados y guardados y la casa está aspirada, te voy a mamar la verga. ¿Me limpias las cunetas, me cambias el aceite, llevas a mi perro a la peluquería? Eso es mejor que el porno para mí. Que alguien haga mis quehaceres me deja bien mojada.

Un hombre pequemediano deja mi conchita jadeando. Una verga de ese tamaño es garantía de atinarle a ese buen lugar y hacer que me retuerza. Seamos honestos. El canal vaginal promedio sólo tiene unas seis pulgadas de profundidad. Después de eso, estás reventando el cuello del útero y no necesito ese tipo de daño en mis entrañas. Es demasiado. Estás abriendo cosas que no se deberían abrir a menos que estés dando a luz. Si me aporreas, termino toda hinchada. Luego, al día siguiente, estoy muy abierta porque bajó la hinchazón. Las panochas se estiran y se vuelven a encoger hasta cierto punto, pero por lo que entiendo, son como las ligas. Si exageras, se aflojan. No quiero tener que rezar por mi vagina. No quiero tener que darme baños de aceite de árbol de té y vinagre para tratar de recomponerla. Así es que si tienes una verga muy grande, no gracias. Pero si tienes poco más de unas cuantas pulgadas, tráemela y déjame jugar con ella.

Hazme reír

Todo lo que acabo de decir es importante, pero lo principal que tienes que hacer si quieres meterte conmigo es hacerme reír. Las mujeres aman a los hombres que las hacen reír porque la risa hace que los jugos fluyan. No sé tú, pero cuando me río, mi concha se flexiona. Succiona como si la estuviera usando para levantar una canica. Chicas, vayan por un espejo y compruébenlo. Todos esos músculos se contraen cuando ríes, así que si te ríes durante el sexo, esa V llega al lugar correcto.

No sólo eso, todos los órganos reciben un masaje cuando te ríes. Es como una limpieza, como una desintoxicación. Hay una sanación en proceso. Leí un estudio que explicaba que llorar y reír son muy semejantes en términos de lo que hacen en tu interior, expulsando las toxinas, pero usas más músculos cuando ríes que cuando lloras, de forma que reír es más sanador.

Te ríes porque te sobra alegría y se te sale por la boca. Busco a un hombre que esté dispuesto a compartir su alegría conmigo. Me encanta eso. Reír durante el sexo es una explosión de alegría, como si tu alma estuviera en un baño de burbujas de sustancias químicas felices hormigueándote por todos lados.

Cuando conectas y es algo muy primario, vuelves a lo básico, animales cogiendo . . . *uy, ay*. Toda la mierda —los juegos estúpidos, la preocupación por si eres suficientemente buena o bueno, los sentimientos confusos— desaparece y ambos se ven de verdad. Si te lo permites, reírte durante el sexo puede ser un momento de completa indefensión (desarmado, no protegido: no quiero ser la mamá de nadie), y no hay muchos momentos así en la vida. Te conectas con algo más grande que una verga.

Quiero a alguien que pueda hacer que Tiffnicidad se flexione porque mi estuche de dama . . . es mi chakra raíz. Es ahí de donde viene la creación, de donde vienen las ideas. Ese punto activa la energía a través de tu estómago, de tu pecho, de tu garganta, de tu mente, y así proyectas tu brillantez al universo.

Así que si la quieres, di algo gracioso, cabrón, te reto.

Voy a necesitar tu puntuación crediticia

Ahora bien, si te gustó como lo hice y piensas que quieres regresar por más y tal vez hasta salir conmigo, hay algunas cosas más que tienes que saber.

A mis veinte años era yo quien buscaba, pero ahora que soy mayor, sé que *yo* soy el premio. Para obtenerme en una relación, tienes que cumplir ciertos criterios: ser divertido para viajar, leal, que te guste bailar, manos bonitas, en buena condición física, sin hijos y estar dispuesto a trabajar en el jardín un poco. Necesitas tener tu propia carrera, tener cosas que hacer fuera de mí. No me importa en qué negocio estés, siempre y cuando tengas negocios. No quiero que te centres en mí 110 por ciento. Quiero ser la número uno, pero no quiero ser la prioridad al grado que te me pongas psicoloco. Necesito espacio en mi vida. No necesitas decirme: "Ay, ¿vas al médico? Déjame ir por mi teléfono. Voy contigo". No necesito que me acompañes para hacerme un Papanicolaou.

Quiero que tengas tu propio universo donde te puedas inspirar y traerme cosas interesantes de las que hablar. Quiero que construyas un reino. Quiero estar con un rey.

Mi pregunta favorita cuando estoy pensando en salir con alguien es: "¿Cuál es tu puntuación crediticia?". Esa es tu boleta de calificaciones de adulto. Tu puntuación crediticia tiene que ser mayor que 700. Si tu puntuación está entre 700 y 850, eso me dice que si compras una casa y se le caen las canaletas del tejado, podrás arreglarla. Si compras algo con tu tarjeta de Sears, podrás pagarlo. Cuando te retires, no vas a tener que comer croquetas para gato. Soy responsable y necesito un hombre responsable.

Ahora bien, si ya hemos estado saliendo un tiempo y empiezas a pensar en oficializar las cosas entre nosotros, puede que esté de acuerdo. Pero si quieres pasar tu vida conmigo, no me vengas con un anillo. (No necesito un diamante de corte princesa de Tiffany's; tengo toda la Tiffany que necesito dentro de mí.) Ven con alguna propiedad. No quiero quilates, quiero unidades. Proponme con un edificio de departamentos con nuestros nombres en la escritura. Quiero que te arrodilles y digas: "¿Te quieres casar conmigo?" y luego abras un sobre con las llaves dentro. *Entonces* diré: "Sí". Quizás compremos un anillo después. Podemos conseguirnos un lugar bonito para vivir que sea lo suficientemente amplio para que no tengamos que meternos en los asuntos del otro todo el tiempo. Quiero un hombre que me haga sentir bien, pero no quiero sentir tu aliento en mi cuello cada vez que uso el pinche lavabo. Podemos hacer una carne asada juntos y contarnos sobre nuestros días: cosas importantes, como en qué estás trabajando, pero también cosas pequeñas, como la vez que viste un perro que se parecía a Richard Pryor.

Y no nos presionaremos demasiado. ¿Se te olvidó comprar los cocos frescos de los que me gusta beber? No hay problema. ¿Se te ablandó un poco la panza? Está bien. Si no me gusta una de tus publicaciones en las redes sociales, no pasa nada. ¿Quiero pasar el fin de semana con mis amigas en vez de ir a ver el partido de futbol contigo? Me entiendes. Lo importante es que estamos tú y yo y está el resto del mundo. Nos vamos a reír juntos, nos vamos a apoyar y vamos a hacer cosas increíbles para la comunidad juntos, porque tenemos una relación. Nos relacionamos, y este barco navega en una dirección. Nos lleva a algún lado *juntos*.

Eso suena muy bien. Tal vez lleguemos a eso un día. Mientras tanto, aquí tienes unos plumones. Necesito que colorees este libro.

ASUNTOS DE PAPÁ

RECIBIR LA LLAMADA ME dejó hecha mierda. No sabía cómo sería el hombre al otro lado de la línea o qué pasaría cuando empezáramos a hablar. Y es que mi papá no había estado en mi vida durante casi dos décadas.

Veinte años. Lo suficiente para pasar por dos Vivian Bankses, tres James Bonds y cuatro presidentes. La última vez que vi a mi papá, Michael Jackson acababa de salir con *Thriller*. No existía el internet. Y *The Cosby Show* aún no salía al aire.

Ni siquiera tenía muchos recuerdos del tiempo que pasé con mi papá para tener una idea de lo que me esperaba. Sólo recordaba un puñado de cosas: él fumando cigarros, el olor que despedía cuando me acercaba y que permanecía en el aire cuando él salía del cuarto. Recordaba que una vez me compró una pequeña máquina de escribir Playskool para que fingiera escribir historias sobre nuestra familia. Recordaba cuando me llevó a Bob's Big Boy en Culver City, donde me dejó subirme a la estatua del Big Boy para tratar de alcanzar la hamburguesa gigante. Había algunas cosas más por el estilo en mi cabeza, pero la cinta se acababa muy pronto porque mi papá desapareció (*puf*) antes de que yo cumpliera cuatro años. Un día salió de la casa de mi mamá y no regresó. Más tarde supe que había estado vendiendo tarjetas verdes ilegalmente y que tenía miedo de que mi mamá lo denunciara a la policía, así que se había largado para evitar la cárcel. Pero de niña no sabía nada de eso.

Cuando se marchó, lo busqué por todos lados, olfateando su olor a cigarro rancio como sabueso, pero se había esfumado. Como no lo encontraba, empecé a preguntarle a mi mamá todo el tiempo:

—¿Dónde está mi papá? ¿A dónde se fue mi papá?

—No lo sé, carajo. Probablemente esté visitando a su familia en Eritrea. Ahora déjame en paz.

Tienes que entender que su hombre se acababa de ir; no tenía paciencia para que una niñita le estuviera preguntando cada cinco segundos adónde se había ido.

Yo no tenía idea de qué era Eritrea. Alguien me explicó que era un pequeño país al este de África, pero eso no me ayudó mucho. Lo más que me podía imaginar era una imagen borrosa que había sacado de esos antiguos comerciales sobre cómo ayudar a un niño hambriento en África con una gran panza y moscas por todos lados. Allí es donde me imaginaba a mi papá: muy lejos en África, rodeado de su familia, gente a la que obviamente quería más que a mí.

Durante años jugué a "¿Eres mi papá?" con cada hombre que pasaba por la calle. Si veía una nuca parecida a la de mi papá, pensaba que era él. Recolectores de basura, el director de la escuela, el chofer del autobús . . . todos me hicieron ilusionarme en algún momento, pero ninguno de ellos era él. Empecé a buscar a mi papá de verdad a los dieciséis años. Revisaba toda guía telefónica que caía en mis manos, intentando encontrar su nombre. Supongo que no busqué en los lugares adecuados, porque nunca lo encontré. Llegué a la conclusión de que yo era la única Haddish que quedaba en todo Estados Unidos.

Pasé toda mi infancia celosa de las niñas que sí tenían papá. Papás que las cargaban en sus hombros en las fiestas del barrio para que pudieran ver sobre la multitud y sentirse de tres metros de altura. Papás que se aseguraban de que volvieran con el cambio correcto cuando las mandaba a la tienda de la esquina. Papás que las miraban como diciendo: "Más vale que te pongas un trapo en la cintura antes de salir de mi casa" cuando se ponían shorts muy cortos.

Dondequiera que mirara, parecía que todo mundo tenía papá menos yo. Alrededor de un tercio de las familias en los Estados Unidos son de mamás solteras, pero la cultura popular no nos da muchas historias de niñas sin papás. Hay muchos huérfanos de padre y madre en los cuentos infantiles. Pero si una princesa pierde a uno de sus padres en un cuento de hadas, suele ser su mamá, no su papá. ¿Dónde estaban las historias sobre ser criada por una madre soltera? ¿*Murphy Brown*? Una mujer blanca rica con una relación complicada con su contratista no era precisamente un reflejo de mi experiencia creciendo en South Central en Los Ángeles. En cambio, si hubiera tenido un papá soltero, hubiera tenido mucho que ver: *Diff'rent Strokes, My Three Sons, Punky Brewster, Full House, Blossom*. Era más fácil ver series de televisión sobre extraterrestres que viven entre nosotros que sobre niñas sin papá.

Incluso la mayoría de mis amigas y amigos tenían papás que no se habían ido. No podía creer lo ciegos que eran ante la felicidad cotidiana de tener un papá. No sabían cuánto dolía no tener papá. En la prepa, iba a la casa de una amiga después del entrenamiento de atletismo mientras su papá veía la tele en la sala. Ella le pedía que nos llevara al centro comercial, y si él decía que no, le faltaba al respeto. Yo pensaba: *¿Cómo le hablas así a tu papá? Al menos tienes papá. Está presente. Entra por la puerta todos los días. Pone comida en el refri. Sí, puede que te saque de quicio, pero tienes una familia entera. Estás completa.*

Cuando era adolescente, trabajaba como "productora de energía" en bar mitzvás. Veía a las chicas bailar la danza de padre e hija. Sus papás las sostenían mientras se deslizaban por la fiesta al ritmo de "Beautiful

Tonight", y yo lloraba por dentro. Otras veces, si estaba menstruando, lloraba por fuera, porque ¿por qué yo no tenía eso? ¿Por qué no tenía un papá que me quisiera y me abrazara así? ¿Qué me pasaba que no había sido suficientemente buena para que se quedara?

Muchas mamás solteras, cuando se quedan sin un hombre que les ayude con sus hijos, sienten crecer su amor como el gas en una habitación, expandiéndose para llenar el espacio vacío. Cuando la cabeza de mi mamá atravesó el parabrisas, fue como si su válvula del amor se hubiera descompuesto. Yo intentaba aspirar los últimos resquicios de aire para seguir adelante. A ella ya no le interesaba amarme . . . y tampoco le interesaba lo que yo pudiera darle. Miraba mi amor y era como si dijera: "Dirección equivocada, devolver al remitente". Solía pensar que quizás había habido algún tipo de error. ¿Cómo podía yo amar tanto a esa mujer que no me amaba? Me imaginaba que me habían cambiado al nacer y que tenía otra mamá en algún lado esperando para llenarme de amor. Me hizo querer huir a África para encontrar a mi papá y alejarme de mi mamá, para no tener que volver a lidiar con ella. Pensé que iría a África y que me aceptarían en su tribu como en *Color púrpura*. Me haría unos cortes en las mejillas y luego tendría una aldea entera de gente que me amaría. Como dije, no tenía la imagen más informada de África en esa época. Sólo sabía que cualquier cosa era mejor que ser golpeada. Anduve tambaleándome durante veinte años, sedienta por el amor que veía a mi alrededor. Lo disimulé bastante bien, pero ese vacío en mi corazón resonaba con anhelo.

Y eso me lleva de vuelta a esa llamada telefónica. Sucedió cuando yo tenía veintisiete años. Por fin había logrado hacer llegar a mi papá el mensaje de que quería hablar con él.

Estaba en mi pequeño departamento de mierda de un cuarto. Estaba ensayando líneas para una audición junto al futón de la sala cuando tocó el teléfono en la cocina.

—¿Hola? –dijo una voz.

Mi corazón se disparó. *Papumpapumpapumpapump*. Ahí estaba yo, una mujer adulta, conectada por primera vez en siglos con mi papa por medio de satélites que atravesaban kilómetros y años.

¿Te acuerdas de que, en *Jerry Maguire*, el personaje de Renée Zellweger le dice a Tom Cruise: "Me tenías en el 'hola'"? Mi padre me tenía en el "hola".

Fue una locura escuchar esa voz. Los directores me han dicho: "Tiffany, no encontramos a nadie que pueda doblar tu voz. Tiffany Haddish es inconfundible. Tu voz tiene un código especial que nadie más puede producir". Cuando escuché hablar a mi padre, cualquiera que fuera el código especial que su voz contenía hizo que mi espíritu se sintiera completo. Era puro instinto animal, como un perro que se abalanza sobre su dueño cuando vuelve a casa del trabajo.

Yo pensaba que, si algún día encontrara a mi papá, le daría una patada en los huevos tan fuerte que nunca volvería a tener hijos. Así no podría abandonar a nadie más, dejándolos sintiendo que no valían un carajo. Pero ahora que realmente hablaba por teléfono con él, lo último que quería hacer era patearle los huevos. Quería enterrar mi cara en su pecho y adormecer en sus brazos. Si hubiera estado en mi vida, no le hubiera dado mucha importancia a una llamada suya. Puede que ni siquiera hubiera contestado a esa hora del día. Pero debido a todo lo que me había perdido, quería escuchar cada palabra que tenía que decir. Quería saber cada uno de sus malditos pensamientos.

Aspiré un poco de aire. "Yo soy Tiffany Haddish." Hubo una pausa y luego dijo: "Mi hija".

"Hola" me había dejado mareada. Pero ¿"mi hija"? Dios mío. Me quedé como bebé con los brazos extendidos como diciendo: "Por favor, cárgame, papi. Por favor, por favor, por favor. Cárgame, cárgame, cárgame".

Mi espíritu voló y mis ojos se llenaron de lágrimas. Algunas de ellas bajaron por mi rostro y cayeron en las plantas de mariguana que cultivaba sobre el alféizar de la ventana.

Luego dijo: "Suenas tan adulta". Eso me regresó a la tierra de un jalón.

—Pues es que, ¿sabes?, *soy* adulta. Hace mucho tiempo desde la última vez que hablamos. Tengo veintisiete años.

Me había pasado miles de horas imaginándome a ese hombre en mil lugares distintos —en África con su familia, en Israel con sus compatriotas judíos, en una cabina telefónica a punto de meter una moneda en la ranura para llamarme y cambiando de idea en el último momento—, pero nunca supe realmente dónde estaba. Ahora finalmente podía preguntarle:

—¿Dónde has estado, papá?

Sus palabras se precipitaron.

—He estado por todo Estados Unidos. En Las Vegas. En Dallas, Texas. En Florida. Ahorita estoy en Filadelfia, pero voy a Virginia –pausó para tomar aliento–. Dime, Tiffany, ¿cuántos nietos tengo?

De veras no sabía un carajo sobre mí.

—Ninguno. No de mi parte.

Percibí que eso lo había decepcionado, así que empecé a hacerle ochenta mil preguntas. Conforme contestaba, me eché hacia atrás y levanté la barbilla para evitar que me cayeran las lágrimas en la boca. Hablamos por más de una hora. Había tenido toda una vida sin mí. Le hablé de mi vida sin él —sobre el accidente de mamá, sobre su internamiento en el psiquiátrico, sobre mis hermanos y hermanas y nuestra vida en hogares de acogida—. Se lo conté todo.

Lo oí jadear. "Ay, pero tu mamá era tan bella y tan lista." Le dije que seguía siendo bella y que en algún lugar seguía siendo lista, pero que también estaba dañada.

—Tenían una casa. ¿Tu mamá todavía tiene la casa?

Había una pequeña esperanza en su voz de que no todo hubiera salido mal, pero tuve que decírselo.

—No, perdió la casa. Perdió todo.

Hubo un silencio. Me lo imaginé cerrando los ojos al otro lado de la línea.

Me preguntó por mi abuela y mis tías. Cuando le conté que una de mis tías había muerto, dijo:

—Ay, tu tía, una guerrera. Tan fuerte. Un espíritu tan fuerte. ¿Cómo murió?

Tuve que decírselo:

—Le dispararon por la espalda.

Cada cosa que le decía era una capa más en el sándwich de la culpa.

Ambos dejamos de hablar por un minuto. Había silencio, pero ese silencio sonaba tan fuerte como una tormenta. Entonces dijo:

—Siento mucho no haber estado allí.

Te imaginarás que eso es justamente lo que quería escuchar. Pero no quería que se sintiera culpable. Quería que nuestro reencuentro fuera una fiesta, una celebración de ese gran momento de mi vida. ¡Volvía a tener un padre! Había estado enojada durante mucho tiempo, pero ahora lo único que quería era que ese hombre se sintiera orgulloso de mí.

Me dijo que quería verme lo más pronto posible. Me dijo que quería saber todo sobre mí. Teníamos tanto tiempo que recuperar, tanto que aprender uno del otro. La llamada era sólo el comienzo.

Después de despedirnos, colgué y pensé: *Voy a demostrarle que, aunque no estuvo presente para mí, su ADN hizo algo bueno. Que él hizo algo increíble. Aunque no me cuidó ni me crió, salí muy bien.*

Unas semanas después, fui a Virginia para ver a mi padre en persona por primera vez desde que era niña. No sabía qué sucedería cuando llegara, quién sería esa persona. Esperaba que no fuera tan feo como decía mi mamá.

Había estado viviendo en la casa de su novia en Richmond. Salí del coche y, cuando lo vi por primera vez, pensé: *Guau.* Me alegré de saber que era mi papá, mi carne y sangre, porque si lo hubiera conocido en un bar en un oscuro club de comedia, podría haberme ligado. El vato era muy guapo. Nos parecíamos, mi papá y yo. Teníamos más o menos el mismo color de piel, pero él era un poco más bajo que yo y tenía el pelo corto y rizado.

—Tiffany, ¿eres tú?

De nuevo, su acento me tocó el alma.

—Sí, soy yo.

Avanzamos al mismo tiempo y nos abrazamos. Mientras nos abrazábamos, podía sentir su corazón latiendo en su pecho. La misma sangre corría en nuestras venas. Este hombre. *Mi padre.*

Olía exactamente como lo recordaba. Respiré hondo. Después de un tiempo, me aparté sin dejar de sujetarle los brazos con las manos, y lo miré de arriba abajo. Tenía las mismas uñas pequeñas que yo. Siempre me había preguntado por qué mis dedos tenían la forma que tienen. Nadie de mi familia del lado de mi mamá los tiene así. Resulta que son los dedos de mi papá. Me invitó a pasar y, al entrar, percibí que, al igual que mi pie se va de lado al caminar, el suyo también lo hace. No podía dejar de mirarlo. Mientras más hablábamos, más me daba cuenta de que hacíamos muchas cosas de la misma manera, movimientos corporales que se reflejaban el uno en el otro. Masticábamos de la misma manera. Cuando me siento y me relajo, como que me desplomo un poco. Él también lo hacía. Y a los dos nos gusta usar rompevientos.

Me di cuenta de que se esforzaba por no llorar. Al igual que yo. Me contó todo sobre Eritrea y sobre su tiempo en la marina, sobre su llegada a los Estados Unidos y su encuentro con mi mamá. Me mostró fotos suyas y de su familia. Me mostró una foto de su mamá y me dijo que todo mundo la conocía donde vivía en Eritrea. Tenía un negocio de especias, un bar y muchas tierras. Al parecer, era muy graciosa y simpática, pero en la foto tenía ojos serios y trenzas apretadas sobre el cráneo. Mi papá me contó lo que recordaba de su papá, que murió cuando él tenía unos cinco o seis años.

No quería dejarlo nunca más. Quería que se subiera al coche conmigo en ese momento y se fuera a vivir conmigo en California. Pero no lo dije en voz alta. Al despedirnos, nos prometimos mantenernos en contacto; y lo hicimos, llamándonos por lo menos una vez a la semana. Ahora que había recuperado a mi papá, no tenía la intención de dejarlo ir.

Unos dos meses después de la primera vez que hablé con él, mi papá me entregó en mi boda. Se suponía que ese día sería la celebración de la vida que estaba construyendo con mi nuevo marido, pero lo que más recuerdo de esa noche fue cómo mi padre y yo bailamos juntos durante la recepción. Puso su mano derecha en mi hombro y la izquierda en la mía mientras el DJ tocaba Luther Vandross. Dimos vueltas por la pista mientras yo lloraba como un pinche animal feo. Por fin había tenido mi baile padre-hija.

Ojalá ese fuera el final de la historia —un final feliz conmigo danzando como princesa en el baile—, pero no lo fue.

Durante los años siguientes, mi papá y yo hablamos por teléfono regularmente. Le llamaba para contarle cómo me iba en las actuaciones (bastante bien), en mis relaciones (bastante mal) y mis planes para el futuro.

Mi papá se convirtió en caja de resonancia para mí y mis problemas. Toda vez que discutía con un novio o tenía problemas de comunicación en una relación, le llamaba a mi papá para preguntarle: "¿Cómo le hablo a ese hombre?". Él trataba de aconsejarme y me decía que estaría a mi lado si lo necesitara.

Cuando dejé una relación duradera, le llamé a mi padre y él me consoló.

—Es una oportunidad para protegerte. Voy a tratar de conseguirme un lugar para vivir, un departamento de dos cuartos, y puedes venir a quedarte conmigo.

Me hizo sentir que siempre tendría un hogar con él.

En 2008, mi papá se cambió de Virginia a California para volver a la universidad. No era una universidad de cuatro años, más bien una escuela profesional. El año siguiente, fui a su graduación. Estaba tan emocionado de presumirme con sus compañeros de clase, presentándome a todos como su hija. Uno de ellos dijo: "Ah, te vi en *Who's Got Jokes?* . . . eres muy graciosa".

El rostro de mi papá se iluminó de orgullo. Me encendía el corazón saber que alguien se orgullecía de mí de esa forma. Había pasado cada maldito momento de mi vida intentando conseguir esa aprobación de mi madre, que me sonriera y me dijera: "Esa es mi niña".

Cuando regresé a casa de la graduación de mi papá, decidí que iba a enseñarle a mi mamá lo que su niña podía hacer. En aquel entonces, ella seguía internada en el psiquiátrico, así que fui para allá para mostrarle el video de mí en *Who's Got Jokes?* Quizás se sintiera tan orgullosa como mi papá. Me vería actuar y me diría: "¿Sabes?, todas esas cosas feas que te dije todos esos años . . . me equivoqué. Eres increíble. Estoy tan orgullosa de ti, Tiffany. Te amo".

En la sala de recreo del psiquiátrico, sacudí los hombros mientras metía la cinta en la videocasetera. Un montón de internos acomodaron sus sillas plegables en un semicírculo alrededor de la televisión sobre un carrito metálico para ver mi programa. La cinta giró y la estática dio paso a una imagen granulada de mí haciendo un monólogo para los jueces. Muy pronto, las sillas plegables estaban rechinando contra el suelo porque los internos se reían tanto; sus carcajadas se esparcieron por la sala como una lluvia de meteoritos.

Cuando terminó el video, mi mamá se levantó como si fuera la reina de la galaxia. Me miró y después miró a todos en la sala como si fuera a hacer un anuncio importante. *Escuchadme, escuchadme.* Me quedé allí parada sacando el pecho y pensando: *Llegó el momento. Mi mamá le dirá a toda esta gente que lo hice muy bien y que está orgullosa de mí. Sale. Estoy lista, mamá. Adelante.*

Levantó la barbilla y dijo a toda la sala: "¡Mi panocha hace estrellas!".

¿Qué carajo?

No dijo: "¡Mi niña lo hizo tan bien!" o "¿A poco mi Tiffany no es tan inteligente, tan talentosa?". No. Dijo: "Miren lo que hice. Llevé eso dentro de mí. Lo tuve nueve meses, lo escupí, lo alimenté. Sobrevivió, no se murió. Ahora está en llamas. Es una estrella. Yo lo hice". Era la cosa más narcisista que una persona puede decir.

Si un ser humano promedio escuchara eso, diría: "Cabrona, estás loca. Tu concha no tiene nada que ver con eso". Pero yo preferí aceptar lo que había. Pensé que me veía, que reconocía que estaba tratando de hacer un trabajo que significaba algo. Podría haberme alejado como un animal herido, apartando a mi mamá de mi vida, pero ya había perdido a mi papá. Sabía lo duro que era eso. No quería perderla a ella también. Tuve que buscar el lado bueno del momento, y encontré la alegría.

Hasta hoy, a veces me despierto a las dos de la mañana para hacer una llamada a las tres cuando no he tenido un día de descanso en siete meses —tan cansada que me quiero dormir y nunca despertar—, y me pregunto: ¿Estoy haciendo todo esto, trabajando de esa forma, sólo *para ganarme la aprobación de mi madre?* ¿Sabes qué? De cierta forma, sí. Todos queremos ser vistos y apreciados, sobre todo por la gente que amamos.

En 2012, mi papá vino a verme actuar en una obra en San Francisco llamada *Lo que mi esposo no sabe.* Cuando la obra terminó y me puse mi ropa de calle, me encontré a mi papá afuera. Me dijo algo que no entendí bien —algo sobre que tenía que enseñarme magia—, pero estaba tan feliz de tener a mi papá entre el público que no le pregunté qué quiso decir. Siempre me prometía enseñarme algo, como el tigriña, el idioma de Eritrea. "Te tengo que enseñar el idioma de nuestra gente." Nunca llegó a hacerlo. Tampoco llegó a rentar el departamento de dos cuartos, pero allí estaba del otro lado de la línea cuando lo necesitaba. Siempre fui muy agradecida, muy amorosa, lo que parecía confundirle. Me decía:

—Todos mis amigos estuvieron presentes en la vida de sus hijas, y esas chicas son muy crueles con ellos. Tengo tanta suerte. ¿Por qué eres tan buena conmigo?

Pensé en mis amigos de la prepa y en cómo no les daban mucha importancia a sus padres. Yo no era así. Después de tantos años sin él, el solo hecho de poder hablar con él por teléfono significaba todo para mí.

Casi siempre fui amable con él, excepto cuando me había tomado algunas copas y le llamaba borracha. En esas ocasiones descargaba parte de mi ira. Incluso puede que lo haya insultado.

La primera vez que lo llamé borracha, le dije todo lo que siempre le quise decir cuando estábamos separados. Le dije lo encabronadamente triste que me hizo sentir. Lo rota que estaba.

—No estabas presente para mí, papá. Estaban pasando cosas malas en mi vida y tú no estabas presente.

No me arrepentí de decirlo, pero sabía que le había dolido escucharlo.

Entonces dijo algo que siempre quise escuchar toda mi vida:

—Tiffany, para mí siempre tienes razón. Tú nunca, nunca, puedes hacer algo malo. Si nadie en el mundo cree que tienes razón, yo siempre creeré que la tienes.

¿Te acuerdas de esa escena en la Cenicienta cuando le ponen el vestido sobre la cabeza y el aire a su alrededor empieza a centellear y sucede una transformación mágica? Así se sintió mi alma. Cuando actuaba, la gente se me acercaba para decirme: "¡Eres tan graciosa! Te amamos, Tiffany". Y yo lo apreciaba, de verdad, pero ¿me faltaba el amor del mundo entero? No. Me faltaba el amor de mi familia. El amor de mi mamá. El amor de mi papá.

Cuando mi papá me dijo que para él yo siempre tenía razón, no tenía nada que ver con lo que yo había hecho o logrado. No era sólo que estuviera orgulloso. Lo que me estaba diciendo era que me amaría hiciera lo que hiciera; no porque se hubieran agotado las entradas a mi espectáculo, no porque hubiera ganado un montón de dinero (lo cual no había hecho todavía, seguía sin un tostón en ese momento), y tampoco porque su esperma me había hecho. Era sólo porque yo era Tiffany. Era como si hubiera estado bajo el agua la mayor parte de mi vida, con los pulmones gritando: "Cabrona, ¡más vale que encuentres algo de aire o te vas a ahogar!", hasta que por fin mi papá me sacó a la superficie. Aspiré todo el oxígeno que me daba la atmósfera. Me lo tragué con voracidad porque eso es lo que te hace estar plenamente viva. Cuánto me hubiera gustado que alguien me hubiera dicho que era digna de amor hace años, cuando era una niña. Pero cuando mi papi lo dijo, fue justo a tiempo.

Ojalá que *ese* fuera el final feliz de esta historia. Por fin escuché lo que más necesité escuchar toda mi vida, pero ese tampoco fue el fin de la historia.

En 2016, mi papá vino a visitarme a Los Ángeles. Durante nuestra visita, tuvo que ir al hospital. Tenía más de sesenta años; un hombre de edad que había fumado durante años y su corazón estaba destrozado. Lo fui a ver. No me dijo nada de lo que le pasaba.

Tampoco el personal me dijo nada. Escuché que le decía al doctor: "No me resucite". Le dije: "¿Qué? Claro que te resucitamos. Definitivamente te resucitamos".

Estuvo internado un par de días y yo estaba preocupadísima.

Cuando lo dieron de alta, lo recogí, fui por sus medicamentos a la farmacia y le pedí que me contara lo que le pasaba. Era testarudo y se negó a decirme nada en concreto.

Unas semanas después estaba mejor. Pensé que estaba suficientemente estable y lo invité a mi fiesta de *gumbo* de año nuevo. Tenía ganas de celebrar. Había un montón de gente en la casa —amigos, vecinos, parientes— bebiendo y riendo y divirtiéndose. Mi papá no se veía muy a gusto. ¿Observaba la vida —la carrera, los amigos, el hogar— que construí sin él? No tenía cómo saberlo. Comió un poco de *gumbo* mientras algunas personas jugaban a las cartas en la mesa de centro. Me recargué en la puerta para observar. Era la primera vez que recordaba haber pasado el año nuevo con mi papá.

Durante unas horas, la fiesta siguió muy alegre. Comida en cada plato, bebida en cada mano, sonrisa en cada rostro. Me detuve un instante para sentir la satisfacción con mi vida. Mi carrera iba bien: actuaba en *The Carmichael Show* y tenía un papel importante en *Keanu*. Tenía una casa, un buen grupo de amigos con quiénes celebrar. Y mi papá estaba allí. Nada mal, Haddish.

Salí al patrio a ver cómo saltaban los niños en el brincolín, cuando me di cuenta de que hacía un rato que no veía a mi papá. Lo busqué en el patio pero no estaba. Fui al cuarto donde se estaba quedando, y tampoco estaba. Lo busqué por toda la casa, lo cual no me llevó mucho tiempo porque no era muy grande. "¿Dónde está mi papá?", pregunté, pero nadie sabía. Seguí preguntando hasta que por fin alguien me dijo: "Ah, tu papá salió hace unas dos horas. Creo que fue a la tienda o algo así".

Empecé a llamarle al celular que le regalé de navidad. Durante las horas siguientes, estuve llamándole, llamándole, llamándole. No contestaba. De repente, ya era la una de la mañana y empezaba a preocuparme. Dos de la mañana y seguía sin contestar.

Mi novio de entonces me dijo:

—A lo mejor tu papá tiene una novia. Quizás haya salido a ver a sus amigos. Quién sabe. Es un hombre adulto. No te preocupes.

Pero no podía dejar de preocuparme. No sabía dónde carajos estaba mi papá. Rebobina la cinta. Yo era una niña chiquita de nuevo jalando a mi mamá, preguntándole: "¿Adónde se fue mi papá?". Pero en algún lugar en mi interior, sabía que ya se había ido.

Finalmente, a las once de la mañana, mientras vertía vasos medio vacíos por el fregadero, mi papá me llamó para decirme que se había ido a casa, a Chico.

Ni siquiera se despidió.

Nos peleamos. Me dijo que no se sentía un buen hombre y que no era un buen padre. Que no merecía estar conmigo o cerca de mí y que me había defraudado. Que me había fallado.

—¡No, no lo hiciste, papá!

Traté de decirle todas las cosas que él me había dicho y que me hicieron sentirme como en un cuento de hadas donde los sueños se hacen realidad.

—Pero lo hiciste bien. Lo hiciste bien. Me diste la vida, papá, y tengo una buena vida. Quién sabe, tal vez si hubieras estado presente para criarme, me hubiera ido mal. Quizás no sería graciosa o amorosa. Así que quizás no tenía que ser criada por ti....

Pero no me escuchó.

—No –dijo–, duele demasiado. No soy un buen hombre. No merezco tener una hija como tú.

Y colgó.

Me jodió.

Cuando salió de mi vida por primera vez, yo no tuve nada que ver. Fue la culpa de mi mamá y de sus crímenes. Nada que ver conmigo. Pero la segunda vez que me dejó, tuvo que ver con su ego. Fue por él, pero se sintió como si fuera por mí, por no ser suficiente. Me volví a sentir sola en el universo sin nadie que me protegiera para que no me rompiera en millones de pedazos.

Después de eso, le llamé todos los días, a pesar de que no contestaba. Una y otra vez, marqué su número y le dejé un mensaje, pero nunca contestó, nunca me regresó la llamada. Después mis llamadas disminuyeron a una vez por semana. Seguí haciendo pequeñas cosas por él. Le mandaba comida, le pagaba la cuenta de luz, le llamaba en su cumpleaños y le cantaba "Cumpleaños feliz" en la contestadora. La última vez, mi voz debe de haber hecho su magia de ADN, porque más tarde esa misma semana me llamó.

—Bueno —me dijo—, puedes venir a verme en marzo. Ven a mi casa.

Mi corazón bailó un poco en mi pecho. Recuperaría a mi papi de nuevo.

Arreglé todo para poder ir a verlo. Llamé unos días después para darle los detalles pero me interrumpió.

—No sé si debas quedarte en mi casa. Tal vez debas buscarte un hotel.

Pensé que estaba nervioso o avergonzado de que viera su casa.

—Papá, ya voy. No me importa cómo es tu casa. Me importa un carajo si tienes setecientas cucarachas. Me estoy preparando para ir.

No dijo que sí, pero tampoco dijo que no, así que me decidí a ir.

El día antes de mi partida, perdió el control conmigo. Me gritó a todo pulmón:

—¡No quiero verte! ¡No quiero que me veas! ¡No te quiero aquí! ¡No quiero que me veas así! ¡No soy un buen padre!

Me gritó para que no lo viera. Tenía tanta vergüenza que ni siquiera quería que lo vieran.

Sentí que me hundía en el agua de nuevo, la presión aumentando en mis pulmones. "Pero te amo, papá."

Si no lo hubiera vuelto a tener en mi vida, no hubiera sabido lo ligero que se sentía caminar por el mundo con mi papá a mi lado. Había sido maldecida con la alegría de conocer a mi papá. Sabía exactamente a quién extrañaría. Por eso no podía respirar. La pérdida ya me pesaba en el pecho.

—No te creo. Todos mis amigos me dicen que me mientes, que no es posible que me quieras porque no te crié.

Yo trataba de tocarlo a través del teléfono, de retenerlo con mis palabras.

—Tus amigos no me conocen. No conocen mi corazón. Además, papá, si les crees, sinceramente, tú tampoco conoces mi corazón.

En retrospectiva, pienso que sabía que no le quedaba mucho tiempo y estaba haciendo un balance de su vida. Las estanterías estaban más vacías de lo que hubiera querido. Creo que la culpa de no haber estado presente, de no haber sido un hombre como había sido criado para ser, de no tener la fortuna que tuvo antes de venir a los Estados Unidos, de no tener todas las cosas que quería tener, de no ser parte de mi vida, de no tener la familia con la que creció . . . creo que todo eso se lo estaba comiendo por dentro. Quizás ver la vida que yo tenía, sabiendo que la había construido yo sola sin su ayuda, haya sido demasiado para él.

Estaba temblando, pero le dije:

—Voy a hacer lo que me pides. Si no me quieres ver ahora, está bien.

Nunca lo volví a ver.

Volvimos a hablar por teléfono y por FaceTime algunas veces, pero no nos volvimos a visitar. Con el tiempo, las llamadas fueron disminuyendo hasta que no volví a saber de él. Se me rompió el corazón.

En mayo de 2017, yo estaba en Las Vegas en una grabación cuando recibí una llamada. Era una noche extrañamente fría para ser Las Vegas en primavera, y sentí escalofríos cuando contesté.

Era una enfermera del hospital de Chico llamándome para decirme que mi papá se estaba muriendo.

Traté de que mi voz sonara normal mientras le daba las gracias y le pedía que le pasara el teléfono a mi papá. Al cabo de un rato la volví a escuchar diciéndome que no tenía mucha energía, pero que usó la poca que tenía para alejar el teléfono. Le pedí que le acercara el teléfono a la oreja e intenté pensar qué podría decirle que le diera algo por qué vivir. Sabía que mi papá siempre había querido que tuviera un hijo, así que grité: "Papá, estoy embarazada. ¡Voy a tener un hijo!". Pero las palabras se evaporaron en el espacio.

Al poco tiempo, ya no reaccionaba. La enfermera me dijo que, si quería despedirme, ahora era el momento, pero yo estaba decidida a cumplir los deseos de mi padre porque me gustaría que alguien cumpliera los míos si estuviera a punto de dejar esta tierra. Así que no me moví.

Dos días después, estaba muerto. Se había ido hacía casi siete años.

¿Sabes qué es una locura? Todavía llamo al teléfono que le regalé aquella navidad y dejo mensajes de voz que son como las pláticas que solíamos tener . . . por lo menos mi mitad.

—Papi, te extraño. Muchas cosas buenas me están sucediendo. Casi siempre estoy contenta con lo que soy. Ojalá estuvieras aquí para verlo. ¿Por qué no me llamas?

Después lo vuelvo a escuchar y lo borro.

Esta vez se fue para siempre. No volverá a estar entre el público cuando actúe. No me volverá a llamar para consolarme. Se acabaron las historias sobre su familia. Recuerdo una de nuestras llamadas después de que saliera del hospital en Los Ángeles, en la que me habló de la magia que mencionó después de ver mi obra en San Francisco. Me prometió enseñarme algo de magia. Algunos lo llamarían brujería, pero en realidad son nuestras raíces, nuestra tradición.

—Con esta magia, dondequiera que vayas, siempre tendrás ayuda. Siempre habrá alguien que te ayude. Cuando te vuelva a ver, te voy a enseñar.

Nos imaginé comprando salvia, incienso y una de esas estufas de carbón en las que se tuestan granos de café para quemar las hierbas. Me imaginaba a mi papá pronunciando algunas palabras en tigriña para que yo las repitiera. Entonces, una gran bocanada de humo me cubriría. Después del conjuro, todos los que conociera quedarían hipnotizados y me amarían. Eso me gustó.

Me la pasaba insistiendo, pero me daba el avión, así que lo dejé pasar. La cuestión es que *sí* me enseñó. *Sí* me dio esa magia.

Me la dio al amarme incondicionalmente incluso cuando no se podía amar a sí mismo. No por lo que yo podía hacer por él. Ni por el dinero que ganaba ni por los chistes que escribía. Sólo por ser yo. Eso sí que era brujería. Durante un tiempo, me dio esa pieza que me faltaba. Me mostró cómo era sentirme completa. Por más que haya dolido perderlo, aprender a amar a mi niña interior que se la pasaba diciendo: "Cárgame, abrázame, quiéreme" fue lo mejor que me había sucedido. Como dijo mi querida Whitney Houston, es el amor más grande de todos.

Te extraño, papi. Espero que sepas que tú siempre fuiste bueno para mí.

MI HERENCIA
UN GRAN CULO Y UNA IDEA
JODIDA DE LAS RELACIONES

PIENSO QUE DIOS NOS dio tres cerebros. Uno en la cabeza, uno en el corazón y uno en las tripas. Los tres participan en las decisiones que tomamos. Sé cuándo estoy tomando una buena decisión porque mis tres cerebros están alineados. A mi cerebro de la cabeza no se le ocurre por qué sería mala idea, mi corazón late con alegría ante la idea de hacerlo, y mis tripas dicen: *Síííííí, hay que hacerlo*. Cuando mis tres cerebros cantan la misma canción, es porque Dios está en armonía. Pero si alguno de esos cerebros está un poco desafinado, es porque el diablo está haciendo de las suyas, creando discordia y payaseando. Básicamente, si no se siente bien, no hay que hacerlo. En caso de duda, no lo hagas. Ese es un muy buen consejo . . . aunque no siempre le hago caso.

No suelo hablar de esta parte de mi vida, probablemente porque me da vergüenza haber sido engañada de esa forma. A nadie le gusta pensar en sí misma como idiota, pero hubo un tipo, Reginald, con quien anduve por momentos durante muchos años, desde mis veinte años. El vato me rompió el pinche corazón.

Lo conocí en el boliche a principios de la década de 2000. Estaba con mi amiga Chrissy cuando Reginald y su valedor entraron por la puerta. Lo primero que pensé fue: *Este vato es un problema. No tengo la menor duda de que no es para nada bueno . . . pero, chales, sí que es guapo.* Llevaba una camisa tan ajustada que se notaba que llevaba mucho debajo. No es que se la pasara todo el tiempo en el gimnasio, pero estaba bueno. Me gusta que los hombres tengan un poco de panza, como si tuvieran que cagar o algo así, pero los músculos abdominales siguen allí: un parachoques de panocha, como me gusta llamarlos.

Le dije a Chrissy:

—Te apuesto a que logro que esos dos guapos vengan a jugar boliche con nosotras.

—Ni madres –me dijo con una mueca.

No suelo perder apuestas, así que me acerqué a Reginald pavoneándome, empiné la cadera y dije:

—Me encanta tu playera FUBU. Está chida. [Gran sonrisa.] ¿Por qué no vienen a jugar con nosotras?

Y así lo hicieron. *Hora de pagar, Chrissy.* Nos divertimos jugando boliche. Me aseguré de agacharme mucho cada vez que me tocaba jugar para mostrar mis nalgas. Al final de la noche, Reginald anotó su número de teléfono en un envoltorio de M&M y empezó la carrera.

El vato me atrapó, sobre todo cuando lo vi sin ropa. Siempre me han gustado los hombres que, en caso de emergencia, me pueden levantar y cargar a un lugar seguro . . . por lo menos hasta el final de la cuadra. Reginald era tan grande que mi oreja le llegaba al pecho. Cuando lo abrazaba, lo oía tragar saliva. Tenía la parte superior del cuerpo bien mamada. Era peluquero, así que tal vez fuera por tener los brazos en alto todo el día cortando cabello. No lo sé.

No me invitaba mucho a salir, pero iba a la casa de su mamá en Hawthorne. Tenía un espacio en el fondo, habían convertido el garaje en una especie de vivienda. Platicábamos y nos reíamos y fumábamos mota y cogíamos. Nos divertíamos mucho. Era todo muy natural. No nos la pasábamos diciendo pendejadas como con muchos de los otros hombres con los que había salido; hablábamos de todo tipo de cosas: emocionales, filosóficas, espirituales. "¿Cuánto crees que pesa el alma?" y "¿Crees en las vidas pasadas?" Hablábamos durante horas. A veces jugábamos esos juegos mentales que se supone que mantienen la mente activa. Había uno para mejorar el vocabulario llamado Ventaja Verbal. Otro mejoraba la memoria. Nos estimulábamos intelectualmente. Siempre me decía que intentara hacer mi comedia más inteligente. No lo hacía por mal. Esperaba mucho de mí.

—Oye, ¿por qué haces esas pinches locuras? Eres más lista que eso.

Esa relación fue edificante. (Esa es una de las palabras que aprendí en Ventaja Verbal.) Me dio edificación y buena penetración.

Tenía la impresión de que me veía completa, no sólo mi vagina, ¿me entiendes? Y eso me gustó mucho. Lo miraba al otro lado del cuarto y pensaba: *Podría quedarme dormida en el pecho de este hombre. Podría sentarme en sus piernas, y me haría eructar como bebé.* La idea me gustaba mucho porque una vez que eres adulta, nadie te lo vuelve a hacer. Nadie te carga, te mece para que te sientas segura y te dice: "Ven, cariño. Está bien, está bien. Todo va a estar bien".

De veras me veía en algunas fantasías con ese tipo. Pensé que él y yo seríamos la familia Cleaver versión negra: una buena casa, una familia, un garaje para dos coches, buenos empleos, carnes asadas los fines de semana. Tendríamos nuestras bromas privadas de las que nos reiríamos juntos. Tendríamos un montón de hijos y nos los llevaríamos de vacaciones, dormiríamos en una casa rodante abrazados como una camada de cachorros. Tomaríamos fotos de nuestra bella familia frente a diferentes monumentos y después las colgaríamos en las paredes para recordar lo afortunados que éramos. Yo nunca tuve fotos así en las paredes de mi casa cuando era niña. Mi mamá y mi papá se amaron en algún momento, supongo, pero no era una situación muy fotogénica.

Mi mamá conoció a mi papá en una gasolinera cuando tenía veintiún años. Él acababa de llegar a los Estados Unidos de Eritrea como refugiado durante la guerra. Era guapo con un suave pelo afro y una sonrisa que hacía que los demás quisieran sonreírle también. Mi mamá pensó que era lo máximo. Decidió que su misión sería ayudarlo a adaptarse a la vida en los Estados Unidos. Le enseñó a manejar, porque los coches no eran muy comunes en Eritrea en la época, y nunca había aprendido. Le enseñó a hablar inglés y a moverse en la nueva sociedad, para que su llegada fuera lo más fácil posible. Mi padre debe de haber sido muy bueno también, pues ella empezó a escaparse para acostarse con él a escondidas siempre que podía. A los seis meses de conocerlo, se embarazó de mí.

El problema fue que mi mamá era Testigo de Jehová, y los Testigos no aprueban el sexo antes del matrimonio. Agárrate los calzones porque lo que sigue está jodido. En vez de confesar que se había acostado con mi papá, mi mamá les dijo a los mayores de la congregación que había sido violada y que así se había embarazado.

Aunque yo era muy pequeña en la época en que mis padres ocultaban su relación, sabía que algo no estaba bien. No hacían lo que hacían otros padres, como vivir en la misma casa, desayunar juntos o llevarme al parque infantil juntos.

Cuando crecí un poco, a mi papá le encantaba contarme cómo entraba yo al cuarto de mi mamá en la mañana para despertarlo. Ponía mi manita calientita en su hombro, lo sacudía y le decía:

—¡Papi, papi, levántate! No debes estar en casa de mamá. Le voy a contar a mi abuela la próxima vez que la vea porque se supone que no debes estar en la cama de mi mamá hasta que te cases con ella.

No sé quién delató a mi mamá con los mayores. Puede haber sido una de mis tías, o quizás una de las amigas de mi mamá, pero al final descubrieron que tenía una relación con mi papá.

No que importara mucho, porque se fue pocos años después. Después de que mi papá nos dejó, mi mamá estaba tan encabronada que incluso me dijo *a mí* que él la había violado. Me lo contó un día cuando yo tenía unos siete años. Para entonces ya se había juntado con mi padrastro y tenía un par de hijos con él. Mi padrastro parecía Al B. Sure: alto, delgado, de piel clara y con un pelo que se rizaba de forma natural, de manera que parecía un rizado Jheri. Supongo que era guapo para los años ochenta. Pero él y mi madre peleaban como si fueran dos ratas que hubieran encontrado un hueso de pollo. Se la pasaban gritándose. Terribles peleas que parecían agrietar las paredes y dejar entrar espíritus malignos a nuestra casa.

Ella y mi padrastro estaban en medio de una pelea, gritándose tanto que me hacían vibrar las cuerdas vocales. Ya no soportaba los gritos. Me volví hacia mi mamá y le pregunté: "¿Por qué sigues con este tipo? Se la pasan peleando todo el tiempo. Mejor ve a traer a mi papá". Lentamente se apartó de mi padrastro, me dio una bofetada con el dorso de la mano y me empujó.

—Extrañas a tu papi, ¿eh? —el fuego de Satanás brillaba en sus ojos—. Bueno, pues tu papá me golpeaba, y me violó. Tú no estarías aquí si él no me hubiera violado.

Eso me tumbó más rápido que cualquier empujón.

¿Qué chingados dijo? ¿Que mi papá *la violó*? Eso no tenía sentido. Sabía que no tuvieron la mejor relación del mundo, pero si lo que me dijo era verdad, ¿por qué siempre había estado presente cuando yo era más chica? ¿Quién deja que un violador duerma en la casa con ellas? ¿Quién sale a cenar y después a bailar con él? Mi joven cerebro no le encontraba sentido. Era como un rompecabezas matemático sin respuestas al reverso. Durante mucho tiempo le creí. Pero había semillas de duda.

Después de todo, su cerebro no estaba del todo bien después del accidente y mis tías me decían que mi mamá realmente amó a mi papá, pero no fue hasta que me reencontré con él a los veintipocos años que dejé de pensar que yo era producto de una violación. Puede que no haya violado a mi mamá, pero sí la abandonó.

Dice en la Torá y en la Biblia que heredas los pecados de tu padre. Pues la herencia de mis padres fue un gran culo y una idea muy jodida de las relaciones. ¿Para qué dejar que alguien se te acerque mucho, si como quiera te va a abandonar?

¿Sabes cómo es cuando tienes hambre pero no tienes lo que tu cuerpo necesita —verduras o un buen bistec—, así que te comes cinco kilos de lo que tengas —Doritos o Red Vines o lo que sea—? Ya comiste, pero sigues vacía, hambrienta de algo que te alimente. Así es el hambre que sentía de que alguien me enseñara lo que es tener una buena relación. Los modelos que tuve me dieron dolor de estómago, pero era lo único que tenía. Y entonces, en la prepa, conocí a Ted y a Kimberly.

Ted y Kimberly eran los padres adoptivos de mis amigos. Eran cristianos devotos. Son la pareja blanca más increíble de todos los tiempos, en mi opinión. Adoptaron a mi amigo Dimante cuando tenía diez años y después adoptaron a Nick cuando tenía catorce. Nick y Dimante eran negros. Nick fue mi novio por seis meses cuando yo estaba en segundo de prepa. Le llamaba "Nick de la gran polla". Fue el primero en invitarme a una cita de verdad. Fuimos al cine y Kimberly nos llevó, como algo salido de *Los años maravillosos*.

Después de esa primera cita, la familia de Nick me recibía con los brazos abiertos en su casa. Ted y Kimberly eran lo que podríamos llamar papás presentes, y eso incluía ir a todos los juegos de futbol de Dimante y relacionarse con todos los amigos de sus hijos. No eran metiches, sólo hacían preguntas que mostraban que les importaba. Entrar a su casa era como recibir un abrazo. En la época yo vivía con mi abuela, lo cual era muy diferente de su enorme casa con piscina. Nick y yo nos separamos unos meses después, pero seguí yendo a su casa todo el tiempo; no sólo por la alberca, sino porque me gustaba mucho estar con Ted y Kimberly.

Había visto parejas que parecían felices. No todas las relaciones en South Central son un episodio de *Cops*, pero nunca sabes lo que sucede tras bambalinas. El hombre que parece el Marido del Año en la fiesta puede ser un hijo de la chingada durante la cena en familia. La casa de Ted y Kimberly fue mi primera experiencia con una pareja en la privacidad de su casa sin que estuvieran en su comportamiento público.

Ted y Kimberly fueron como mis mejores tíos. Ted era abogado y consultor. Kimberly era médica y dirigía una organización de salud, lo cual era impresionante, pero lo que más me gustaba de ella era que realmente creía en mí. Iba a mis obras y se sentaba con las piernas cruzadas, inclinándose hacia adelante en la silla donde mi mamá se hubiera sentado si no estuviera internada en el psiquiátrico. Recuerdo que una noche después de un concurso de teatro (que gané, gracias), todos los actores estaban platicando. Kimberly me llamó aparte. Me tocó el hombro con la punta de los dedos y me dijo: "Tiffany, esa tu forma de controlar todo un auditorio lleno de gente . . . sabes que eres mágica, ¿verdad?".

Me sentí como gato disfrutando del sol. Para una niña que lo único que quería era escuchar elogios de su propia madre, ese fue un disparo de alegría directo al corazón. Esa es la clave para desarrollarse como ser humano saludable: que otros seres humanos crean en ti. Como Snuffleupagus. O el conejo de terciopelo. Que alguien te diga: "Creo que lo puedes hacer. Creo que eres increíble". Eso es suficiente para mandarte al siguiente nivel y al siguiente. Ted y Kimberly hicieron eso por mí, por sus hijos . . . y uno por el otro.

Era obvio que estaban locos uno por otro. Se respetaban de verdad. Cuando discutían, nunca se gritaban o amenazaban prenderle fuego al cabello del otro. Sus pleitos eran conversaciones súper respetuosas. Los escuché discutir algunas veces cuando me recogían los fines de semana para acompañarlos a misa en Long Beach. Si discutían sobre qué camino tomar, nunca pasaba de: "No tienes por qué hablarme así. Hay mejores formas de comunicarse". Si Kimberly se tardaba mucho hablando con sus amigas después de misa, Ted ponía su mano en su espalda baja y la guiaba a la puerta. En el camino de regreso a casa, ella decía: "No sé por qué me apuraste cuando estaba platicando". No decía:

"¿Quién te crees para apurarme cuando estoy platicando? No eres mi dueño. La próxima vez te voy a dar una cachetada, pinche controlador". Y casi siempre las discusiones terminaban con un beso.

Después se reían como si nunca hubieran discutido.

¿Quién se peleaba así? ¿Por qué nadie gritaba? ¿Dónde estaban los insultos?

Cuando llegábamos a su casa, Nick y Dimante cogían unas Cocas del refri y me decían: "Vamos, Tiffany, vamos al cuarto de la tele a escuchar *Ready to Die*", y yo les decía: "Vayan ustedes. Yo me voy a quedar aquí a escuchar a sus papás discutir un rato más".

Miraba a Ted sonreírle a Kimberly y pensaba: *Cuando crezca voy a tener un marido así.*

"Marido" siempre fue mi palabra favorita. Representa algo estable, algo con lo que puedes contar. Me esfuerzo por pronunciarla lo más seguido posible. Cuando mis amigas se empezaron a casar, les llamaba para preguntarles: "¿Qué hace tu *marido*? ¿Tú y tu *marido* van a llevar a los niños a acampar? ¿Es tu *marido* el que escucho en el fondo?". Con el tiempo, empezaron a decirme: "¿Por qué me preguntas tanto sobre mi pinche marido? ¿Te lo quieres coger?".

No me estaba tratando de coger al marido de nadie. Estaba tratando de tener el mío. No necesitaba la boda completa: el vestido, el pastel, los recuerditos envueltos en tela de encaje. Sólo quería poder decir: "Déjame hablar con *mi marido* para saber lo que *mi marido* quiere hacer". Porque seríamos un equipo, mi marido y yo, resolviendo las cosas juntos como Ted y Kimberly.

Cuando conocí a Reginald, pensé que podría ser mi marido.

Siempre que iba a mi casa, trataba de actuar como si fuéramos una pareja formal. Arreglaba los almohadones en el sofá, bajaba las luces y cocinaba para él como si estuviéramos jugando a la casita. Me envolvía en sus pinches brazotes y yo me sentía segura. Por fin, pensé que tenía lo que quería. Un hombre que me abrazara y me hiciera sentir amada. Un compañero.

Dormía en su casa cuatro noches a la semana, pero nunca me invitaba a salir con sus amigos. Nunca hacía planes con más de un par de horas de anticipación. El vato no se molestaba en llevarme a comer rollitos de huevo. Debería haber sabido que eran señales de que no me respetaba. El cerebro en mis tripas insistía: "¿Qué onda con eso?". Pero yo seguía ignorando el malestar que me producía cada vez que se negaba a salir conmigo y mis amigas o cuando cancelaba nuestros planes a última hora.

Y entonces, una noche, cuando ya teníamos dos años saliendo, me arreglé y fui a la casa de su mamá. Estábamos en el sofá que compró en Big Lots, fumando mota y escuchando música. Me sentí suave y abrigada. Me hundí en él y sentí que un resquicio de confianza se abría en mi corazón. *Este hombre va a ser mi marido.*

Lo miré y pensé: *Quiero hacer algo por este hombre. Quiero hacer algo por él el resto de mi vida.* Estaba cansada de tener novio. Esa mierda de novio era para los pájaros. Para los cabeza de pollo, para ser exactos. Yo era una mujer adulta; ya era hora de tener un marido.

Empecé a hablar de mi visión de nuestra vida juntos, de lo que podríamos llegar a ser: los dos unidos a largo plazo. Estaba entusiasmada hablando de algunas ideas para nuestro futuro cuando escuché:

—¿Por qué no te callas y me mamas la verga?

¿Perdón? ¿Estaba tratando de hablarle sobre una vida con él y me pedía que me callara? ¿Y que le mamara la verga? El resquicio de confianza se cerró al instante, como si alguien hubiera azotado una puerta en mi corazón.

—¿Qué dijiste? No me hables así.

—Puta, sólo mámamela, carajo.

Si alguien me dijera eso ahora, armaría un desmadre. Trátame bien y te trato bien. Jódeme y te apuñalo en el corazón. Pero esa noche, apenas escuchó eso, el cerebro en mi corazón empezó a buscarle otro lado. "Bueno, sí, fue una falta de respeto, pero vas a pasar el resto de tu vida con este hombre. Probablemente tuvo un mal día. ¿Por qué no te vas, lo dejas que se calme y vuelves en otro momento? Seguro te pedirá disculpas."

Tomé mi bolsa y me fui. Llegué a casa y lloré toda la noche. Y lloré más al día siguiente, y al siguiente. Estaba destrozada. ¿Por qué Reginald no nos veía juntos como yo? ¿Me había puesto en la categoría de puta? ¿Y la forma en que nos habíamos desafiado intelectualmente? ¿Y todas las veces que nos sentimos tan bien y tan relajados juntos? ¿Qué había de malo en mí para que no me viera como el paquete completo?

Pasaron meses y Reginald no me llamó. Ni una sola vez. Supongo que herí sus sentimientos cuando salí de su casa de esa forma y me lo estaba haciendo saber con su frialdad. Debería haber cerrado ese capítulo y seguido adelante.

Pero mientras lloraba, el cerebro en mis tripas me decía: "Va a regresar. Espera. Va a regresar, y cuando lo haga, va a ser lo mejor".

Aplausos para el cerebro en mis tripas porque tenía razón. Sí regresó.

Fue unos nueve meses después que nos volvimos a conectar. Mi perra acababa de tener una camada entera de pitbulls y yo los estaba vendiendo. Recibí una llamada de Reginald diciendo: "Oye, ¿puedo ver a tus perros? Mi perro se murió y necesito otro". Había pasado tanto tiempo que ya no pensaba mucho en él. Pero en cuanto escuché su voz, mi vagina gritó: "Ve por esa verga. ¡Extraño esa penetración!".

Fue a ver a los perros. Nos quedamos fuera viendo a los cachorros lamerse junto a nuestros pies. Traté de mantener los ojos en los perros para no mirarlo. Cada vez que lo hacía, mi pu interna me decía: "¡Ve por esa verga!". Escogió un perro y llegamos a un acuerdo: él le cortaría el pelo a mi hermano a cambio del cachorro, lo que significaba verlo a él y a sus enormes y bellos brazos con regularidad. El cerebro en mi cabeza me decía: "¿Estás segura de que quieres hacer esto? Sabes que el vato no ha cambiado ni un poco. Si no le interesabas como persona antes, ¿por qué piensas que de repente le interesas ahora? ¿Por qué piensas tanto en él de nuevo? Vete a leer un libro o algo. Edúcate un poco". Pero mi corazón y mi tripa gritaban: "Cállate, cerebro de cabeza. Ese hombre lo hace tan bien que nos hace sentir seguras y felices". Eran dos contra uno. Así que muy pronto, Reginald y yo estábamos cogiendo de nuevo.

Esta vez éramos aún más domésticos, siempre en casa de uno o de otro, cenando juntos y platicando como si fuéramos un viejo matrimonio. Venía a mi casa y cocinaba *para mí*. Dejaba el espagueti cocinando en la estufa y unas galletas en un plato elegante, y veíamos *Dexter* juntos. Empecé a pensar que había tenido razón después de todo: mi relación con Reginald iba a ser algo real. Eso sí, seguíamos sin ir a ningún lado en público como pareja. Pero no pensaba en eso. Sólo pensaba en lo bien que la pasábamos y en lo real que se sentía cuando estábamos juntos.

Nos imaginaba criando hijos juntos algún día, estando presentes en sus vidas como Ted y Kimberly lo estaban en las vidas de Nick y Dimante, sin ser invasivos. Seríamos padres chidos, la casa donde todos los niños del barrio se sentirían siempre bienvenidos. Nuestros hijos nunca se tendrían que preguntar si al llegar a casa se encontrarían con una pelea en una jaula o si alguno de nosotros cabalgaría hacia el amanecer para no ser visto nunca más.

Esa fase de nuestra relación duró unos dos años. Hasta que, una noche, después de comer pollo y albóndigas, Reginald y yo nos empezamos a besar en su casa. Era todo muy romántico, con Maxwell tocando en el fondo, y Reginald empezó a cogerme sin condón. No me asusté ni lo corrí de la cama. Para nada. Al contrario. Pensé: *¡Sí! Está sucediendo. Debe de querer tener hijos conmigo porque me confía su esperma. Realmente me ama.* Estaba muy feliz.

Unos días después, seguía con esa sensación de felicidad cuando Reginald me llamó a las dos de la tarde.

—¿Qué crees? Conseguí un coche nuevo. Nos vamos a San Diego. Coge tus cosas. Te recojo en una hora.

Fui a mi cuarto de inmediato y empecé a empacar, pensando que quizás debería llevar un poco más de loción para las manos para que estuvieran suaves en caso de que sacara un anillo de compromiso.

Estaba lista a las 2:45 pm, sentada en mi ventana, viendo los coches pasar, preguntándome cómo sería su coche nuevo. Pasaron horas y horas y ni rastro de Reginald. Llegaron las cinco y seguía sin aparecer. Seis, siete, ocho, nueve y nada. Todos los pinches coches de Los Ángeles pasaron por mi casa ese día menos el suyo. No contestaba mis llamadas. Llevé mi maleta de vuelta a mi cuarto. Mi cerebro de cabeza empezó a decir: "Te lo dije", pero no quería oírlo. Me metí bajo las cobijas y me chupé el dedo hasta quedarme dormida.

El día siguiente le llamé por la veinte milésima vez, pero su teléfono estaba desconectado. Así que le llamé a un amigo que trabajaba en la compañía telefónica y me las arreglé para pagar la cuenta de Reginald. Al fin y al cabo, iba a ser mi marido. Al día siguiente, el teléfono funcionaba, así que volví a llamar, pero no contestó. Le pedí a una amiga que llamara. Contestó, pero colgó enseguida.

¿Puedes creer que seguía sin ver lo que sucedía?

Me inventé razón tras razón. Quizás fue a comprarme un anillo y unos chicos lo asaltaron y ahora estaba secuestrado, pero no podía escapar porque pronto iba a ser padre de nuestro hijo y huir sería demasiado peligroso. Quizás no estaba acostumbrado a su nuevo vehículo y tuvo un accidente y estaba en coma y pensaba que se llamaba Marcellus Wallace. Quizás uno de esos pozos que se abren en La Brea se lo tragó y ahora está hasta el cuello en un pozo de asfalto. Estuve sentada en casa *tres pinches días*, esperando que apareciera.

Por fin decidí llamar a la casa de su madre para preguntarle dónde estaba. Su mamá me dijo: "Ah, ¿Reginald? Se fue a San Diego con su novia el fin de semana".

¿Novia? Pensé que *yo* era su pinche novia.

Había estado con este tipo por intervalos durante *años*. Lo dejé cogerme sin condón porque pensé que eso significaba que me amaba.

Esa es una lección: Que no quiera usar condón no significa que te ama. Y otra: Que cocine para ti no significa que le importas. Y una más: Que duermas en su cama cuatro noches a la semana sólo significa que eres un calentador de barriga. Alguien más puede dormir allí las otras tres noches. Fueron lecciones muy duras de aprender de joven.

Después de descubrir todo eso, estaba lista para arruinarle la vida a alguien. Estaba furiosa con Reginald, pero —lo viste venir, ¿no?— también estaba furiosa conmigo misma. ¿Cómo pude dejarme llevar así? Había deseado tanto tener una buena relación, una familia de ensueño como la de Ted y Kimberly, que torcí la verdad frente a mis ojos para que mi vida encajara en un sueño.

Era como si hubiera puesto uno de esos dibujos que hacen los arquitectos cuando van a renovar tu casa sobre una foto de lo que realmente estaba viviendo. Se veía igual si apretabas los ojos, pero si levantabas el dibujo, podías ver que las ratas se habían comido los cimientos y que podía caerse y aplastar a alguien en cualquier momento. Pero deseaba *tanto* que esa casa me protegiera, que ignoré lo inestable que era todo. En ese momento, lo único que me mantenía de pie era mi rabia. Me subía por los ovarios y me salía por los ojos como los de un supervillano.

Estaba tan furiosa que hasta el diablo se asustó. Nunca iba a ser la esposa de Reginald. No era mi hombre. Era sólo un pendejo hijo de puta que estaba jugando conmigo. En realidad yo no le importaba. Por fortuna no me embaracé de él, porque si hubiera tenido un hijo conmigo, probablemente lo trataría mal a él también. Afortunadamente me enteré cuando lo hice. Las fantasías que empecé a tener entonces eran muy diferentes de las de boda blanca / bebés negros que antes tenía. Botas Timberland en los huevos, ladrillos hirvientes en la cara. Me metería a escondidas y le daría un poco de Ambien. *Buenas noches.* Y luego, mientras dormía, moldearía mi nombre con un clip, lo calentaría y le tatuaría "Tiffany" en la verga. Le pondría lodo y sal para que se le formaran cicatrices queloides onduladas para mayor placer.

Cuando se despertara, lo miraría a los ojos y le diría a la cara que mantuviera mi nombre fuera de las bocas de otras putas.

Lo pensé. Ay, lo pensé mucho. Pero no necesitaba que la policía apareciera en mi casa y me encerrara por causa de ese hijo de puta. Así que esto es lo que hice.

Reginald había dejado algunas cosas en mi departamento: camisetas, shorts de baloncesto, calcetines. Me había dejado plantada cerca del Día del Padre, así que puse sus cosas en una caja y la envolví con papel de regalo del Día del Padre con lacitos por todos lados. Compré una tarjeta del Día del Padre y escribí: "Fue increíble conocerte. Eres un ser humano de veras interesante. Aprendí mucho de ti, y sé que serás un gran padre para este bebé". Luego llevé la caja a la peluquería donde trabajaba y la puse donde todos sus compañeros pudieran verla. No volví a saber de él.

Pero ¿sabes lo que es muy jodido? Durante años, seguí pensando en él. Sabía que tenía que dejarlo ir, pero de vez en cuando fantaseaba con ir a su casa y sentarme en su verga. Peor aún, todavía siento una punzada en el corazón cuando pienso en él. Incluso conservo ese envoltorio de M&M con su número en una caja con algunas fotos suyas.

El deseo humano de formar pareja con alguien que te ame es muy fuerte. Está en nuestros genes. Para encontrar ese amor, algunos de nosotros tenemos que luchar contra algunas ideas muy jodidas sobre lo que son las relaciones. Quizás si hubiera crecido con padres que tuvieran una relación parecida a la de Ted y Kimberly no hubiera habido tanta pinche estática perturbando la comunicación entre mis tres cerebros y me daría cuenta de inmediato cuando un pendejo no vale mi tiempo ni mi energía. Admito que a veces me preocupa no encontrar a alguien que me quiera como Ted y Kimberly se quieren. Es una mierda no tener a nadie en casa más que a mi gato y mi perro. Son un encanto y me quieren incondicionalmente (por lo menos el perro; el gato tiene su propia vida), pero hay límites a la conexión que puedes tener con una criatura que se lame el culo. Cuando hay silencio y puedo escuchar a mi mente, mi corazón y mis tripas conversando en armonía, me recuerdan: "Cuidado con lo que te dices a ti misma, nena. Las mentiras que nos hieren más son las que nos contamos a nosotras mismas". Debo recordar eso para poder encontrar un hombre digno de este hermoso culo.

NECESITO UN TESTIGO

PASÉ BUENA PARTE DE mi infancia en el Salón del Reino de los Testigos de Jehová. "Salón" es una buena descripción del edificio al que íbamos toda semana para el culto. Era un edificio bajo, sin muchas ventanas en ningún piso, como si fuera un sótano. Si entras a una iglesia católica, piensas: "¡Mira todos esos vitrales! Hay todo tipo de madera pulida. ¿Eso es oro de verdad? Caramba, esto es como la casa de la Reina". El Salón del Reino de los Testigos de Jehová parecía mucho más un centro de convenciones, como un lugar al que vas para asistir a un taller sobre cómo invertir en bienes raíces. Pero como el Salón no era lujoso, te sentías bienvenida, como si no te tuvieras que preocupar de romper los buenos platos de Dios por accidente.

Los Testigos de Jehová eran perfectos para mí al inicio de mi vida porque me daban una comunidad en la cual me podía apoyar cuando las cosas se desmoronaban en casa. Me alimentaban, me vestían y me cuidaban como mi familia no podía hacerlo.

Una de las cosas que más me gustaban del Salón del Reino era cantar con los Testigos. No había coro. Nadie tenía formación de cantante, pero todos abrían sus cancioneros frente a ellos como si los estuvieran ofreciendo a Dios. Aunque no se supieran la melodía, todos cantaban: buenas voces, malas voces, daba igual. Todos eran iguales cuando se unían para cantar alabanzas a Jehová. Era el sonido más bello del mundo. Me volteaba y veía a toda esa gente feliz a mi alrededor y pensaba: *Mira cuántos hermanos y hermanas puedo tener,* porque una vez que te bautizan en los Testigos, te llaman Hermano o Hermana, como si todos perteneciéramos a la misma familia.

Te apuesto cien dólares a que te has agachado en tu piso mugroso cuando llegan los Testigos de Jehová a tu puerta. "Apaga la tele, Janelle. Cierra las persianas. ¡Apúrate!" . . . como si te estuvieras escondiendo del FBI. Como si lo peor que te pudieras imaginar fuera que una señora muy educada con folletos sobre Jehová interrumpiera *Jeopardy!* Ella sólo quiere compartir la verdad de Dios contigo, y tal vez darte algo que leer. ¿Por qué te alteras tanto?

Hay que tener muchas agallas para ir de puerta en puerta sabiendo que probablemente te la van a cerrar en las narices, y los Testigos de Jehová lo saben. Para eso te preparan cuando te toca salir a tu servicio del campo. (Servicio del campo es salir a las calles a difundir la palabra.) No te dan un montón de *Atalayas* con una palmadita en la espalda: "Buena suerte allá fuera. No hables con extraños . . . ¡a menos que sea sobre Jehová!". Desarrollan tus habilidades para que no te desanimes. Una de las formas de hacerlo es hacerte actuar para enseñarte cómo acercarte a la gente y hacer que hablen contigo. Representas diferentes situaciones para animar a la gente a leer más la Biblia —quizás incluso para que se interesen por lo que significa ser Testigo de Jehová— y así poder atraerlos a la familia.

Mi primera actuación debe de haber sido cuando tenía unos siete años, antes del accidente de mi mamá. La Hermana Williams, que yo consideraba lo máximo porque siempre tenía un caramelo de mantequilla o de menta en su bolsa para mí, me invitó a actuar con ella. Quizás te sorprenda saber que era muy tímida de niña, pero así era. A pesar de mi timidez, me encantó que me invitaran al escenario porque me gustaba mucho representar historias. Siempre trataba de copiar diferentes personajes de los programas que veía en la tele. Empecé a usar chaleco vaquero con borlitas después de haber visto *Bonanza*. Fingía estar en *La pequeña casa en la pradera*, corriendo con un gorro que me ataba al cuello. Eso debe de haber sido graciosísimo: una niña negra vestida con ropas de la pradera corriendo por el barrio y diciendo: "¡Llámame Laura Ingalls!".

Era obvio que mi mamá y mi abuela estaban encantadas de que me hubieran elegido para participar en la representación con la Hermana Williams. Era como un sello de aprobación por parte de la iglesia. El Salón del Reino de los Testigos de Jehová era el lugar favorito de mi mamá. Era donde se refugiaba después de una semana agotadora en la oficina de correos, haciendo demostraciones en el supermercado y cuidando niños. Íbamos a todos los cultos. Ella participaba mucho en las actividades de la iglesia, organizando fiestas para los adolescentes y haciendo estudios bíblicos. Una vez al mes, me llevaba a una reunión que organizaban los Testigos en el Salón del Reino. Me encantaban esas reuniones. La comunidad entera estaba presente, jugando a las cartas o algún tipo de juego de mesa, y había comida para compartir. Las personas presentes probablemente no serían tus amigos si las hubieras conocido en otro lugar, pero como todos eran parte del Salón del Reino, se llevaban muy bien. Era como una reunión familiar todo mes.

De vez en cuando, alguien organizaba una reunión en el patio de su casa. Las parejas bailaban el chachachá mientras los mayores miraban en el patio. Los mayores intervenían si los niños nos peleábamos, mandándonos a rincones separados para que nos tranquilizáramos, porque los Testigos se cuidaban unos a otros.

Si yo fuera mamá soltera, sin duda me uniría a un Salón del Reino. Moralmente, los Testigos lo tienen muy claro. Se aseguran de que los jóvenes crezcan bien. Me gusta lo que representan: informarse unos a otros, compartir la Palabra de Dios, compartir conocimientos. Todo

Salón del Reino tiene una biblioteca. La nuestra estaba en la parte trasera del Salón, donde nuestras nuevas mamás se sentaban con sus bebés para que su alboroto no interrumpiera el culto. Allí también se sentaba mi familia: en el fondo, donde nadie pudiera mirarnos porque nuestra ropa no era la mejor.

Los Testigos también son sumamente prácticos. Después del culto, te mandan a que conozcas a los mayores y aprendas a lidiar con ciertas cuestiones: cómo ser un papá o una mamá más productiva, cómo mantener una buena relación con tu pareja... un montón de orientaciones para el alma, pero también para la vida práctica. Enseñaban jardinería, confección de ropa, manualidades y el arte de cuidar la casa. Todas esas habilidades para la vida cada semana. Les doy mucho crédito por eso y por hacer que los chicos se levanten y actúen frente a todo mundo.

Cuando me tocó actuar, quería arrasar. El problema era que sabía que mi papel era leer un poco de la Biblia en el escenario y no sabía leer muy bien, incluso en comparación con otros niños de siete años. Reconocía las formas de las letras, así que podía mostrarte dónde estaban todos los libros de la Biblia, y sabía el orden del Génesis, Éxodo, Deuteronomio, etcétera. Así que, si alguien decía: "Vayan a Corintios", yo sabía que empezaba con C y dónde estaba en la Biblia, y de esa forma podía pasar las páginas, *fft, fft, fft*, Corintios. Ya está. Pero ¿podía leer las palabras reales de las escrituras? No.

Sentía mucha presión por hacer un buen trabajo. ¿Y si subía al escenario y hacía el ridículo frente a todos mis Hermanos y Hermanas y decidían que yo era la oveja negra de la familia? De hecho, todos éramos ovejas negras. No había mucha gente blanca en el Salón del Reino de South Central en Los Ángeles en la década de 1980. Sólo no quería tener fama de Testigo estúpida. A pesar de todas sus cualidades y su programación de calidad, los Testigos tenían muchas reglas y poco margen de maniobra. Los hombres no podían usar barba ni las mujeres pantalones apretados o faldas cortas en el Salón. Si tenías una cita, no podían ir sólo los dos. Tenía que haber un chaperón. Los niños no podían ser parte de grupos fuera de la iglesia, como los Boy Scouts, aunque eso probablemente evitó que a muchos Testigos les tocaran el pito, así que esa regla quizás sí fue inteligente.

Concebí un plan para no hacer el ridículo frente a toda la congregación. Le pedí a la Hermana Williams que me leyera el trecho bíblico de nuestra representación una y otra vez hasta que lo memoricé. En la época, era campeona de memoria. Si alguien me leía algo un par de veces, se incrustaba en mi tejido cerebral, de donde lo podía pescar siempre que lo necesitaba. Memorizar era mi superpoder. Mi poder se debilitó cuando aprendí a leer de joven, porque ya no dependía tanto de la memoria; pero cuando era más chica, era la Michael Jordan de la memorización.

El día de la obra, me puse mis buenos zapatos y mi vestido para la iglesia de segunda mano que me habían regalado de otra miembro del Salón del Reino. Tenía rayas cafés, turquesas y verdes con flores en las rayas. Tenía un cuello de encaje y un panel de encaje con botones de nácar falsos en la parte delantera, y se abrochaba en la espalda. Me puse medias porque me encantaban. Me sentía tan linda, convencida de que mi atuendo era digno de mi gran momento.

Caminé con la Hermana Williams hasta nuestras marcas y sonreí como habíamos ensayado mientras todo el Salón del Reino observaba y esperaba a que empezara. Aún no tenía edad para que mi sudor apestara, lo cual era bueno, porque estaba bien pinche nerviosa.

Voy a detenerme aquí para decirte algo: si investigas un poco, descubrirás que algunos de los mejores cómicos —los más graciosos y exitosos— crecieron con los Testigos. Mike Epps, Katt Williams, los Wayans . . . Testigo, Testigo, Testigos. Creo que en parte se debe a que crecer como Testigo de Jehová es como estar en un campo de entrenamiento para tener un público que te preste atención. Ese es tu trabajo como comediante, descubrir cómo hacer que personas desconocidas te escuchen. Los Testigos te enseñan a tener carisma, a sonreír en los momentos incómodos, a leer las señales de los demás, y desde luego a aguantar que te cierren la boca. Para ser cómico hay que tener la piel muy dura. Cuando estás en el escenario, ofreces algo de ti y esperas que la gente acepte tu ofrenda. Puede ser muy asustador ofrecer algo sin saber si será bienvenido o rechazado. Aprender a ir de puerta en puerta fue buena práctica para el escenario. Si puedes interrumpir a la gente en casa mientras se ocupan de sus cosas o mientras caminan por la banqueta rumbo al trabajo, ponerse delante de un salón lleno de desconocidos que pagaron un buen dinero para que los entretengas no es nada. Además, probablemente están borrachos de todos modos.

En el escenario en el Salón del Reino, hojeé mi Biblia. Había marcado la página correcta, así que la abrí como alas de mariposa y empecé a recitar:

> El que me juzga es Jehová. Por lo tanto, no juzguen nada antes del tiempo debido, hasta que venga el Señor. Él sacará a la luz las cosas secretas de la oscuridad y revelará las intenciones de los corazones. Entonces cada uno recibirá de Dios la alabanza que merece.

Sujeté el libro para que pareciera que estaba leyendo, pero no lo estaba. Estaba actuando por partida doble. Cuando levanté la vista de las páginas hacia el público, vi que me estaban creyendo. Mi mamá y mi abuela me miraron desde sus asientos y empezaron a aplaudir. Muy pronto, todo el mundo aplaudía porque era la primera vez que hablaba frente a la congregación. Cuando es tu primera vez, todo mundo aplaude. Me sentí como si hubiera pasado una prueba, aunque hubiera hecho trampa.

Después, me uní al público, feliz por haber sido aceptada en el club al que siempre quise pertenecer. Me sentía cálida y feliz entre mis Hermanos y Hermanas, cuando la niña cuya mamá me dio el vestido se me acercó y se rio en mi cara.

—Mírate con mi vestido viejo, señorita Tiffany. Ni si quiera estás guapa con él. Te ves toda flaca y escuálida.

Adiós a la calidez y a la felicidad. Torcí la cara, tratando de no llorar. Fue como si me atravesara con la mirada y me arrebatara el sentido de pertenencia. Eso fue cruel.

El Salón del Reino fue donde mi educación religiosa formal comenzó, pero mi mamá era el centro de mi universo espiritual. Mi sol. Hablaba sobre cosas religiosas todo el tiempo cuando yo era niña. Mientras preparaba *hot dogs* en la cocina, me hablaba sobre Jehová esto, Jehová aquello; que Jesucristo no es Dios, sino el hijo de Jehová; y que Jesús va a regresar, que Jesús nos va a curar. Eso era alimento para el alma. Un día, mientras ponía la mesa, empezó a hablar sobre cómo murió Jesús para salvarnos de nuestros pecados. Eso me hizo prestar atención.

—¿Por qué moriría por gente que ni siquiera conocía? Eso está raro.

Metió servilletas bajo los platos y explicó que todos éramos hijos de Dios, lo que significaba que éramos parte de la familia de Dios, como Jesús. Él era como nuestro hermano. Pensé sobre eso un momento. En mi corta vida, había visto bastante mal comportamiento por parte de los hijos de Dios, y Jesús llevaba mucho tiempo muerto. Carajo, acababa de engañar al Salón del Reino entero haciéndolos pensar que sabía leer. Si Dios había muerto para limpiar todos nuestros pecados, no había funcionado.

—Okey, si murió por nuestros pecados, ¿por qué seguimos pecando?

Respiró hondo como si no tuviera tiempo para mis preguntas sabelotodo.

—Bueno, entonces murió por los pecados de la gente en la época en que vivió. Limpió sus pecados, pero nosotros tenemos que seguir viviendo en pecado.

—¿Entonces cargo los pecados de otras personas?

Fue entonces que mi mamá hizo una analogía. Dijo que si estás horneando pan en un molde y lo golpeas y se abolla, todas las barras de pan que hagas con ese molde saldrán abolladas. Por más que intentes quitarle la abolladura, siempre va a quedar un poco mal. Nunca será el molde perfecto que era. Y toda vez que hornees algo, puede salir un poco peor, un poco más abollado, un poco más chueco, un poco más torcido. Es lo mismo con nuestro pecado. Heredamos los pecados de nuestra mamá y nuestro papá. El único que lo puede arreglar —arreglarlo de verdad, quitándole todas las abolladuras y dejándolo liso— es el experto que hace los moldes. O sea, Dios. Dios es el panadero y no tiene ganas de componer ningún pinche molde. Eso es lo que me dijo mi mamá. Por lo menos, es lo que *creo* que dijo. Recuerda que sólo tenía siete años, así que puedo estar equivocada.

Hice un poco de cuentas divinas en mi cabeza. Si Dios es el único que nos puede componer, también debe de ser el único que puede decidir si necesitamos compostura: el único que nos puede juzgar. Pero eso también me hacía ruido, porque muchas veces sentí que mis compañeros Testigos de Jehová me juzgaban mucho. *Si Dios es el único que me puede juzgar, ¿por qué tengo la sensación de que esas personas en la Tierra me juzgan tanto?*

Mi relación con el Salón del Reino cambió después del accidente de mi mamá cuando yo tenía ocho años. El primer mes, mientras se recuperaba en el hospital, viví con mi bisabuela en Colten. Era la década de 1980, cuando se empezaron a popularizar las llamadas a tres, así que el Salón del Reino nos permitía llamar y escuchar el culto en altavoz con otra familia. Cuando mi mamá regresó a casa, mi abuela llevaba a toda la familia al Salón del Reino dos veces al mes y a veces a los estudios bíblicos en la casa de alguien. A mi mamá le encantaba ir porque le resultaba familiar. Puede que no reconociera a las personas por su nombre ni supiera quiénes eran, pero había algo reconfortante en estar con ellos. Estimulaba su mente, le traía recuerdos. Además, le hacía provecho estar entre adultos. Pero al cabo de más o menos un año, dejé der querer ir al Salón. Como a mi mamá no le funcionaban todos los pistones, me tocaba arreglar a mis hermanos y hermanas toda semana. Peinaba a mis hermanas, vestía a mis hermanos, trataba de asegurarme de que llegáramos a tiempo. Pero sentía que la gente nos juzgaba cuando llegábamos, aunque estuviéramos al fondo del Salón. No teníamos las mejores ropas. No estábamos muy limpios. Mi hermanito Lance andaba con la ropa orinada. Le preparaba ropa limpia, pero él seguía con su ropa orinada. Sentía la mirada de los demás cuando llegábamos, y casi los podía escuchar decir en sus cabezas: "¿Qué llevan puesto esos niños? ¿Quién los cuida?". Lo tomaba como un insulto personal. Aunque hacía lo mejor posible, no era una madre. Era una niña. Que otras personas, incluso adultos, me juzgaran, era demasiado.

A los once años, empecé a rehusarme a ir al Salón del Reino. Estaba cansada de sentirme rechazada por otros miembros de la congregación. A mi mamá no le importaba que me sintiera juzgada. Me pegaba hasta que me subiera al coche.

Después, de los trece a los catorce, dejé de ir al Salón porque estaba bajo cuidado tutelar. Esas familias no querían llevarme al culto en un lugar ajeno a su fe. Fue sólo cuando mi abuela obtuvo nuestra custodia que volví a relacionarme con los Testigos. No es que de repente quisiera ir al Salón del Reino, pero quería alejarme de mi mamá cuando venía a casa de la abuela los domingos.

Mi mamá llegaba a la casa de la abuela dispuesta a *pelear*. La opción era ir al Salón o quedarme en casa para pelearme con mi mamá, y no quería que nadie llamara a la policía en nuestra casa.

Iba al Salón del Reino sólo para escapar. Me sentaba con mi abuela, escondiéndome de mi mamá. No me sentía realmente miembro de la congregación. Me sentía como fugitiva, como si mi propia familia me hubiera echado.

Después de un tiempo, empecé a darme cuenta de que otras personas también se escondían a plena vista. Personas que estaban sin estar.

Iban al Salón pero nadie reconocía su presencia porque habían sido desfraternizadas. Eso significa que te expulsaron formalmente de los Testigos de Jehová. Vi a gente ser desfraternizada por diversas ofensas: beber demasiado, maldecir demasiado, tener relaciones sexuales fuera del matrimonio, divorciarse, chismear o decir mentiras sobre personas en el Salón del Reino.

Cuando te desfraternizan, básicamente te cancelan de la congregación. Nadie te habla. Nadie puede relacionarse contigo. Estás completamente aislada. Puedes seguir yendo al Salón del Reino, pero nadie se sienta contigo a menos que no haya opción porque no hay otro asiento. Eres el apestado o la apestada de la escuela. Tus amigos nunca te llaman. No te saludan cuando te ven en la calle. La gente te mira como si fueras un fantasma. Imagínate que te acercas a tu mejor amiga a quien le habías hablado la semana pasada y le dices: "Hola, ¿cómo estás?" y ni si quiera te mira, como si no existieras. Eso te hace cuestionar toda tu existencia. El tratamiento silencioso es algo despiadado. Los terapeutas de hecho lo califican como abuso emocional. La soledad te puede matar, al igual que fumar o beber o comer tantos Snickers que se te sube el azúcar. Los humanos somos animales de manada. Nos necesitamos para sobrevivir.

Lo que más me dolió de ver a esas personas condenadas al ostracismo fue saber que mi mamá había sido desfraternizada cuando yo era bebé porque se había embarazado fuera del matrimonio. De la lista de pecados por los que te podían expulsar de los Testigos, ese estaba más o menos al mismo nivel que el asesinato. Sabía que había sido desfraternizada, pero no había entendido plenamente lo que significaba hasta que crecí y vi lo que les pasaba a otras personas. Cuando vi cómo trataban a los desfraternizados, entendí lo terriblemente doloroso que debe de haber sido perder su lugar en el Salón. Porque, como dije, ese lugar era su vida.

Mi abuela me dijo que mi mamá se había esforzado mucho para ser readmitida a los Testigos de Jehová. Había hecho estudios bíblicos adicionales para probarle a la congregación que realmente quería regresar a la comunidad. Se tardó seis meses, pero por fin la dejaron regresar.

Vi cómo Hermanos y Hermanas en el Salón del Reino ignoraban a la gente como si no existieran, pasaban por delante de ella para coger ensalada de papas y dejaban que las puertas se cerraran detrás de ellos como si no fuera nada. Se parecía mucho al maltrato. Por la forma en que mi mamá me trataba, sabía lo que se siente no pertenecer a tu propia familia.

En las clases después del culto, aprendí que el bautizo es un contrato entre tú y Dios —entre tú y Jehová— para que hagas lo mejor posible, para que seas lo mejor posible, para que lo ames y lo honres. Pero si era un contrato entre nosotros y Dios, ¿qué derecho tenían los humanos de determinar quién ya no podía ser parte de la congregación? ¿No me dijeron que es Dios quien decide quién tiene razón? Entonces, ¿cómo es que un montón de seres humanos ignoraba a gente como mi mamá que había sido desfraternizada? ¿Cómo es que ellos eran quienes me hacían sentir vergüenza por mis ropas raídas y por mis esfuerzos por ser una mamá para esos niños pequeños?

Les debo mucho a los Testigos. Pero llegó el momento en mi vida en que les tuve que decir adiós, gracias, porque descubrí otros cuartos sin ventanas donde sentí que pertenecía.

Durante los diez años siguientes, desde que fui al campamento de comedia Laugh Factory, pasé más tiempo en clubes de comedia que en el Salón del Reino. Había una camaradería con los cómicos que me recordaba lo que sentía en las reuniones mensuales de los Testigos cuando era niña. Los cómicos se buscan unos a otros también. Me di cuenta de que se abrazaban todo el tiempo, incluso después de un mal espectáculo. Yo no recibí muchos abrazos en mi infancia, así que me sentí muy bien. Además, parecía que los cómicos sabían cuándo no juzgar. Podía irte de la chingada en el escenario, y otro cómico se te acercaba para felicitarte por ser suficientemente valiente para subirte y expresarte. Nadie te hacía a un lado por tener una mala noche. Desde luego que había idiotas como en cualquier lado, pero la mayoría de los cómicos siempre te dicen: "buen show, mana". Te tienen paciencia porque saben lo difícil que es estar vulnerable allá arriba.

¿Sabes que dicen que hay la familia con la que naces y hay la familia que creas? Los Testigos de Jehová son la familia con la que nascí. Pero el mundo de la comedia es la familia que he creado. Laugh Factory se volvió un hogar para mí. Era allí donde mi familia se reunía. Los cómicos se tomaron el tiempo para cuidarme y ayudarme a crecer. Me estimularon a pensar el quién, qué, cuándo, dónde y por qué de mi vida para encontrar las bromas. Pasaba tiempo con Bill Dawes, que era como un hermano para mí. Cuando viví en un coche sujeto con cinta adhesiva y ganchos de ropa, no me hizo sentir como una mierda por no tener casa. Me ofreció quedarme en su departamento gratis.

También estaban Lil Rel Howery y Cory Fernández, a quienes conocí cuando estábamos haciendo *Who's Got Jokes?* Me gustó tanto su actuación que al terminar les dije: "Ustedes van a ser mis amigos. Denme sus números de teléfono". Y lo hicieron. Platicábamos por cuarenta y cinco minutos y nos reíamos tanto que parecía que habíamos nacido juntos.

Finesse Mitchell solía darme consejos para citas, aconsejándome no ser tan agresiva con los hombres porque cuando me les acercaba diciendo: "¿Qué hizo esa verga?", los hacía pensar que tenía herpes.

Y estaba Chris Spencer. Él siempre me ha cuidado, incluso antes de que fuera famosa. Siempre que tenía dificultades, me llamaba para saber cómo estaba. Me tomó bajo su cuidado, me enseñó los fundamentos de la contratación de espectáculos y me ayudó a empezar.

También tuve una hermana desde el principio: Aída Rodríguez. Empezamos a hablar sobre dónde estaban las mejores salas de comedia y cómo era ser mujer en esa profesión, y después nos hicimos íntimas. Cuando ella tenía una función tarde y sólo llegaba a casa a la una de la madrugada, le llamaba por teléfono en la mañana para que se mantuviera despierta mientras llevaba a sus hijos a la escuela.

Lo que cortó mi relación con los Testigos fue su visión de la comedia. No me aceptaban del todo como mis compañeros cómicos. Durante estudios bíblicos con ellos en una fase difícil de mi vida, dos mayores y la esposa de uno de ellos hablaron conmigo. No me prohibieron actuar explícitamente, pero dejaron claro que no aprobaban mi estilo de comedia. Pensaban que debería ser como Simbad y hacer chistes sobre zapatos, no sobre mis partes innombrables. No puedes ser una comediante mundana siendo Testigo de Jehová. Tienes que ser humilde y modesta. Y definitivamente no debes decir groserías en público. Podía hacer un espectáculo limpio, un espectáculo PG-13, pero no me sentía natural. Para mí, es como tener sexo a través de una sábana. Sí, lo haces, pero no es muy divertido.

Pero mira, he leído la Biblia un montón de veces. Y déjame decirte, es uno de los libros más locos jamás escritos. He visto referencias a leche, miel, pechos, derramar la semilla, cónyuges infieles, intercambio de esposas —algunos trechos son muy sexuales, sobre todo en los Salmos—, pero en ningún lado he visto: "No contar chistes".

No podía creer que Dios no quisiera que me subiera al escenario a repartir alegría. Esa fue la gota que derramó el vaso de esta comediante. Si me cortas la comedia, me cortas el suministro de oxígeno. No sé cómo podría funcionar sin ella.

Así que seguí haciendo comedia y me despedí de los Testigos. Lo gracioso es que algunos de los Testigos de Jehová de mi Salón del Reino venían a mis espectáculos y se reían como todos los demás.

No me gusta juzgar porque cuando juzgas a la gente, asumes que eres mejor que alguien más. Las personas del Salón del Reino que miraban con desprecio la ropa de mi familia no tenían derecho de juzgarnos. Y yo tampoco tengo el derecho de juzgar a nadie porque no conozco todas sus circunstancias. Les doy el beneficio de la duda. No me considero mejor que nadie. No es mi trabajo mearme en nadie, y tampoco es mi trabajo decirles lo que tienen que hacer en la Tierra. Eso es entre ellos y Dios. Si cometes un error en tu vida, no te pienso desfraternizar. Si me haces daño, lo pongo en las manos de Dios . . . así que no me mientas si no quieres que te dé la enfermedad de las encías, porque soy una de Sus favoritas y Él me escucha.

El juicio humano no significa nada a menos que esté ante un tribunal. Nadie puede cancelarme excepto Dios. Y eso sucederá el día que deje este planeta. Déjame decirte algo. Voy a vivir mi vida a mi manera hasta que Él llame a mi puerta.

SEMANA DEL TIBURÓN

DÉJAME PREGUNTARTE ALGO. ¿ALGUNA vez has visto a una actriz negra en la Semana del Tiburón? La respuesta es no, porque las mujeres negras tenemos suficientes problemas con qué lidiar. No necesitamos entrar en un frenesí alimentario para que nuestra sangre fluya. Pero la cuestión es ésta: siempre pensé que las vacaciones ideales —lo más relajante del mundo— serían zambullirme en las aguas azules y cristalinas desde la borda de un lujoso yate. Quería sentarme en un sillón de playa en una cubierta pulida, dejar que el sol me calentara bajo un cielo azul brillante y luego saltar desde el borde para que el agua fría me quitara el estrés. Había estado en cruceros y había saltado a muchas piscinas, pero nunca me había lanzado de un barco al centelleante mar. Por eso, cuando me llamaron de Discovery+ para preguntarme si estaba dispuesta a participar en la Semana del Tiburón en las Bahamas, acepté.

Ahora me falta una pierna.

Es una broma. Pero en serio, no te metas con tiburones.

Déjame contarte algunas de las cosas que aprendí sobre esas criaturas cuando me puse a investigar. Tienen *cincuenta* hileras de dientes en las mandíbulas y gastan más de treinta mil en toda su vida. Los tiburones pueden oler una gota de sangre en una alberca olímpica porque dos tercios de su cerebro están dedicados al olfato. Si te cortas y sangras, aunque sea muy poca sangre, te sugiero que no te metas al agua si hay tiburones. Esos locos ni siquiera tienen huesos; son puro músculo, tendón y cartílago, así que no los puedes romper. Hasta su piel está hecha de miles de dientitos como navajas de afeitar que te pueden joder si los frotas en la dirección equivocada. Todo eso me hizo pensarlo dos veces antes de aceptar la oferta, pero la imagen del yate me llamaba, así que acepté participar en la Semana del Tiburón. Pensé que si moría, en el peor de los casos, mi familia sería dueña de una cadena de televisión.

El viaje empezó bien. Me instalaron en uno de esos cuartos de hotel en los que todo es blanco: sillas blancas, edredón blanco, escritorio blanco, paredes blancas . . . hasta los huéspedes blancos eran blanquísimos. Al atardecer, me senté en una silla blanca para observar a los pajaritos de vientre amarillo bailando alrededor de mi ventana.

Me instalé, me tomé un par de copas y me dejé caer en mi mullida cama blanca y salí flotando hacia La La Land para soñar con ese clavado en el mar. La mañana siguiente me desperté con el susurro de las palmeras junto a mi ventana. Me tomé mi tiempo para ponerme *guapa*. Una elegante peluca rubia, un traje anaranjado de una pieza abierto a la altura del muslo, zapatos de tacón azules, un sombrero flexible, y estaba lista para mi día en el agua. Tuve que sujetar mi sombrero debido a la brisa del mar cuando llegué a la costa para empezar a filmar. Me cayó un poco de sal en los labios. Los barcos besaban el muelle con pequeñas lamidas y mis tacones se hundían en la suave madera gris mientras me pavoneaba por el muelle como si fuera la Semana de la Moda, pensando: *No está mal esta vida de yate*.

La sensación no duró mucho. El barco al que me habían mandado no era para nada un yate de lujo; era un *barco científico*.

Nada de champán, ni camareros, ni sushi distribuido en platos . . . nada de eso. Todo lo que el barco tenía era un montón de equipo

—cámaras, ecógrafos, instrumentos de medición— y cuencos y cuencos de brillantes vísceras de pescado cubiertas de moscas. Había que mear en una cubeta y todo apestaba.

Subí a bordo y me equilibré mientras el mar mecía el barco como una gran cuna. Los especialistas en tiburones subieron con aún más equipo en mochilas y bolsas que golpeaban contra sus piernas. Me presentaron a una científica blanca muy simpática con una camisa polo azul marino. Me di cuenta de que llevaba una de esas pastillas de Dramamine detrás de la oreja. Me sonrió mientras se agarraba a la borda, pero por lo blancos que tenía los nudillos en la barandilla y lo rígidas que tenía las rodillas, me dio la impresión de que estaba pensando: "¿Cuánto falta para que esto acabe y pueda regresar al laboratorio?". Como si fuera el tipo de científica que es más feliz mirando datos que nadando con tiburones.

El capitán nos llevó mar adentro, pero no tan lejos que la tierra se perdiera de vista. Creo que las cámaras pusieron aún más nerviosa a la científica porque no paró de agarrarme del brazo en todo el trayecto. Aproveché para hacerle un montón de preguntas. ¿Qué tipo de tiburones vamos a ver? ¿Qué tan grandes son? ¿Qué comen? ¿Quién se los come? ¿Se puede hacer una bolsa de un tiburón? ¿Por qué no?

Cuando el capitán apagó el motor, se podían escuchar las gaviotas gritándole al barco: *Dame un poco de ese pescado*. Pero los especialistas lo reservaban para los tiburones. Cuando paramos y el olor a gasolina se dispersó, empezaron a arrojar trozos al agua.

Fue entonces que las cosas se pusieron buenas. Miré por la borda del barco y vi que había un montón de tiburones. Tiburones enormes. Antes de llegar a Freeport, nadie me había dicho que las Bahamas son famosas por ser "la capital mundial de los tiburones". Tampoco me dijeron que en 2003, uno de los especialistas en tiburones fue mordido durante la filmación. No estaba realmente asustada, pero mi corazón definitivamente se aceleró cuando vi el tamaño de esos tiburones. Tres metros no suena tan grande cuando lo lees en internet, pero en la vida real, estando tan cerca que te salpican cuando saltan del agua, un tiburón de tres metros se ve tan grande como un Dodge Ram, pero con mil monstruosos dientes chasqueando.

No soy de esas personas a las que les *gusta* asustarse. No busco emociones por la descarga de adrenalina . . . excepto una vez al año, durante Halloween, cuando voy a una casa embrujada. En 2019, Ellen DeGeneres me mandó a la casa embrujada *Us* en los Estudios Universales con su productor, Andy, para su espectáculo de Halloween. Me puse mi chamarra de cuero de motociclista como si fuera una mujer dura, pero antes de poner un dedo del pie en la casa embrujada, mi cerebro empezó a actuar como una mujer negra hablándole a la pantalla en una película de terror. *Más vale que tengas cuidado, Tiffany. El clon de Lupita te va a atrapar. Vas a salir de ahí con la camisa sangrienta. O con los pantalones mojados.* Andy apenas había metido una mano a través de la cortina cuando uno de esos tipos de mono rojo de la película saltó. ¿Qué chingaos? Salí corriendo como si fuera Flo Jo en persona. Después de un momento, me calmé y me armé de valor para entrar. Doblamos la primera esquina súper despacio, pero no fue una buena idea, pues mientras más despacio íbamos, más tiempo tenía mi imaginación para enloquecer. La anticipación es lo peor porque la mente humana es muy creativa y puede inventar cosas mil millones de veces más aterradoras que lo que el mundo nos pone enfrente. *Je, je, je.* Pero entonces, cuando grité, no fue "¡Síííííííííí!". Fue "¡Aaaaaayyyyyy! ¡Aaaaaayyyyyyy!".

Conforme avanzábamos dando vuelta tras vuelta, Andy no paraba de decirme que tenía que estar atenta a los señuelos, a las formas en que mi cerebro me engañaba para que tuviera miedo de cosas que en realidad no iban tras de mí, pero yo seguía pensando: *No, ese no es un señuelo. ¡Es real! ¡Es real!.* Y tenía razón. Cualquier chingadera nos saltaba encima. Pero esa casa embrujada estaba diseñada para aprovecharse de la forma en que nuestras mentes pierden control para hacernos gritar. En la vida real, buena parte de lo que nos da miedo no es real.

Nos jodemos a nosotros mismos imaginando todas las pinches formas en que las cosas pueden salir mal. No hay que dejar que información falsa tome tus decisiones por ti.

Ese primer día de la Semana del Tiburón, el programa nos pedía bucear en apnea, es decir, sin jaula. No habría nada más que un centímetro de hule de mi traje entre los tiburones y yo. Sabía que estaría segura —los productores no necesitaban una demanda, y por lo tanto no me pondrían en una situación en la que me pudiera lastimar de verdad—, pero me sentí un poco mareada porque uno de mis peores miedos es ser devorada viva. Trata de nombrar algo más aterrador que un león sujetándote con sus patas del tamaño de tu cabeza mientras te corta la garganta. Eres más débil que él, y ese cabrón lo sabe. Piensa: "¿Ah, sí? ¿Tratas de tomarme una foto y asustar a todos los antílopes? Me voy a comer la piel de tu cara". Eso ni siquiera te mataría de inmediato. Seguirías consciente mientras te roe el cuello como si fueras un muslo de pavo. *Grrr num num num.* No hay forma más terrible de morir. Así que, sí, ser devorada viva es algo que definitivamente no quería que me pasara.

Pero como soy científica (con licenciatura de la Universidad YouTube), sé que de hecho nos están devorando vivos todos los días. Hay algo que te está devorando *en este mismo instante.* Tienes bichitos por todos lados comiéndose las células muertas de tu piel ahora mismo. Quizás tengas pulgas en tu casa, o puedes salir a caminar y ser picado por mosquitos o garrapatas. Tienes parásitos en tus intestinos comiéndose tu comida. En general, no hay nada de qué preocuparse, lo cual es bueno, porque no se puede andar con miedo todo el tiempo.

El miedo es como una aplicación en tu celular que no puedes borrar. El fabricante la instaló y no la puedes eliminar por más que arrastres el ícono al basurero. Sabes que es una pendejada, pero por alguna razón no la puedes borrar de tu pinche teléfono. Puedes tratar de hacerlo, pero vuelve a aparecer con la flechita de la nube apuntando hacia abajo, descargando alguna pendejada a tu sistema. Dios nos dio el miedo por una razón, pero no es la única herramienta que tenemos. Si dependes de él demasiado, consume toda tu batería, haciendo que tengas demasiado miedo o demasiado cansancio para intentar algo nuevo. Te hace evitar los riesgos, lo cual es una sentencia de muerte para un cómico.

Cuando hacía comedia cuando tenía poco más de veinte años, no tenía el carisma para arrasar todas las noches. A veces dejaba que el miedo se metiera en mi camino. Recuerdo un espectáculo en The Comedy Union en Pico. Salí al escenario y le pregunté al público: "Quieren saber cómo sería si fuera una stripper?".

La gente aplaudió y gritó: "¡Claro que sí!".

Me empecé a desvestir. Un par de tipos se inclinaron hacia adelante en sus sillas, ajustando sus entrepiernas, como pensando: "¡Estoy a punto de ver unas tetas!".

Y entonces empezó la música. *Come and knock on our door...*

Los hombres se miraron como diciendo: ¿Qué chingaos? ¿Por qué está allí pareciendo Run DMC y bailado al ritmo de Three's Company? *¿Dónde están las tetas?* Una canción de comedia tras otra salió por las bocinas mientras yo bailaba. Cuando se me ocurrió, pensé que desnudarme al ritmo de esas músicas cursis sería *graciosísimo*. Pero apenas empecé, me di cuenta de que el público no estaba de acuerdo, y entonces el miedo me atrapó. En mi cabeza, en vez de un público que se divertía, empecé a ver un auditorio lleno de jueces con sus túnicas negras y pequeños martillos listos para leer el veredicto: Esta puta no es graciosa. Algo así te jode si eres comediante. Si te clavas en tus sentimientos pensando que el público no se rio lo suficiente o que la gente empezó a hablar mientras estabas en el escenario, te puedes hundir en un hoyo negro. Y tu cuerpo responde. Empiezas a vacilar. Te vuelves tímida. Pierdes tu poder.

Cuando estuve en Comedy Camp, Charles Fleischer me dijo que tu lenguaje corporal en el escenario es lo que determina si el público te escucha o no. Cualquiera que sea la posición en la que decides poner a tu cuerpo, hay que comprometerse con ella al 110 por ciento.

Pero cuando vi que el público no reaccionaba de inmediato, tuve demasiado miedo para comprometerme con nada, así que empecé a actuar a medias. Para que esa parte fuera buena, hubiera tenido que entregarme por completo. *Miren lo que tengo. Mírenme volar.*

Mi actuación era tan torpe. Nadie en el público me miraba a los ojos.

Y nadie se reía.

A ni una sola persona le pareció gracioso porque había permitido que se me metieran a la cabeza. Me hicieron dudar de mí misma, y el resultado fue que no me comprometí lo suficiente para bailar como si pensara que eran las canciones más chéveres para bailar. Si hubiera tenido la suficiente confianza para encarnar a ese personaje, hubiera sido genial.

Pero ¿de qué carajo tenía tanto miedo? Nadie tenía un soplete. Nadie me clavaba tachuelas en las nalgas. Nadie siquiera pedía que le regresaran su dinero. Mi inseguridad no era más que mi cerebro diciéndome algo que no era verdad: que no era graciosa y que no tenía derecho de estar en el escenario. Si hubiera dejado que el miedo me impidiera regresar al escenario, ese hubiera sido el fin de mi carrera.

Parada en la borda de ese barco, miré a los tiburones y decidí que no dejaría que su aspecto aterrador me impidiera de vivir mi sueño de lanzarme de un barco a las aguas azules y cristalinas . . . aunque fuera un barco científico.

Los demás buzos ya estaban en el agua esperándome. La adrenalina corría por mi cuerpo. Podía escuchar la sangre fluyendo en mis oídos, como diciéndome: "Que no te coman, que no te coman", pero me dije a mí misma: "Es hora de hacerlo, nena". Me quité la peluca y me puse el traje de neopreno meneando las nalgas. Ajusté el esnórquel en mi cara y le dije a los camarógrafos: "¡Hora de mojarnos!".

Caminé bamboleándome hasta el fondo del barco con mis aletas. *Flop flop flop.* Y volví a mirar las aletas de los tiburones rasgando la superficie del agua. Allí estaba yo de verdad. Realmente estaba sucediendo. La tripulación prácticamente me aventó al agua. *Caplunc.*

Mil millones de burbujitas me nublaron la máscara mientras me adaptaba a la presión bajo la superficie. Cuando la máscara se aclaró, la luz se filtró a través de las olas e iluminó el agua a mi alrededor. Terminé de ecualizarme y nos sumergimos casi hasta el fondo del mar, donde los peces más pequeños jugaban a las escondidas entre las algas. El sol se reflejaba en sus escamas, lo cual era muy bello, pero nada se comparaba a los tiburones. De cerca, no parecían aterradores, sino muy, muy impresionantes. Eran criaturas majestuosas y muy elegantes. No hacían ningún ruido; con un pequeño movimiento de la cola se deslizaban como si estuvieran patinando sobre hielo. Éste era su mundo, y yo tenía la fortuna de estar en él. Era tan tranquilo que decidí acostarme en la arena suave en el fondo del mar. Me imaginé una música de balneario con campanillas como banda sonora. Me acerqué a algunos tiburones simpáticos y amistosos. La forma de sus bocas en sus caras hacía que pareciera que me sonreían.

Cada vez que los latidos de mi corazón empezaban a disminuir, alguien del equipo de la Semana del Tiburón gritaba por el radio: "¡A tu izquierda!", "¡Viene hacia ti!", "¡Cuidado, a tu espalda!". Me volteaba y me encontraba a un tiburón del tamaño de un elefante nadando hacia mí. Debo admitir que, aunque me encantaban esos tiburones, cuando abrían sus bocas con esas sonrisas y me mostraban sus muchos dientes afilados, en algunos momentos mi traje de neopreno estuvo a punto de quedar aún más mojado.

Esa noche, de vuelta al hotel, mientras el cielo se teñía de colores de neón tras mi ventana, me metí entre mis sábanas blancas en mi cama blanca y me dormí preguntándome cómo algo tan peligroso podía ser tan bello.

Dos días después, me tocó bajar en la jaula. Debería haber sido un alivio saber que habría barras de acero que impedirían que los tiburones me destrozaran las piernas, pero la razón para usar la jaula era que echarían pedazos de pescado cerca de nosotros para que pudiéramos ver un montón de tiburones juntos de cerca. Sé cómo se ponen

los tiburones cuando comen (había buscado en Google "frenesí alimentario", y no estaba segura de querer estar en medio cuando esas
mandíbulas empezaran a chasquear), pero no pensaba permitir que el
miedo me detuviera.

En varias ocasiones he estado en situaciones aterradoras —pasando
la noche sola en mi coche, o viendo a mi mamá acercarse para lastimarme, o en una mala situación con algún hombre— y jamás querría revivir esos momentos ni se los desearía a nadie. Pero pasar por
todo eso me enseñó que puedes elegir cómo responder cuando tienes
miedo. Puede que no seas capaz de controlar todo lo que te sucede,
pero puedes controlar cómo respondes. ¿Vas a dejar que el miedo te
domine, o vas a dominar tus miedos?

Eso es lo que admiro de algunos de mis cómicos favoritos. Se nie-
gan a dejar que el miedo los domine. A todos los grandes cómicos les va
mal de vez en cuando. Richard Pryor pasó por eso, Chris Rock, Wanda
Sykes . . . todos los que son alguien han tenido malas actuaciones.
Cuando fracasas, tienes que superar el miedo de que sea la última vez
que te subes a un escenario, levantarte, sacudirte el polvo e intentarlo
de nuevo. Cuando la gente no se ríe es cuando creces como cómica.
Piensas: "Bueno, esto no está bien. Tengo que salirme de mi zona de
confort, hacer algunos ajustes. ¿Qué es lo que está mal? ¿Por qué no se
ríen? ¿Es mi energía? ¿Mi ritmo? No se rieron cuando dije: 'Ojalá que
un camión de tacos lo atropelle'. Quizás debería decir: 'Ojalá que un
camión de helados lo atropelle' y ver qué sucede". No puedes dejar que
el miedo al fracaso te congele. Puede que esté operando en el fondo
como aquella aplicación, pero en vez de hacer clic en él, deslizas el dedo
hacia algo nuevo y sigues con lo tuyo.

Una vez en el agua, nadé hasta el interior de la jaula metálica con
un par de cuidadores de tiburones y los camarógrafos. La tripulación
bajó la jaula por debajo de la superficie y nos hundimos desde el agua
azul claro hasta unos seis metros, donde se oscureció a un azul intenso.
Los ayudantes echaron trozos de pescado justo arriba de nosotros y los

tiburones empezaron a llegar. Al principio había uno o dos, pero uno de esos vatos debe de haberlo posteado en el Twitter para Tiburones, porque de repente había como una docena de cuerpos grises chocando contra las barras de metal y mordiéndolas. Los tiburones daban vueltas a nuestro alrededor, tratando de atrapar los pedazos de bonito que llovían. Había un letrero en la jaula indicando que no había que sacar el cuerpo; pero yo no necesitaba ningún letrero para saberlo. Definitivamente mantuve mis brazos y piernas adentro. Te juro que vi un esnórquel en la boca de uno de esos tiburones cuando se acercó para dar una mordida.

Nuestro trabajo era contar cuántas hembras y cuántos machos veíamos. Había muchas hembras, pero sólo un macho pequeño. Las hembras lo acorralaban y no lo dejaban comer, así que el cabrón estaba hambriento. Necesitaba una buena comida urgentemente. Morditas hizo un par de intentos agresivos, azotando su cola tan cerca que una corriente de agua empujó mi máscara. El vato me estaba evaluando con una sonrisa de Joker en la cara, tratando de decidir si yo sería su almuerzo. Estaba guapísima en mi traje de neopreno rosa, así que no podía culparlo por mirarme. Pero no pensaba mostrar miedo.

Los productores de la Semana del Tiburón me decían por los audífonos: "¿Puedes fingir que tienes miedo?". Lo hice, mirando sobre mi hombro y abriendo los ojos muy grandes como diciendo: ¡Dios mío, estoy a punto de ser devorada por este tiburón toro! ¡Que alguien me ayude! . . . porque soy actriz y ése es mi trabajo. Pero no tenía miedo.

De cierta forma sabía que había algo de peligro mientras estaba en la caja, porque el tipo de tiburones que teníamos alrededor llegan a pesar hasta doscientos kilos y a veces se comen a la gente. Los tiburones tienen sensores en el hocico. Olvidé su nombre. Suena como un platillo italiano, algo así como "Ana Linguini" o algo así. (Lo acabo de buscar en Google, se llama "Ampolla de Lorenzini".) Ese sensor les dice a qué velocidad late tu corazón, y así saben si estás asustada. Si estás luchando, tratando de salir de la jaula, en pánico, escondiéndote, pueden oler el miedo y te atacan. Buscan a los débiles, a quienes se dejan dominar por el miedo.

Y yo no era eso. Como les dije a los productores, nadar con tiburones no fue diferente de caminar en mi barrio en la noche. Sólo había que mirar a esos tiburones a los ojos y decirles quién mandaba.

Estaba en control de mi respuesta. Elegí dejar el miedo de lado para poder vivir algo increíble.

Eso es lo que sucede cuando te liberas del miedo: vives una mejor vida. Puedes participar en ella, hacer aquello para lo que viniste a la Tierra.

Cuando aprendí a que me valiera madres si fracasaba o si le gustaba al público y empecé simplemente a entregarme en el escenario, mi comedia mejoró. (Te diré cómo descubrí mi propio ritmo en el próximo capítulo.) Fue como una profecía autocumplida. Adquirí un cierto nivel de confianza en mí misma y el público lo sintió. Como si creyeran que no me podía equivocar. Cuando no siento miedo, me puedo cortar las uñas de los pies en el escenario y el público dice: "¡Oye, oye, te estás cortando las uñas! Es *graciosísimo*". Tienes que ser dueña de ti misma y no preocuparte tanto por lo que el público pueda pensar de tu actuación.

Cuando mi perra Dreamer se murió el primer día de 2022, yo estaba destrozada. La había tenido trece años. Era mi perra, mi protectora. Me dejaba saber en quién podía confiar y quién me estaba engañando. La semana después de su muerte, me subí al escenario. Estaba tan alterada que me quité el miedo de que a mi público no le gustara que hablara sobre mi perra.

Pensé: *No me importa lo que ustedes piensen. Se pueden levantar y salir ahora mismo. Voy a hablar sobre lo que quiero hablar.* Así que hablé sobre mi perra por veinticinco minutos sin parar. Le dije al público que mis amigas negras me decían: "Siento mucho que se haya muerto tu perra. ¿Cuándo te consigues otra?", mientras mis amigas blancas me decían: "Por Dios, Tiffany. ¿Cómo estás? Me siento muy mal. ¿Necesitas algo?

¿Te puedo traer un guisado? ¿Qué vas a hacer con las croquetas para perro? ¿Me las regalas?".

Trataba de no llorar frente a la gente mientras les contaba cómo Dreamer solía observarme tener sexo, cómo evaluaba a los hombres, cómo dormía en mi cama cuando no había ningún hombre . . . todas nuestras aventuras juntas. Hablé desde el corazón. No permití que el miedo me impidiera ser abierta y vulnerable. Dejé que todo saliera a la luz.

Fui un pinche éxito. Arrasé. Fue una actuación increíble. Estaba tan compenetrada que ni siquiera vi las caras. Sabía que se reían. Los escuchaba. Pero no estaba actuando para ellos; estaba actuando para mí misma.

Esa es la clave: cuando no tienes miedo, no piensas sobre lo que los demás piensan de ti. Te presentas como eres. Y es así que los chistes funcionan. Lo único de lo que me permito preocupar es que se me rompan los tacones en el escenario.

La siguiente vez que nadó cerca de mí en mi jaula, miré al tiburón macho a los ojos como diciendo: *Está bien, Mordiditas, ven por mí. A ver qué pasa.*

Me miró y pensó: "Ay, no. No me voy a comer a esta tortuga marina engreída. Es demasiado dura. Probablemente sepa a metal". Y se fue nadando en busca de una sirena.

Mira, el mundo puede ser bien pinche asustador. Si escucho las noticias en un mal día, me vuelvo a chupar el dedo. Pero no puedo dejar que el miedo me detenga. Sé que si lo hago, terminaré como una de esas personas topo que sólo salen de casa para sacar la basura. Si hubiera dejado que mi miedo de ser devorada viva me dominara, nunca hubiera vivido esos momentos increíbles de paz y belleza en el fondo del mar. Cuando el miedo se me cuela, me permito sentir quince minutos de ansiedad. Pongo una alarma, y cuando suena —*bip, bip, bip*— es hora de cerrar la aplicación. Tengo cosas que hacer. Una vida que vivir. Le voy a llamar a un hombre para hablarle de un yate.

GRAN ENERGÍA TIFF

TUVE UNA VERGA DURANTE una semana y me cambió la vida.

Déjame explicarte.

Los primeros años después de mis veinte trataba de definir cómo comportarme y cómo ser en el mundo, incluyendo mi aspecto. Como la gente suele hacer a los veinte años. Me ponía ropa ajustadísima como si la llevara pintada. Siempre dejaba el vientre al aire como si estuviera en un video de Xzibit para mostrar el piercing en el ombligo. Esto fue a principios de la década de 2000, y en la época trabajaba en el mostrador de una aerolínea con un montón de mujeres blancas y unas cuantas latinas y negras. Manejaba de South Central al aeropuerto de Los Ángeles y me presentaba toda elegante, representando a Floss Angeles.

En los descansos entre vuelos, mis compañeras solían darme consejos. Le decían a esta morra del barrio: "Intenta ser más sofisticada, Tiffany. Haz esto, haz aquello". Me pareció que algunas de ellas tenían la vida resuelta, con marido, casa y todo eso, y por eso presté atención a lo que me decían. Intenté hacer varias de las cosas que me sugerían para parecer más adulta y que me tomaran más en serio. Me puse lentes de contacto —verdes, azules— y sombra azul en los párpados.

Me cambié el peinado. Llevé cabello afro durante un tiempo, y después me hice mis primeras trenzas. No estaban muy bien hechas. En el salón de belleza, la cabrona me jaló tanto el pelo que me hizo un lifting gratis.

Después del trabajo, salía a bailar con mis amigas, y caramba, recibía mucha atención en las discotecas. Los hombres se me acercaban mientras bailaba para tratar de hablar conmigo.

—Hola, qué guapa eres. ¿Qué vas a hacer más tarde?

Pero ¿sabes qué? Me sentía de la chingada porque ese *look* que me había montado siguiendo los consejos de otras personas no era yo. Aunque llamara la atención, siempre me sentí como si llevara puesto un disfraz.

En la misma época en que empecé a lucir ese *look* "sofisticado", mi carrera como comediante se estaba estancando. Los comentarios que recibía eran bien pinches confusos. Salía del escenario en mi atuendo y los cómicos hombres me decían: "Eres guapa, pero demasiado barrio. ¿Por qué no intentas ser un poco más sofisticada con lo que dices en el escenario? Sólo tienes chistes de vergas". Yo tenía ganas de decirles: "¿Alguna vez has visto una verga? ¿Y no te dan ganas de hacer chistes sobre ella? Eres más fuerte que yo".

Era como si no pudieran imaginar que existiera alguna mujer que no fuera súper educada y refinada. He observado que a las mujeres negras se nos presiona para que encajemos en un cierto molde, ser una Clair Huxtable, ser el epítome de la excelencia negra. Pero yo no soy Clair Huxtable. De donde vengo, somos ruidosas, aplaudimos, señalamos con el dedo, extendemos la mano y te arrebatamos el alma. Cuando estamos felices, estamos felices; cuando estamos enojadas, estamos enojadas; cuando estamos tristes, estamos tristes. La mayoría no tenemos vergüenza de hablar sobre el sexo, pero a menudo eso incomoda a los demás. El hecho es que sí hablaba de sexo en mis actos, pero no *sólo* de sexo. Hablaba de mi infancia, de mi familia, del trabajo en las aerolíneas, de todo eso, pero los chistes no funcionaban.

No conseguía contratos. Cada rato me cancelaban a última hora. Los representantes me decían: "Claro. Ven a hacer el show. Te toca a las once y media". Cruzaba la ciudad hasta algún lugar mal iluminado en medio de la nada —con casi nada de gasolina porque no tenía dinero— y al llegar me decían: "Ay, pensándolo bien, no te vamos a pagar". O: "No, después de todo no tenemos lugar para ti. Tenemos a otras dos mujeres, así que no vas a actuar".

¿Qué carajos?

Lo que no entendía era que reaccionaban así ante el hecho de que yo no era ni una cosa ni otra. No era la dama educada de las aerolíneas, pero tampoco estaba cómoda siendo lo que soy. Mostraba un aspecto sofisticado, pero luego contaba chistes de lo más subidos de tono, pero sin una expresión auténticamente mía. Era de lo más falsa, noticias de segunda mano.

Ser falsa es muy, muy destructivo. Te chupa el alma, te detiene, te roba la alegría. La gente no veía mi verdadero yo porque me escondía detrás de esa ropa. Y también me escondía en el escenario. Lo digo en sentido literal *y* figurado. Trataba de encogerme lo más posible detrás del soporte del micrófono, como en las caricaturas, cuando Bugs Bunny mete la panza para esconderse detrás de un poste de teléfono.

Ahora bien, si quieres que la gente se ría contigo en el escenario, no te puedes esconder. Tienes que ser enteramente tú, tu verdadero yo. Me llevó mucho tiempo entenderlo, y por eso hice lo que hice a continuación.

Me di cuenta de que a otros cómicos no los rechazaban cuando se presentaban; ni siquiera a cómicos con la misma experiencia que yo. Me puse a observar quiénes se ganaban la mayoría de los contratos y a quiénes no les faltaban el respeto: los hombres. Conseguían shows. No se escondían detrás del micrófono. Se soltaban en el escenario, hablaban de lo que se les diera la gana. Vaya descubrimiento.

Pensé: *Qué mamada. Sé que soy tan graciosa como esos tipos. El público se reiría de la misma forma conmigo si me dejaran subir al escenario. Esto es lo que voy a hacer. Voy a usar una de esas gorras Kangol falsas que todo mundo usa. Unos jeans, camisetas sin mangas. Me voy a vestir como hombre y tal vez así me respeten como tal.*

Y es lo que hice. Me quité el *look* de señorita de aerolínea y me puse un sweater rojo con cierre y capucha como mi prenda estrella. Usaba ese sweater de Caperucita Roja con una chamarra de cuero encima. Me ponía mis botas de combate, mis Doc Martens negras, y nadie puede decirme que no era graciosa.

En la época salía mucho con Marlo Williams, y me echaba en cara que me vistiera como hombre.

—¿Qué haces? Si no eres gay, ¿por qué te vistes así?

—Porque quiero que los representantes me dejen subir al escenario para que la gente escuche mis chistes.

—Morra, están demasiado confundidos con tu atuendo para escuchar tus chistes. ¿Eres cómica o jugadora de básquet? ¿Cuentas chistes o trabajas en una obra de construcción?

Yo sólo le decía: "Cállate, Marlo. Pásame el churro."

Tenía razón. No sólo me vestía como hombre; trataba de hablar como ellos, de meterme a sus cabezas, de actuar como ellos. Los veía en diversos lugares de comedia, cómo se comportaban, tomando nota de cada uno de sus movimientos, sus posturas, cómo fumaban, cómo reían, su energía de gran verga. Era como una antropóloga que estudiaba la especie *homo vergatus.*

Durante tres o cuatro años traté de mantenerme masculina para que la gente me escuchara y no me sexualizara. Para que me vieran por lo que tenía que hacer, sin fijarse necesariamente en mi cuerpo. Pero no funcionaba. Podía usar ropa masculina, pero no tenía la energía que decía: "Ey, escuchen. Presten atención". Porque seguía fingiendo.

La gente cree que es fácil fingir porque cuesta menos trabajo hacer lo que otros hacen que ser tú misma, pero no es así. Es *incómodo* no ser tú misma. Es como andar de un lado a otro en un traje de carne que te queda mal. Es por eso que a los actores les pagan lo que les pagan. Es agotador mantener una fachada.

Una noche, estaba en el metro en Lakewood con Marlo. Era tarde y me sentía de la chingada. Una mujer se me acercó. Era una mujer mayor negra, con pelo castaño y uñas postizas francesas Lee. Creo que había trabajado con algunos artistas en las décadas de 1970 y 1980 y seguía en el ambiente. Se puso la mano en la cadera, me miró a los ojos y me dijo:

—Tienes mucho talento, pero vistiéndote así, no vas a llegar a ningún lado.

—¿Qué?

Miré mis jeans anchos. A mí me gustaban.

—Déjame decirte algo. Eres guapa. Tienes un cuerpo bonito, pero tratas de esconderlo. Deja de esconderlo. Eres mujer. Esa es tu ventaja sobre los hombres. Ponte unos jeans bonitos. Deja que se te vean lo brazos. ¿Tienes brazos flácidos? Déjame ver tus brazos.

Me quité la chamarra para que viera mis brazos.

—Pues tienes brazos bonitos. Apuesto a que tienes piernas bonitas también. Ponte unos shorts. Ponte un vestido. Ponte un poco de maquillaje, carajo, un maquillaje de verdad. Ponte rímel, colorete, bilé, pestañas. Y péinate. No salgas de casa sin peinarte.

—Pero *sí* me peiné.

—Entonces ¿por qué traes ese gorro horrible en la cabeza si te peinaste?

Cuando nos subimos al coche, Marlo dijo:

—Esa cabrona no dijo una sola pinche mentira. Te he estado diciendo que te pongas unos chingados tacones.

Así que pensé: *Puede que estas putas tengan razón. Tengo que volver a sentirme femenina. Pero no como esas cabronas de la aerolínea me dijeron. Algo que me haga sentir sexy y poderosa.*

Se acababa de estrenar *Tomb Raider* de Angelina Jolie, así que decidí probar el *look* de *Tomb Raider* porque con ese *look* tenía la impresión de que podía pelear si fuera necesario, sin dejar de ser sexy. Me quité mi sudadera de Caperucita Roja, guardé mis gorros falsos y jeans anchos, y confeccioné un *look* femenino y poderoso: tacones, una camisa que dejaba ver el anillo de mi ombligo, pantalones militares verdes y una pequeña bolsa. Me hice una coleta y me puse aretes y un collar de estrellitas. Me sentía natural. Me sentía *yo misma*.

Me empecé a soltar en el escenario, a moverme más, a contar los chistes que quería sin preocuparme de si eran chistes adecuados para una dama. Y qué crees . . . empezaron a contratarme más. Cuando llegaba pareciendo a Lara Croft, en vez de que me rechazaran en la puerta, me contrataban. Incluso salí en *Los Angeles Times* cuando hice un espectáculo para veteranos de guerra.

Ese *look* era potente, como si fuera parte de una cruzada de héroes y heroínas, activando trampas explosivas antes de que pudieran atraparme. Podía romper cualquier maldición, superar cualquier obstáculo, resolver cualquier acertijo . . . incluyendo el cubo de Rubik de cómo triunfar como mujer negra en el mundo de la comedia. Me sentía yo misma. Me empezó a ir bastante bien.

Pero entonces mi vida se fue para abajo.

Es una historia oscura y bien pinche deprimente que no quiero contar ahora. Sólo tienes que saber que traté de disminuir mi energía, de ser algo que no era yo para otra persona, y fue muy jodido. En ese momento de mi vida, el problema no era sólo que no me vestía como mi verdadero yo; no *era* mi verdadero yo.

Fue la época más deprimente que he vivido. Nunca lloré tanto, nunca me odié tanto. Me esforzaba mucho para ser lo que no era sólo para complacer a otra persona, y era agotador. Mi energía, mi fuerza vital, se habían agotado. Estaba viviendo sin alegría. Y me llené de rabia.

Llevaba tanto tiempo actuando como esa otra versión de mí misma que ya no sabía quién carajos era. Tenía un millón de preguntas. ¿Podría regresar a donde estaba hacía cinco años? ¿Qué era yo? Sabía que era comediante, pero ¿qué tipo de comediante? ¿Una comediante lasciva? ¿Era eso lo que quería ser? ¿Una comediante que contaba chistes de vergas? Grababa esas preguntas en el celular y al día siguiente las trataba de responder. Fue un verdadero examen de conciencia.

Y eso me lleva a mi verga.

Lo que sucedió fue que hice un podcast y me dieron una bolsa de regalo después del programa. Estaba llena de cosas sexys: vibradores, tubos de lubricante y una verga carnosa y flácida, como un viejo pepino rosa. Pensé: ¿Qué chingados voy a hacer con esto?

En el podcast habíamos hablado sobre las mujeres que se ponen un pene falso con correas y andan así por el mundo. Obviamente, la gente lo hace por todo tipo de razones, pero como chica heterosexual, nunca se me había ocurrido. Esa noche, miré el pene falso flácido que tenía en mi mano y pensé: *Hmm*.

El día siguiente, mientras me arreglaba para el espectáculo que daría en Laugh Factory, encontré un par de pantalones más anchos en mi armario y me puse el pene flácido en mis calzones. Se sentía raro tener algo frente al vello de mi conchita. Había un pequeño bulto, pero los pantalones eran amplios, de manera que desde fuera no se notaba. Pero con una verga allí, caminaba diferente. Para acomodarla, tenía que pavonearme un poco al acercarme al escenario para mi actuación. Abrí las piernas un poco más al instalarme en el escenario, ocupé más espacio. Mi cuerpo se sentía bien. *A güevo que sí. Tenía que ocupar más espacio.* Traer esa verga oprimió algún botón en mi interior, abrió la puerta de una jaula y Tiffany salió disparada. Sentí que podía ser tan grande, ruidosa y exagerada como quisiera, lo que me pareció increíble después de años de tratar de encogerme. La confianza recorrió mi ser y salió en mi actuación. Con esa verga en el escenario, miraba al público con mirada de Osito Cariñosito, sacando el pecho y pensando: ¡Sí! Chistes, chistes, chistes.

El público se reía tanto que podía ver sus dientes. Adoro escuchar esas carcajadas porque cuando te ríes, te iluminas. Por fin tenía esa energía de gran verga. No. A la chingada con eso, tenía la *Gran Energía Tiff.*

Mantuve esa verga en mis calzones una semana entera. Cuando llevaba vestido, me ponía shorts porque no quería que se me cayera en el escenario como si estuviera cagando consoladores. Dondequiera que fuera, la gente estaba ansiosa por hablar conmigo. La gente me respetaba. No me decían: "Oye, hermanita". Me decían *Tiffany*. Después de los espectáculos, los hombres se me acercaban. "Oye, tengo un club. ¿Quieres hacer ese acto allá?" O: "Tiff, estoy escribiendo un show. Me encantaría que hicieras una audición". ¿Qué diablos? ¿Sabían que tenía una verga?

En una semana, firmé quince contratos.

Después de siete días, me deshice de mi verga falsa. Pero decidí: *Voy a mantener esa actitud. Esa energía.*

Recordé lo que el gran Bob Saget, que en paz descanse, me dijo una noche en Laugh Factory. El dueño del club, Jamie Masada, me había regañado después de un espectáculo con muchos chistes de verga: "No puedes maldecir así en el escenario. Tienes que ser una comediante limpia".

Bob escuchó lo que Jamie había dicho. Cuando Jamie salió, me dio un beso en la frente y me dijo: "A la chingada con eso. No dejes que cambien quién eres. Si te sientes bien haciéndolo, es lo que tienes que hacer". Quería que supiera que debía ser yo misma.

Cuando me relajé, me *sentí* más yo misma. Era como si mi alma se viera bajo mi ropa. Nadie reprimía mi espíritu ni me decía cómo tenía que ser. Me movía por el mundo más como los hombres: con derecho a ser ellos mismos sin que nadie los esté juzgando, por más ruidosos o firmes que se porten, por más espacio que ocupen.

Decidí que prefería que la gente pensara: "Es demasiado ruidosa. No quiero estar cerca de ella", o "Es demasiado hiperactiva... demasiada energía para mí", que borrarme a mí misma para que los demás se sintieran cómodos en mi presencia.

Mucha gente en la comunidad negra ha dicho que estoy destruyendo a la comunidad por ser yo misma. Dicen que estoy haciendo retroceder a nuestro pueblo cien años. ¿En serio? Hace cien años me hubieran matado por decir lo que pienso. Escucho a la gente decir: "Estas perpetuando estereotipos, Tiffany". Bueno, pues no nací en los suburbios ni mis padres fueron médicos y abogados. Cabrona, vengo de las pinches calles. Soy un estereotipo. Le puse el "tipo" al chingado estéreo. Alguien tecleó esa mierda y me escupió al mundo.

Empecé a contar todos los chistes de vergas que se me daba la gana, a decir groserías cuando hacía falta o simplemente porque se me daba la puta gana. Me convertí en una comediante muy física, usando todo el escenario en mis actuaciones. Hacía muecas, me pavoneaba, sacudía el trasero, me tiraba al suelo y volvía a levantarme . . . todo en treinta segundos. Era como si hubiera estado bloqueando la alegría con toda esa farsa que había estado representando. Ahora sé que cuando me alineo conmigo misma y dejo que la gente vea mi verdadero yo, la rampa se despeja y la alegría fluye libremente desde mi interior.

Mientras más me permitía ser Tiffany Haddish, más le gustaba a la gente, más querían ayudarme y más oportunidades se presentaban. Veían la alegría que desprendía cuando era auténtica y querían recibir algo de esa alegría. Y yo estaba feliz de compartirla.

La clave de la vida es: Sé tú misma. Así es como ganas. No a todos les vas a gustar. No vas a agradar a todo el mundo. No todo el mundo te va a respetar. Pero es una pérdida de energía preguntarte constantemente: "¿Debería ser así? ¿Debería actuar así?", cuando simplemente deberías ser tú misma. No trates de ser la chica que ves en Instagram. No trates de ser yo. Simplemente sé tú. Ser tú te ahorra un montón de estrés.

Cuando la gente dice: "No soporto a Tiffany Haddish. No me gusta cómo vive su vida", tengo ganas de decirles: "Estás enojada porque eres falsa. Estás enojada porque no eres tú misma. Estás enojada porque eres una mierda y tratas de fingir que no lo eres. Talvez, si fueras la mierda que eres, te divertirías y a la gente le gustaría estar contigo".

No te voy a mentir, cuando eres completamente tú misma y no te disculpas por ello, hay gente que te odia y que se enfurece contigo. Es parte de ser maldecida con alegría. Habrá cabrones celosos que te traten de hundir. Pero nunca, nunca, nunca apagues tu luz o reduzcas tu espíritu. Si eres ruidosa, sé ruidosa. Si eres callada, sé callada. Debes ser aquello con lo que estés cómoda y sea real para ti.

Hablo como hablo. Me visto como me visto. Soy lo que soy. Lo respeto. Si tratas de convertirme en algo que no soy, me voy. Gran Energía Tiff en cada paso.

EN VIVO DESDE NUEVA YORK

HE LOGRADO MUCHAS COSAS en mi vida hasta ahora —sé cocinar un buen bistec, soy excelente jardinera y te dejo atrás en una carrera a pie—, pero tengo un montón de objetivos que aún me gustaría cumplir. Uno de ellos es la tienda de abarrotes que estoy abriendo en mi barrio, donde venderemos alimentos y otros productos procedentes exclusivamente de vendedores negros. Se va a llamar Abarrotes Diáspora. También quiero abrir un centro juvenil donde los jóvenes puedan adquirir conocimientos financieros básicos y habilidades para la vida, como cocinar platillos deliciosos y saludables. Y . . . estoy aprendiendo a hacer *splits*. Ya logro llegar a unos diez centímetros del suelo, pero hay días en que logro que mi conchita bese el suelo. Quiero poder hacerlo todos los días. He estado practicando para lograrlo. Hago quince minutos de estiramientos cada mañana, estirando la ingle hasta que grita. A veces un poco de dolor es necesario para llegar a donde una quiere. Cuando logre hacer un *split* completo en cualquier momento, cuando esté con un hombre, le voy a hacer un Haddish. ¡BAM! Hasta abajo. Tendrá que tener una espalda fuerte para aguantarme.

Pero mi mayor objetivo, mi propósito en la Tierra, siempre ha sido pasar todo el tiempo posible contando chistes en vivo frente al público. Cuando estoy en el escenario me siento en casa. Actuar es mi vocación. De la misma forma que los sacerdotes se sienten llamados a predicar y servir al Señor, yo me siento llamada a hacer reír a la gente. El público es mi congregación, y mi propósito es levantarles el ánimo. Nunca necesité ser famosa. No hago lo que hago para ganar trofeos o dinero. Bueno, está bien, eso no es verdad. Sí me gusta el dinero. Tengo que conseguir esa riqueza generacional. Pero en realidad sólo quiero tener éxito haciendo comedia. Sólo eso.

Llevo la comedia en la sangre. Muchos miembros de mi familia son artistas. Mi abuela era chingona. Fue una de las primeras mujeres negras en salir en la tele modelando ropa, y también actuaba en obras de teatro. Mi abuelo participaba en un grupo de *doo-wop* llamado Titans. Hay un video en YouTube de él y su banda cantando. Ahí está él con su corbata de moño, tronando los dedos y cantando: "Es tan difícil reír, tan fácil llorar, ahora que nos dijimos adiós". Hubiera sido algo grande, pero descubrieron al líder del grupo acostándose con la hija del jefe de la policía, y la policía de Los Ángeles no juega, así que el abuelo desapareció antes del gran concierto en Las Vegas que los hubiera lanzado al mundo. El grupo se disolvió, pero mi abuelo siguió en el mundo del espectáculo. Abrió un teatro en Nueva York. Su hermana tiene una escuela de baile en Nevada. Una de mis tías es cantante. Mi otra tía fue bailarina. Mi mamá quería ser diseñadora de modas. Mi papá fue un artista de la desaparición. Prácticamente toda mi familia está en las artes y en el mundo del espectáculo, así que yo estaba predestinada a ser artista también.

Cuando me inicié en la comedia, pensé que para ganar más dinero como comediante, tenías que estar en la tele para tener más público. Se me metió a la cabeza que la mejor forma de hacerlo era aparecer en *Saturday Night Live. SNL* es una institución y me gustaba la idea de aparecer en un programa en el que la gente con talento pudiera ir a crecer, a trabajar su material y lograr grandes cosas. Actuar en un programa de comedia me parecía mejor que participar en una serie cómica de televisión porque en un programa puedes ser un personaje diferente cada semana. No tienes que hacer el mismo papel una y otra vez. Recuerdo a Jaleel White contando que, después de *Family Matters*, quedó atrapado en el papel de Steve Urkel. Urkel es bien pinche gracioso, pero fue jodido para Jaleel porque quería hacer más que ponerse lentes, subirse los pantalones y decir: "¿Yo hice eso?". En *SNL* mezclas todo. Una semana te pones un traje de tiburón; la semana siguiente estás haciendo Black Jeopardy.

Al principio de la década de 2000 tuve la oportunidad de intentar llegar a *Saturday Night Live*. Laugh Factory en Sunset organizó una sesión en la que teníamos que representar varios personajes frente a una persona que viajaba por los Estados Unidos en busca de candidatos para el programa.

Me preparé bien. Llevaba viendo el programa desde que supe de él a los nueve años de edad. Solía llevar cintas VHS de la biblioteca a casa. Mi abuela tenía un montón de videos de Red Skelton, algunos de Carol Burnett y otros de Dean Martin. Me gustaba verlos cantar y bailar, pero lo que más me gustaba era cuando los actores se salían del personaje por un instante: cometían algún error, se equivocaban con una línea o entraban fuera de tiempo, o la actuación de los demás actores les causaba tanta gracia que se doblaban de risa. No lograban mantenerse serios. Era obvio que se divertían. Me encantaba ver esos programas con mi abuela, pero no tenía ningún video de *SNL*. Así que fui a la sala de videos en la biblioteca y descubrí la sección de *Saturday Night Live*. Empecé al inicio del estante. Temporada uno, episodio uno.

Metía la cinta en la videocasetera y me sentaba frente a la tele, chupándome el dedo mientras veía una temporada tras otra. Vi a John Belushi, Dan Aykroyd y, desde luego, a Garrett Morris . . . el único actor negro en los primeros años del maldito programa.

Ahora bien, muchos comediantes te dirán que ver *SNL* era como ir a misa cuando eran niños. No se perdían una sola semana porque les parecía tan divertido. No puedo decir que ese fue el caso conmigo. En vez de *Ja, ja, ja*, era más bien *Hmmmm*. Sabía que el programa debía ser *divertidísimo*, pero no me reía a carcajadas cuando lo veía. Me *interesaban* las actuaciones de la misma forma que me interesan las láminas bajo el microscopio. Trataba cada chiste como un espécimen, diseccionando lo que lo hacía funcionar. Un gordito con una espada de samurái o un tipo alto y flaco cantando sobre el Rey Tut . . . ¿a la gente le parecía gracioso? Bien. Bueno saberlo.

Personalmente, prefería ver a Fire Marshall Bill o a Wanda en *In Living Color* o cualquier episodio de cualquiera de esos programas, pero era información útil.

Saturday Night Live me empezó a parecer gracioso en algún momento de la década de 1990. En esa época todo mundo a mi alrededor hablaba del programa, lo citaba, lo imitaba cuando improvisábamos en el club de comedia en la escuela. Montábamos alguna escena y de repente alguien estallaba con la tortuga de Dana Carvey: *turrr-tle*. Pinches copiones.

Era la época de películas como *Una noche en el Roxbury* y *Superstar*, con actores y actrices como Will Ferrell, Adam Sandler, David Spade y Molly Shannon. Ah, y Chris Farley. Hay que recordar que esto fue cuando yo estaba en la prepa de blancos, donde todos los tipos con gorra de béisbol pensaban que Chris Farley era lo más gracioso del mundo. Y yo estaba de acuerdo. Ese hombre podía revolver la sopa y yo me doblaba de risa. Desde luego seguí de cerca a los pocos actores negros en el programa, como Tim Meadows . . . y Chris Rock, pero parpadeé y ya no estaba. Las mujeres negras brillaban por su ausencia.

En aquella época trabajaba como animadora en Bar Mitzvás. Cuando entré al sistema, regresaba después de una noche de animar a las chicas y llegaba a la casa colectiva a tiempo para el inicio del programa. Cambiaba el canal a la NBC y todos en el cuarto protestaban. No sabes lo difícil que es lograr que un grupo de chicos negros y latinos vean *SNL*. Tratar de convencerlos de que Garth era tan gracioso como Homie el payaso era complicado. Casi me apuñalan dos veces.

Tenía en la cabeza todos los sketches que había visto a lo largo de los años —las porristas espartanas, el Gumby de Eddie Murphy, la Dama de la Iglesia— cuando me subí al escenario en Laugh Factory para tratar de unirme al programa. Lo di todo, como siempre, porque actuar es lo que sé hacer mejor.

Interpreté algunos personajes nuevos. En retrospectiva, puede ser que algunos fueran algo inapropiados, pero por lo menos me comprometí con ellos.

Después de eso . . . nada. Ninguna llamada ofreciéndome el trabajo. Ningún contrato. No lo entendí en el momento, pero era el universo diciéndome: *Esto no es para ti, Tiff.*

A menudo, mientras avanzamos hacia nuestro destino, nos desviamos del camino. Cuando eso sucede, el universo de alguna manera nos dice: *Da media vuelta, tonta. No vayas para allá. Si lo haces, te atropellará un camión de dieciocho ruedas.* El rechazo es un mensaje, un regalo, pero a veces somos muy tercas.

Mi carrera iba bastante bien, por lo menos en términos de oportunidades para actuar, pero no ganaba mucho. Lograba presentarme en algunos de los mayores clubes a pesar de no ser parte del reparto de *SNL*, pero no me quitaba de la cabeza la idea de que ese programa era mi camino. Es verdad que habían dejado muy claro que no me querían, pero me dije: "¿Qué, te vas a dar por vencida? No lo creo. Tienes que ser reconocida o serás nadie por el resto de tu vida. Vuélvelo a intentar".

Así que unos años después, en 2010, cuando mi agente me dijo que *SNL* estaba buscando nuevos miembros, grabé una cinta de audición. Me pidieron que preparara cinco personajes: tres personajes originales y dos celebridades. Y más vale que sea gracioso. Recuerdo que hice a Vivica Fox y mi versión de Suze Orman. La interpreté como asesora financiera del gueto. "Primero te tienes que pagar a ti misma. ¡Esos primeros diez cupones de alimentos son para ti!"

Me llegó la noticia de que a los productores les gustó lo que vieron. Me pagarían el boleto a Nueva York para hacer una audición para Lorne Michaels y el resto de los productores y ejecutivos. ¡Mira nada más! Nunca en mi vida me habían pagado un boleto para viajar a algún lado para probarme para un trabajo.

Me encantan las audiciones. Son una oportunidad para jugar, para ser súper creativa, para mostrarles un poco de Haddish. Pongo todo de mí en las audiciones —aunque sea para un puesto como modelo en un mercadillo— porque puede ser mi oportunidad de actuar. Para mí, cada oportunidad es la mejor.

Sin duda he tenido malas audiciones. De hecho, en algunas audiciones hasta llegué a pensar que me arrestarían porque no me gustó cómo salieron las cosas. Una vez, la directora de casting me increpó porque no me parecía a mi foto. Me dijo que era horrible porque no había enviado una foto de cuerpo entero, sólo el busto. Le molestó que no me pareciera a la foto porque llegué usando jeans y no lo que llevaba en mi foto. ¿Quería que fuera sólo una cabeza con un vestido? ¿Sin piernas, caminando sobre mis tetas? No conseguí el papel, pero por lo menos no le rompí la madre, así que lo considero una victoria.

Otras audiciones salieron mal porque me presenté para los papeles equivocados. Un estudio me llamó para un papel que requería una chica rubia de ojos azules muy voluptuosa. Me puse una peluca rubia y lentes de contacto azules y me llené el sostén con pañuelos, y quedé pareciendo una Pamela Anderson negra y chipotuda. Terminaron yendo en otra dirección.

El día de mi audición para *SNL* en Nueva York, estaba preparada. Entré diciéndome, como suelo hacerlo: "Tiffany Haddish, te aman y te aprueban", porque como te sientas al entrar por esa puerta es como te van a percibir. Tienes que recordarte a ti misma que te necesitan; *ellos* te llamaron. Sólo estás ahí para servirles. Les estás haciendo un favor con tu presencia.

Entré al estudio y tomé fotos de todo y de todos con mi camarita desechable, pensando: "¡Estoy a punto de aparecer en *Saturday Night Live!*". No sé explicar por qué me importaba tanto salir en ese programa. Supongo que *SNL* era como la prueba de fuego para saber si el establishment de la comedia te consideraba graciosa o no. Me pregunto si incluso los mejores músicos de jazz miran secretamente de reojo a los músicos clásicos, preguntándose si la gente los consideraría más legítimos si tocaran un poco de Mozart de vez en cuando. Poco me importaba si el programa era de hecho gracioso. Lo importante era que se le consideraba parte de las grandes ligas: un sello de certificación de gracia oficial al reverso de tu foto de por vida.

Tomé fotos del escenario, del equipo, de la mesa de alimentos. Incluso me tomé una foto con el conserje porque era la única persona negra que vi además de Kenan. Después del maquillaje y la revisión del vestuario, me enviaron a los camerinos al fondo para esperar a que me llamaran.

Entré en calor, estiré la lengua, sacudí los hombros. Después me senté en la silla, moviendo la cara, diciendo: "Bebé papi, bebé papi, bebé papi, bebé papi, pensión alimentaria, pensión alimentaria, pensión alimentaria". Porque me gusta decir lo que no quiero muy rápido, para conseguir lo que quiero cuando me presento a una audición.

Éramos unas veinte personas y yo era la única mujer negra. La sala de espera parecía salida de *Cenicienta*, todo mundo cruzando los dedos, esperando ser la elegida. Cuando llegó mi turno, empecé con un personaje original, Gladys, una operadora de sexo por teléfono con un agujero en la garganta por haber fumado demasiado. Me puse delante de aquellos viejos blancos e hice como si estuviera usando una de esas laringes electrónicas: "Oye, muchachote, ¿quieres jugar?". Les encantó.

Las risas no hicieron más que aumentar después de eso. Todo lo que hacía los hacía reír. Fue un jonrón.

Cuando ya me iba, me encontré en el elevador con dos de los encargados de la escenografía. Un tipo con un viejo cinturón de herramientas me dijo:

—Eres muy graciosa, pero no te van a contratar.

¿Qué? Había sido un éxito. Era puro odio de su parte. Metí mi cámara en mi bolsa y contesté:

—Sí, lo que tú digas. Nos vemos en la próxima temporada.

Lo que no había entendido hasta que mi agente me llamó era que ese viejo era uno de los que controlan las luces en las vigas del escenario. Sabía lo que sucedía al interior del programa y lo que estaban buscando. No me contrataron. De nuevo. El universo me decía: "¿Cuántas veces te lo tengo que decir? Esto no es para ti. Ahora regresa al pinche escenario y cuenta algunos chingados chistes".

Puesto que soy buena escuchando, regresé a Los Ángeles y me subí al escenario lo más que pude. Cinco, seis, siete noches por semana. La gente se carcajeaba con el material que había elaborado a partir de mi propia vida. Me encantó. Siempre que actuaba, sentía ese arrobo, esa gratificación inmediata . . . no hay nada igual. Pero en algún rincón de mi mente una vocecita seguía diciendo: "Carajo, eres graciosa. Seguro serías muy buena en *Saturday Night Live*".

En 2014, mi compa Finesse, que solía trabajar en *SNL*, me dijo que tendrían audiciones para una mujer negra. Fue como si me hubieran mandado una invitación por escrito: "Tiffany Haddish, ésta es tu oportunidad, nos vemos aquí". Me dijo que se presentarían unas diez chicas en el teatro Groundlings en Los Ángeles, y que debería intentarlo. Decidí intentarlo una última vez.

Me presenté imaginándome una audición íntima ante unas cuantas personas, pero resultó que era un espectáculo de comedia completo con público. Todas las demás mujeres llegaron con su equipo de apoyo, y yo estaba sola. Acababa de regresar a la ciudad después de actuar en el espectáculo *Dirty Sexy Funny* con Jenny McCarthy, así que estaba agotada. Luego se me ponchó una llanta, y ahora me enteraba que podría haber tenido a mis fans allí para apoyarme. No eran las mejores condiciones. Puede ser que no haya sido mi mejor audición, pero hice lo mejor que pude considerando las circunstancias. Pero a fin de cuentas, nada de eso importaba. Ninguna de esas otras actrices fue elegida, con amigos en el público o sin ellos. Los productores sabían de antemano a quién querían contratar.

Me han criticado por hablar sobre eso con *TMZ*. Me llamaron mientras trataba de arreglar la llanta, y les dije que la audición fue una pérdida de tiempo y de dinero para la gasolina para las mujeres negras. Lo interpretaron como si estuviera diciendo que todo el asunto había sido nada más que un "truco publicitario". Quizás no debí haber contestado esa llamada. Apuntado, universo.

Puede que sepas que por fin tuve mi oportunidad de participar en el programa después del estreno de *Girls Trip*. En 2017, mi manager me llamó para preguntarme se quería ser presentadora. ¿Quería presentar el programa en el que había intentado participar desde hacía diez años? ¡A güevo! Chingá que sí. De una.

Quizás pienses: *Entonces el universo se equivocó. Estabas destinada a estar en el programa después de todo.* Bueno, más o menos.

Cuando llegó el momento, no estaba nerviosa. Estaba emocionada. Quería hacerlo bien, así que hice lo que siempre hago para prepararme: investigar. Llamé a todas las leyendas, a lo mejor de lo mejor, para que me aconsejaran. Llamé a Whoopi Goldberg para pedirle consejos sobre cómo ser una buena presentadora. Me dijo:

—Pues amiga, yo nunca he sido presentadora.

—¿Cómo que no? Claro que lo has sido. Te vi.

—No, hice un sketch con Billy Crystal. Yo no era la presentadora. Tú eres la primera. No lo eches a perder.

Me encanta Whoopi, pero pensé que quizás no tenía la información correcta. Wanda Sykes tuvo que haberlo hecho. Le llamé a Wanda, pero me dijo: "No, no lo he hecho".

Lo busqué en Google. Revisé todos los archivos, todos los episodios, pero Whoopi tenía razón. Yo sería la primera cómica negra en presentar el programa. Siempre quise ser la primera persona en hacer algo. Pensé que quizás sería la primera mujer negra en montar un unicornio en una película en vez de esas ninfas paliduchas que suelen mostrar, no presentando *SNL*, pero no me pensaba quejar. ¡Chingón!

Sabía que ser la primera significaba que debía arrasar. El lunes, cuando llegó el momento de empezar, llegué al estudio con mi energía al tope y un cuaderno lleno de ideas. Tenía cuatro o cinco sketches esbozados y listos para empezar. Fui a la sala de guionistas y les entregué mi cuaderno. "¡*Tan tan*! Estos son los chistes, chicos. Esto es lo que quiero hacer. ¿Cuándo empezamos?"

Se quedaron callados un momento. Fueron muy educados al devolverme mi cuaderno, como diciendo: *Gracias por prepararte, pero no funciona así, nena. Nosotros nos encargamos.*

A ver, espérate. ¿Por fin logré estar en el programa y descartaban mis ideas así nomás? ¿Por qué me pones tantas trabas, Dios?

Probablemente me debería haber sentado, pero en vez de eso me dije: "Déjame intentarlo una vez más". Tomé mi cuaderno y les dije: "Déjenme enseñarles esto…".

Salí de la sala de guionistas y volví a ensayar, pero que rechazaran mis ideas de esa forma no me sentó bien. Trabajamos en los sketches de los guionistas hasta las tres de la mañana. Yo estaba cooperando, leyendo el personaje de Boo Boo Jeffries, diciendo: "Ree-ah-nah, Ree-ah-nah. Beyoncé, Beyoncé". Pero en mi interior seguía pensando en lo buenos que eran *mis* sketches.

Me gusta trabajar con otras personas. Me encanta colaborar con personas creativas que hacen algo divertido y gracioso o dramático y desgarrador. Pero en el fondo, me gustan más mis ideas. Tal vez sea narcisista en ese sentido, pero es parte de lo que me encanta de hacer comedia. Es lo que *yo* escribí, lo que *yo* quiero hacer, lo que *soy*. Mi llamado es compartirlo con el mundo.

Volví con los guionistas el martes con mi cuaderno, preguntando: "¿Cómo que no van a mirar estos chistes? ¡Son geniales!".

De nuevo dijeron —con un poco menos de paciencia esta vez—: "De veras no necesitamos tus sketches, Tiffany. Concéntrate en tu monólogo".

Parpadeé ante los guionistas. Poco a poco, me fui dando cuenta de que las cosas no irían como me imaginé. Pensé que estaba destinada a ser parte del programa, pero *Saturday Night Live* era una máquina que había estado funcionando desde hacía más de cuarenta años. Pensar que podía llegar y hacer lo que se me diera la gana era una locura. Yo no era más que una gota de aceite que ayudaba a que la máquina siguiera funcionando.

Estaba enojada porque sentía que debía tener algo que decir sobre el programa del que estaba a punto de formar parte. Todo lo que hago tiene mucho corazón y mucho de Tiffany. No tenía que pelearme con todo, pero no pensaba poner mi nombre en algo que no llevara mi sello. Es posible que sea una maniática controladora porque siempre tuve que tener el control sobre mi propia vida desde muy joven. En cualquier caso, no pensaba rendirme. Estuvimos allí hasta altas horas de la noche toda la semana.

En el curso de esas larguísimas horas, entre ensayar mis partes y tratar de memorizar mis líneas y las pruebas de vestuario y el maquillaje, hablé con todos los guionistas de cada uno de los sketches hasta que los cansé y aceptaron que uno o dos de mis chistes o ideas se incluyeran. Al final logré que pedacitos míos se incluyeran en todos los sketches. Logré incluir algo de Tiffany Haddish en todo eso.

Los dos últimos días en el escenario decidí que los pedacitos estaban bien, pero necesitaba más. Decidí incorporar toda la fuerza de Tiffany Haddish en el monólogo.

Esa era la única parte del show que era completamente mía, y quería que fuera fuego. Los productores me dijeron que podía decir y hacer lo que quisiera. Había visto muchos monólogos y quería asegurarme de estar perfecta. Puse sangre, sudor y lágrimas para que sonara a mí y fuera graciosísimo. Era un poco sexy, un poco vulnerable. Y muy emocionante. Le puse un poco de japonés porque acababa de aprender a hablarlo un poco. Escribí el guion y lo entregué. "Aquí está." Los productores lo leyeron y dijeron: "Bueno, vamos a ver. No puedes decir esto". Tachado. "Y definitivamente no puedes decir esto." Tachado.

—¿Qué es esto? ¿Japonés? No puedes incluir eso aquí. Sólo confunde al estadounidense promedio. No se puede.

Espera un momento. Amy Schumer se la pasó hablando sobre su vagina por tres minutos, ¿y yo no puedo decir *konichiwa*? Decidí no ponerme loca. Sería profesional. Tomaría nota. Pero aun así iba a transmitir mi mensaje. Haría lo mío, aunque fuera dentro de ciertos parámetros. "Está bien", dije, "me quedo en su cajita, pero seré la luz más brillante que jamás hayan visto en ella. Voy a brillar en todo el pinche escenario." Durante esos seis minutos, sería toda Haddish. Me pondría mi mejor vestido. Bromearía sobre los hogares de acogida. Haría un baile de alabanza y adoración. La cuestión es que la gente sólo puede encajonarte hasta cierto punto si estás haciendo aquello para lo que el Señor te puso aquí, y Él me puso aquí para traer alegría.

La noche del programa fue un sueño hecho realidad . . . pero no de la forma que me imaginé que sería. Cuando vi cómo era trabajar en Studio 8H, por fin entendí que no estaba hecha para ese programa. Quizás no me hubieran encerrado en una cajita si fuera parte del elenco, pero nunca podría ser cien por ciento Tiffany. Sin cortes. Agradezco que Lorne Michaels no me haya contratado porque no hubiera podido trabajar en ese ambiente. Tienes que ser un cierto tipo de bestia para aguantarlo. Estoy hecha para ser Tiffany Haddish, comediante. Una semana estuvo bien pero perdí cinco kilos en esos siete días. Así de estresada estaba. Un par de semanas de eso y parecería una mantis religiosa.

Cada vez que alguien me dice "no", puedo elegir. Puedo elegir ver ese "no" como un callejón sin salida, o puedo elegir seguir adelante confiando en mi destino. Si algo no funciona, sé que no estaba destinado a ser. No estaba destinada a hacer esos sketches de mi cuaderno en *SNL*. Ahora los puedo usar en otros lugares por mi cuenta.

Gracias, Lorne, por mostrarme la puerta de salida. Por no elegirme, por decirme que de ninguna manera iba a ser parte del elenco. Mi rechazo fue mi protección.

Las cosas se alinean en la vida para llevarte a donde estás. Si algo no sale como quieres, quizás no estaba destinado a ser. Aprendí a escuchar el "no". Si me lo perdí, supongo que no era para mí. No debía formar parte de eso. Si me dices no, alguien más me va a decir sí y tiene que haber espacio en mi vida para eso.

Lo que es real es esto: La noche que fui presentadora fue absolutamente mágica. Fui la primera cómica negra . . . lo hice. Hice historia. Gané un pinche Emmy. Me veía magnífica en mi vestido Alexander McQueen, fui precisa, mis líneas salieron perfecto, pero mi monólogo fue lo mejor. Porque el monólogo era yo. Estaba en casa. Y no hay lugar como el hogar.

ELELELE

ÉSTA ES LA HISTORIA de mi vestido para el Oscar . . . y de cómo casi noqueo a un pendejo por él.

Todo mundo sabe que los Oscar son como el Super Bowl de la moda de los actores. Das lo mejor de ti cuando te pavoneas en esa alfombra roja. Es tu momento. Es allí que dejas tu marca. Para una actriz, tu vestido es todo.

Recibí mi invitación a la ceremonia en 2018, el año después del estreno de *Girls Trip*. Había asistido a entregas de premios antes, pero éste era el gran espectáculo, el momento de moda más llamativo de mi carrera. Había un estilista —llamémosle Tiddlywinks— con quien había trabajado un tiempo, y su trabajo sería prepararme para la alfombra roja. Nos llevábamos bien porque él también creció en South Central, de forma que teníamos un pasado y cierta sensibilidad en común. Además, era muy divertido estar con Tiddlywinks. Es gracioso, algo payaso y tiene mucho estilo. Solíamos ir a discotecas y bailar hasta altas horas de la noche. Incluso tomamos una clase de pintura juntos. Me gustaba estar con él. Es más o menos de mi tamaño y tiene una energía a la vez masculina y femenina. En la década de 1990, se hubiera dicho que era metrosexual.

Arreglar a alguien para los Oscar es algo enorme para un estilista, y Tiddlywinks sabía que tenía que hacerlo a la perfección. Después de semanas de llamadas y discusiones, fue a mi casa muy emocionado porque había logrado que Brandon Maxell diseñara un vestido para mí. Brandon es un diseñador increíble que trabajó con Lady Gaga, Viola Davis y Kerry Washington. Por mucho que apreciara todo el esfuerzo que mi estilista había hecho para conseguir que Brandon aceptara, yo tenía otro vestido en mente para el evento: mi vestido de princesa eritrea.

Lo conseguí cuando visité Eritrea por primera vez. Eso fue en otoño de 2017, seis meses después de la muerte de mi padre. Fui para depositar sus cenizas al lado de las de su madre. Perder a mi padre fue terriblemente doloroso para mí. Dejó esta tierra justo un par de meses antes de *Girls Trip*, y por lo tanto no pudo ver cómo despegaba mi carrera como un cohete. Me hubiera encantado compartirlo con él, ver cómo se carcajeaba al verme interpretar a Dina o cómo brillaba de orgullo al ver cuánto le gustaba a la gente esa película. Se perdió todo eso, y yo lo extrañaba mucho.

Mi papá me había hablado mucho sobre su vida en Eritrea a lo largo de los años, pero ese viaje para depositar sus cenizas era la primera vez que estaba en esa parte del mundo. Tuve visiones de un *Vamos a América* al revés, en las que una chica de South Central es recibida en África como una reina.

Cuando aterrizamos en Asmara, me bajé del avión y respiré hondo. Estaba en la madre tierra, la verdadera Wakanda, nena. Eritrea tiene problemas, pero era allí donde mi padre había pasado las dos primeras décadas de su vida. Fue rarísimo pisar esa tierra. Toda mi alma se sintió completa. Pensé: *Híjole, es aquí donde debo estar. Estaba destinada a venir aquí*. El aire era tan dulce y limpio . . . y reverberando en él había un ruido increíble: ¡ELELELE! Todas mis tías, primas y primos, toda la familia estaba en el aeropuerto para darme la bienvenida, y todos gritaban: "¡ELELELE!".

Le pregunté a un guardia que estaba apoyado en la entrada:

—Caramba, ¿qué está pasando? ¿Está a punto de estallar un pleito?

—No, es un grito de bienvenida. Están emocionados de que estés aquí.

¡ELELELE! Al parecer, así gritan en Eritrea cuando celebran, cuando alguien muere, en una boda. Es un llamado directo desde tu alma. ¡ELELELE! Me acerqué a saludar a mi gente. Déjame decirte que fue una locura estar allí rodeada de gente que nunca había visto y sintiéndome cien por ciento en casa. Sonaban como yo, sus caras se parecían a la mía, y bailaban aunque no hubiera música . . . como yo.

Tenía diez minutos allí y ya me sentía muy conectada a la historia y al alma de ese país. Todo mundo debería tratar de ir a donde están sus raíces. Descubre de dónde vienes y ve. Aunque no conozcas a nadie, ve. Todo mundo debería conocer la alegría de sentirse en casa.

Mi familia me recibió con alfombra roja. Mi tía me invitó a su casa, donde me prepararon un banquete. La comida era tan sabrosa, tan fresca. El durazno sabía a durazno. Los tomates y pimientos también. Era como la mejor versión de cada uno de ellos. Comí piña, que normalmente hace que me pique la boca, y no tuve ninguna reacción alérgica. Fue increíble. Debo de haber comido mucho, porque después de una media hora necesitaba ir al baño con urgencia. Mis primos me mostraron dónde estaba. Me apresuré con las nalgas apretadas para llegar antes de ensuciarme los pantalones. No miré a mi alrededor mientras caminaba-corría por la propiedad, que estaba diseñada como una villa italiana con un patio en el centro. Hice lo que tenía que hacer, y cuando salí del baño, miré hacia una pequeña zona de césped exterior entre el baño y la cocina. Había sangre por todos lados, filtrándose en la tierra roja.

Lo primero que pensé fue: ¡Dios mío, alguien se lastimó! Empecé a gritar: "¡Alguien está sangrando! ¡Deprisa, deprisa!". Todos llegaron corriendo y señalé la sangre.

Mi prima más alta se rio de mí y dijo: "No no no, nadie está herido. Matamos cabra por ti. Para darte bienvenida, matamos cabra". Nunca nadie había matado nada por mí.

Durante mi estancia en Eritrea tuve una guía, una mujer llamada Hanet, quien me mostró los alrededores durante mi visita. El esposo de Hanet es primo de mis primos. Así que de cierta forma somos primos, pero no lo somos. Como quiera que sea, después de un par de días enseñándome el país, Hanet me dijo: "Necesitas un vestido bonito. Tienes que ir de compras".

Nos subimos a su coche y me llevó a unas tiendas de ropa en la ciudad llenas de los vestidos más preciosos. Estuve un rato mirando, pasando la mano por las telas brillantes e imaginando la cantidad de trabajo que debía de costar hacer cada vestido.

Y entonces algo me dejó sin aliento. Un vestido hermosísimo en un gancho me llegó al alma. Tenía bordados dorados y negros sumamente complejos. Venía con una corona y dos capas. La capa más corta era de terciopelo y tenía bordados dorados por todos lados que hacían juego con el bordado del vestido. *Me encantó*. Se lo llevé al encargado y Hanet me ayudó a explicar que ése era el vestido que quería. Me hicieron uno por unos sesenta dólares. Era demasiado grande de las tetas porque las mías son pequeñas, pero no era nada que un alfiler no pudiera arreglar.

Ése era el vestido con el que me imaginé caminando por la alfombra roja.

Fui a mi closet y saqué mi vestido de Eritrea para enseñárselo a Tiddlywinks. Me dijo:

—Mmmm, bueno, espera a que veas el vestido de Brandon Maxwell. Es muy probable que no quieras usar este vestido. Es muy probable que quieras usar el de Brandon Maxwell.

—No, definitivamente voy a usar este vestido.

Aunque Tiddlywinks me caía bien, no estaba muy contenta con él porque hacía más o menos un mes yo había salido en la portada de la revista *Time*, y en mi opinión fue una mierda. Tiddlywinks escogió un vestido plateado brillante de cuello alto con mangas de campana y una falda que parecía una colcha que pondrías sobre la cama en un castillo embrujado. Mientras me lo probaba, no dejé de decirle: "No me gusta este atuendo".

—No te preocupes –me dijo–. Es *alta costura*. Te vas a ver estupenda.

Decidió cómo debía ser mi maquillaje y mi peinado: bilé rosa escarchado, mucha sombra de ojos, peluca rizada. No me gustaba nada. Pero él seguía diciendo: "Esto es *alta costura*. Vas a estar genial". Así que lo dejé tomar las decisiones.

El resultado no fue *alta costura*. No me veía genial. No me parecía a Tiffany Haddish. Me veía como una maldita bruja, parecía un pinche adefesio. Estuve a punto de hechizarlo y convertirlo en una verruga genital.

Para los Oscar, este güey no me convencería a ponerme algo que no quería. Me pondría ese vestido de Eritrea por mi papá.

El año antes de su muerte, mi papá vino a visitarme. Estaba muy contenta de tenerlo conmigo. Quería darle y darle a ese hombre para compensar todos los años que estuvimos separados, pero él no era muy bueno recibiendo. En cierto momento mencionó que quería una guitarra, así que lo llevé a Guitar Center donde miramos todas las guitarras.

Cuando vio los precios, dijo:

—Es demasiado. No quiero que gastes tanto para mí. Es demasiado. Es demasiado.

Yo sólo quería comprarle una guitarra, pero él insistió que era demasiado cara, y tuve que aceptarlo.

—Como tú quieras, papá.

Nos subimos a mi coche sin guitarra para regresar a casa, y fue entonces que empezó a decirme que, si algo le pasaba, era muy importante que no gastara mucho dinero para enterrarlo.

—Todo mundo se va a enojar, pero quiero que me mandes cremar. La tradición es conservar el cuerpo entero y enterrarme en la tierra. Pero no quiero que gastes porque nunca gasté mucho por ti, y por eso no quiero que gastes mucho dinero conmigo. Quiero ser enterrado con mi mamá. Pero hónrame, hónrame, y asegúrate de que la gente sepa sobre nuestro pueblo, que el mundo sepa sobre Eritrea. Si te conviertes en una gran estrella, cuando tengas tu gran momento, tienes que representar a tus antepasados. Mi madre fue una estrella en Eritrea . . . tienes que representarla. Tienes que representarme a mí, a mi papá, a nuestra ancestralidad. Nadie sabe nada sobre nosotros. Tienes que asegurarte que el mundo sepa.

Pensé: ¿Cómo diablos voy a hacer eso? Nadie sabe nada sobre mí. Sólo salgo en un programa de televisión. La gente mal sabe que existo. Pero le dije que lo haría. Haría cualquier cosa que me pidiera.

Pensé que era un completo despropósito en el momento, pero en retrospectiva pienso ahora que ya debía de saber que se acercaba el fin de su vida.

Durante los últimos meses de su vida, mi papá me repitió muchas veces que quería que fuéramos juntos a Eritrea algún día para que conociera su tierra natal. Era como si quisiera lanzar ese deseo al mundo antes de partir. Me dijo:

—Quiero poder llevarte. Todavía no tengo dinero, pero cuando lo tenga, te voy a llevar.

Murió antes de poder llevarme, pero me alegré de poder honrar sus deseos llevando sus cenizas a Eritrea. Y también quería honrar su otro deseo, que la gente supiera sobre Eritrea.

No me había dicho: "Ve a pelear en una guerra por Eritrea". Tampoco dijo: "Dale todo tu dinero a Eritrea" o "Asegúrate de que el país se construya bien". Había dicho: "Asegúrate de que la gente sepa que Eritrea existe". Así que pensaba usar un vestido tradicional de Eritrea en uno de los mayores acontecimientos del mundo, los Oscar, por más que mi estilista hubiera planeado otra cosa. Pero mi estilista no entendía el chingado mensaje.

Cuando por fin entendió que hablaba en serio, Tiddlywinks le llamó a todos los miembros de mi equipo—mi representante, mi publicista, mi peluquero y maquillador (todos menos mi ginecóloga)—para intentar convencerme de que no usara el vestido eritreo.

No me apoyaron. Todos me decían: "Mira, Tiffany, todo mundo lleva ropa de diseñadores conocidos. Ponte el Brandon Maxwell".

Cuánta pendejada. ¿Cómo se les ocurría decirme que no honrara el deseo de mi difunto padre? Lloré mil millones de lágrimas porque pensé que nadie aprobaría que llevara mi precioso vestido africano. Pero yo lo aprobaba, carajo. No a todos les gusta todo lo que hago. Pero sabía lo que quería representar. Sabía lo que representaba. Estaba harta de dejar que la gente me dijera qué ropa ponerme. Ya me había ganado mi Gran Energía Tiff. Sabía quién era. Cuando lo sabes, que alguien intente cambiarte y convertirte en algo que no eres es el sentimiento más incómodo y horrible del mundo. *No* trates de decirme qué apariencia debo tener ni quién debo ser.

Pensaba ir con la ropa que yo quería. Me estaba vistiendo para mí, para mi papá, para mi gente. Mi decisión estaba tomada. Les dije:

—En la alfombra roja, voy a usar mi vestido eritreo. Cuando me presente en el escenario, voy a usar mi vestido de Alexander McQueen. Y cuando vaya a las fiestas, me pondré el vestido de Brandon Maxwell. Y así será.

Incluso entonces, la gente me decía: "Te estás arriesgando mucho. Prepárate para las críticas en la prensa". No me importaba. Siempre y cuando hablaran sobre Eritrea, no me importaba.

Una semana antes de la entrega de los premios, me probé el vestido de Brandon Maxwell que mi estilista me consiguió. Era verde limón con un tirante en un hombro. El otro hombro estaba descubierto. El vestido bajaba recto hasta el suelo, con una abertura en un lado que mostraba algo de pierna, y una pequeña cola en la espalda. Me miré con ese vestido, hecho a la medida como si hubiera nacido con él puesto, y tuve que admitir que era impresionante. Pero dije: "Esto es precioso. Me encanta el vestido, pero no cambia nada. Voy a usar el vestido eritreo".

El día de los Oscar, me desperté en mi cuarto de hotel con el corazón latiéndome a mil por hora y un brillo de felicidad en las mejillas. El gran día. El gran momento. Para una entrega de premios tan importante como los Oscar, empiezas a prepararte horas y horas antes del evento. Tiddlywinks fue el primero en llegar para prepararme. Apenas entró por la puerta, le dije:

—Bueno, ¿dónde está mi vestido?

Me entregó el de Brandon Maxwell y dijo:

—Te vas a poner este.

Me mantuve tranquila y me reí. Sabes que es peligroso cuando una mujer está enojada por algo y se empieza a reír.

—No, voy a usar mi vestido eritreo.

Soy de South Central, y por lo tanto sólo puedes empujarme hasta cierto punto antes de que estalle. Y Tiddlywinks lo sabía, pero ni eso lo detuvo. Me tendió el Brandon Maxwell.

—No, te vas a poner éste. Tienes que ponerte éste, Tiffany. Confía en mí. Sé qué es lo mejor.

—No, no sabes qué es lo mejor. ¿Dónde está mi vestido?

Resulta que *ni siquiera llevó el vestido*. No podía haber dejado más claros mis sentimientos e intenciones. ¿Alguien le había borrado la memoria a este güey con uno de esos palos espaciales de *Hombres de negro*?

Déjame decirte lo que sentí entonces. Hace unos años, descubrí que alguien se había llevado el dinero de mi alcancía, que tenía escondida en mi closet. Sólo habían dejado uno o dos centavos. Cuando lo descubrí, me sentí tan violentada que me dieron ganas de madrear a alguien.

Cuando el estilista llegó a mi cuarto sin mi vestido, fue como si hubiera atrapado a alguien tratando de robarme. No estaba respetando

mis deseos. Estaba siendo violentada. Mis instintos de barrio se pren-
dieron. ¿Quieres chingarme mis cosas, mi dinero, mi visión . . . quieres
destruir mi alma? Me voy sobre ti.

Es curioso, pero cuando estoy a punto de pelear, lo primero que
hago es sonreír. Y entonces miro hacia todos lados porque estoy
tratando de decidir: ¿Dónde golpeo? Miré a mi estilista con el corazón
latiéndome con fuerza. Me nacieron músculos abdominales instantá-
neos, bien apretados. Me sentí muy fuerte en los brazos, en mi centro,
y estable en mis pies. Con los pies firmes en la tierra, pero ligera, como
si fuera Billy Blanks. Y entonces la sonrisa desapareció lentamente
y . . . *Es hora, hijo de puta.*

Todo raciocinio abandonó mi cuerpo y sólo quedó pura emoción.
Quería que a este tipo le doliera como me dolía a mí. Empecé a temblar
mucho. Me imaginé saltando sobre la cama y golpeando a Tiddlywinks
en la cabeza. En mi mente, hice unas movidas de Laura Croft y le
golpeé la cara como si fuera un demonio en una tumba. ¡Pam-pam!

Pero respiré hondo porque tenía treinta y ocho años y sabía que no
debía hacerlo. No debía golpear a la gente. Así que empecé a disparar
palabras.

—Mira, hijo de puta. ¿Dónde está mi vestido?

—Sigue con la costurera.

—Ah, ¿no está aquí? ¿Lo tiene la costurera? ¿Y cuándo va a llegar,
entonces? ¿A qué hora lo piensas traer?

Sabía que no debía hacerlo —no era muy profesional—, pero me
volví muy inmadura muy rápidamente. Usé palabras como "aliento de
mierda" y "cabeza de mierda". Me puse muy agresiva. Se siente bien
desahogarse cuando tienes esa ira justificada. Es una alegría dejar salir
el dolor.

Había trabajado duro para pasar de actuaciones en pequeños clubes
hasta llegar a los putos Oscar. Estaba viviendo lo que mi papá había
predicho para mí. Era un momento real, y no me sentía bien con un
vestido diferente. Cuando no me siento bien con algo, siempre sale mal.

Siempre. Puedo sentirlo en todo mi cuerpo. Como si todos mis órganos se apagaran. Todo está roto. Nada funciona. Mis riñones dicen: "No. Estamos cansados". Mi hígado dice: "Sé que debería realizar trescientas funciones, pero sólo voy a hacer tres". Mi chacra raíz pone un cartel que dice: "Cerrado para negocios". Lo peor es mi alma, que dice: "Ni madres, cabrona. Eso no va a pasar. Me largo". No pensaba caminar por una alfombra roja con millones de personas viéndome sin mi alma. No funciono bien sin mi alma. Mi alma es como una persona independiente dentro de mí con sus propias ideas sobre lo que debemos ser. Si me meto en alguna situación en la que no debería estar o hago algo que no debería hacer, mi alma dice: "Paz. Regreso contigo cuando termines esta pendejada". Trato de llamarla: "Regresa. Regresa, hermanita. Vamos. Te necesito". Pero ya se fue.

Sabía que si no me ponía mi vestido, iba a ser una mala noche. Mi alma no hubiera aparecido. Mi alma se hubiera quedado en el coche fumando mota, esperándome a que hiciera lo que tuviera que hacer sin ella, diciendo: "No. Nel. Ni pienses que voy contigo. El diablo está allá. Yo estoy aquí con Dios. Estoy con los ángeles. Échame un grito cuando termines". La noche sería horrible.

Le dije a mi estilista:

—No voy a ningún lado sin mi vestido. Ve por mi chingado vestido de princesa eritrea.

Tres horas después, regresa con mi vestido y una actitud rara. Me lo pongo y me doy cuenta de que no lo arreglaron. No le habían hecho ninguna alteración. Supongo que Tiddlywinks pensó: "Si no está arreglado, no se lo va a poner". Sí, cómo no. Me puse la chingadera. No me quedó perfecto, pero estaba muy bien. Mi alma dijo: "Eso sí está chido. Vamos".

Corte a la alfombra roja. Me pavoneé por ella como si fuera la reina del mundo. Las cámaras disparaban mil veces por minuto, todo mundo diciendo: "Tiffany, ¡aquí!". En cierto momento, me subí la falda y salté la cuerda de terciopelo para inclinarme ante mi madrina Meryl

Streep. Toda vez que paraba, los entrevistadores me preguntaban: "¿A quién llevas?". Me erguía firme. "Mi papá era de Eritrea. Murió el año pasado y me pidió que, si en algún momento llegaba a lo grande, honrara a mi gente, así que estoy usando un vestido eritreo, y me siento orgullosa de ello". Mi alma decía: "Eso mero, nena, qué bien que lo hiciste. Me alegro por ti. Hiciste que tu padre esté orgulloso".

Cuando terminé mi vuelta por la alfombra, mucha gente me dijo que me veía hermosa. Yo *me sentía* hermosa. En Twitter encontré miles y miles de tuits que decían: "Eso mero. Es nuestra princesa eritrea". "Es la reina." Mucha gente hizo comentarios muy buenos. Pero lo mejor fue la gente que preguntaba: "¿Qué es Eritrea? ¿Dónde está eso?" La gente buscaba Eritrea en Google.

Regresé a mi hotel para cambiarme antes de ir a las fiestas. Mis peluqueros y maquilladores estaban allí y me dijeron: "Qué bien lo hiciste. Estuvo precioso. Te veías increíble".

Me *sentía* preciosa. Me *sentía* increíble. Todo se alineó esa noche como los planetas en un eclipse: el éxito, el amor por mi papá, mi defensa de lo que quería, mi bendito vestido. Eran las condiciones perfectas para la alegría.

Mi estilista entró, todo avergonzado, y no tuve más palabras duras para él.

—Supongo que me equivoqué –dijo–. Supongo que sí sabes lo que haces.

Así es, sí lo sé. Y nadie me va a decir lo contrario.

¡ELELELE!

EY, CHICAS

SOY CAMPEONA DANDO CONSEJOS. Si quieres sugerencias para limpiar tus senos nasales, yo te ayudo. Si quieres saber dónde comer los mejores tacos en Los Ángeles, échame un grito. Si tienes preguntas sobre tus finanzas, te lo explico. Lo único que no te voy a decir es cómo escoger marido. En eso no soy experta. Pero si sólo te quieres divertir, la cosa es conmigo. He tenido sexo con cuarenta y ocho tipos en mi vida. Sé el número exacto porque llevo la cuenta de toda actividad sexual en la que mis jugos están presentes en un cuaderno que guardo en mi vagina en una bolsita Ziploc. Mamadas y sexo con los dedos cuentan, pero el sexo seco no. Primero escribo el nombre del tipo, la primera letra de su apellido, un pequeño resumen de él y una nota sobre cómo llamaba a su verga: Sr. Wiggly, Waldo (¿dónde está?), Papi V. o Tyrone si es muy grande (hace tiempo que no tengo una de esas). Por medio de esas experiencias he aprendido un par de cosas sobre cómo estar con un hombre en términos físicos. Quizás te parezca chabacanería de barrio, pero soy comediante, y es parte de lo que hago, así que ahí te van unos cuantos consejos Tiff para una vida sexual feliz y sana.

Asegúrate que sea Sr. Limpio

Lo primero que debes saber si quieres coger es: si la casa del hombre está sucia, repugnante, destartalada, y su cuerpo no está reluciente de limpio, mejor lárgate. Da media vuelta y vete a comer cecina. Si sigues caliente, búscate un poco de acción a pilas. Pero no te desnudes con él si es andrajoso, porque si no valora sus cosas o a sí mismo, es seguro que no te va a valorar a ti.

Creo firmemente que cada vez que te acuestas con alguien, se llevan un pedacito de tu alma, y tú te quedas con un pedacito de la suya. Si te acuestas con hijos de puta canallas que no te valoran, te quedas con eso. Le diste un pedacito de ti misma a alguien que no lo merece. Mejor le doy ese pedacito de mí misma a alguien que sabe apreciar cosas buenas.

Por eso me gustan los hombres que huelen a jabón; cuando los abrazas, desprenden un olorcito a detergente. Piel hidratada y bonita. Pelo bien cortado. Ropa sacada de una cómoda o de un armario, no de una pila en el suelo. Los zapatos no deben tener las suelas desgastadas ni rozaduras. Todo ordenado.

Me gusta inspeccionar el paquete completo cuando llega a mi puerta antes de abrirlo . . . empezando por las manos.

¿Conoces el chiste sobre los hombres con pies grandes? Bueno, en realidad no son los pies. Si quieres saber qué trae en el piso de abajo, checa sus manos. Si sus manos están secas y cenicientas, probablemente su verga también lo esté. Mi abuela solía decir: "Uñas sucias, V. sucia. Mantén esa cosa lejos de mí".

Lo he investigado, así que sé que sé que es verdad. Cuando era más joven, cada vez que salía con alguien, lo primero que hacía cuando volvíamos a mi casa era pedirle que me mostrara el pene. (Hombres, un recordatorio: sólo si ella lo pide.) Sacaba mi cámara desechable y decía: "¿Puedo tomarle una foto? No necesito tu cara ni nada. Sólo quiero recordar tu pene". La mayoría de los tipos lo sacaban encantados. Lo sostenían en la mano y, en efecto, la punta del pene casi siempre coincidía con las uñas. Uñas sucias, verga sucia. Si te encuentras con un hombre que no tiene las manos limpias, mándalo a pasear o asegúrate de que se pase un buen rato en la regadera antes de que lo dejes entrar a tus calzones. Sólo no dejes que se ponga un montón de lociones y pociones en la verga. No vayas a estropear tu equilibrio del pH.

No me molestan los dientes salidos. Pueden estar uno encima del otro o muy separados o muy pequeños. No importa. Puedes tener dientes de conejo y no voy a dejar de meterme contigo, siempre y cuando mantengas una buena higiene dental. Me dan náuseas cuando el aliento de un tipo huele a leche vieja y me trata de besar. Cojo un limón y le digo: "Creo que tienes un diente muerto. Lo puedo oler desde aquí. Te quiero coger, pero si te dejo que me chupes, me temo que me va a dar una vaginosis bacteriana. Lávate los dientes y después cómete este limón".

La primera vez que me dio vaginosis bacteriana, pensé que mi útero estaba muerto porque olía muy mal. No necesitas un zorrillo muerto en tu horno para bebés, así que asegúrate de que se cepille los dientes y use hilo dental antes de hacerlo.

Las mamadas son importantes

Siguiente consejo: si quieres que un hombre sude, hay que mamársela hasta que se le vayan las arrugas de los huevos. Eso lo aprendí de mi abuela.

En serio, de mi abuela. Cuando tenía veintipocos años, fui a visitar a mi abuela un día. Estaba hojeando unas revistas en el sofá cuando atravesó la sala para sentarse a mi lado. Sentí su olor a flores secas mientras me rodeaba el antebrazo con sus suaves dedos de anciana y me daba un pequeño apretón. Por su expresión, entendí que estaba a punto de ofrecerme palabras sabias.

Se aclaró un poco la garganta y dijo:

—Nena, déjame decirte algo. Si quieres mantener a un hombre en casa, porque sabes que a los hombres les gusta vagabundear, hay algo que tienes que aprender a hacer.

Pensé que me diría que tenía que tener la cena lista en la mesa todas las noches o pintarme los labios de vez en cuando.

—¿De qué hablas, abuela?

—Tiffany, nena –me hizo un gesto con el dedo como maestra–. Tienes que besarle el plátano todos los días.

Se me salieron los ojos de las órbitas. ¿Qué dijo? Mi abuela era una dama muy educada —incluso se diría remilgada— que llevaba las blusas abotonadas hasta la garganta e iba a misa todas las semanas. Me había dado todo tipo de consejos, pero nunca sobre mamadas.

Yo no tenía nada en contra de mamar. A esas alturas de mi vida ya había mamado una que otra verga porque las chicas con las que fui a la prepa en aquel barrio blanco me decían: "¿Quieres que tu hombre te compre un Honda nuevo? Asegúrate de que esté deshidratado". Yo andaba en autobús a todos lados en la época, de manera que un Civic nuevo me sonaba muy bien. Así que lo intenté, pero no era una especialista ni nada por el estilo. Nomás lamía el helado un par de veces —*mmmm, mmmm, de nada*— y se acabó. Nunca me dieron un Honda. Pero ahora aquí estaba mi abuela en su vestido morado de iglesia, sentada a mi lado, diciéndome que debía atragantarme con él si quería conservar a mi hombre.

Para decir la verdad, mi abuela tuvo cinco hijos de cuatro padres distintos, así que debe de haber sido lo máximo en la cama. Le tocó vivir las décadas de 1950 y 1960, cuando la gente cogía de verdad. Más tarde, se hizo Testigo de Jehová porque se dio cuenta de que podía haber sido una pu, pero aunque esos días quedaron atrás, obviamente seguía teniendo algunas opiniones sobre cómo hacer feliz a un hombre.

—Ayyyy. Qué cochinada, abuela –dije–. ¿Y si ni siquiera se lava el plátano todos los días?

Me dio una palmadita en el brazo.

—Nena, puede ser cochino, pero escúchame. Si lo haces, no vas a estar sola.

Mi abuela tenía razón. Mamar vergas es el secreto de una vida sexual de poca madre. Cuando veo una pareja que ha estado junta veinte años y sigue brillando, sé que ella se la mama. Sobre todo si sólo tienen uno o dos hijos. Eso me dice que se ha estado tragando esa masa de bebé o dejando que le dé en la cara en vez de embarazarse. Por eso tiene tan buena piel, porque el esperma es bueno para la salud.

Hice mi propia investigación sobre eso también. Cuando me quedé calva de los lados por hacerme tantas extensiones, agarré a un hombre, se la jalé, tomé su esperma y me lo unté en la cabeza. Mi pelo volvió a crecer grueso y hermoso porque mis folículos capilares estaban llenos de proteínas. Siempre que veo a un hombre calvo, quiero decirle que debería masturbarse y frotarse el esperma en la calva. A ver si no le vuelve a crecer el pelo.

Pero regresando a las mamadas. Los heterosexuales no saben lo duro que es mamar verga todos los pinches días. Es mucho trabajo para las mandíbulas. Cuando un hombre me chupa la concha, lo único que necesito es que ponga su cara allá abajo y haga *ppbbbbbb, mamaseima-masamamakusa*. En cambio, mamar verga requiere energía y esfuerzo. Tienes que tener coordinación mano-ojo. Tienes que cuidar tus dientes, mantener el ritmo. Es todo un proceso. Cuando complazco a un hombre regularmente, me da túnel carpiano en la garganta, se me chinga la ciática y necesito una almohadilla térmica para el cuello. Pero la abuela me dijo que no hay que apendejarse con eso, así que mantengo mis habilidades bucales al día.

Mi técnica para mamarla es rodearla con los labios y toser un poco cuando llega a mi garganta (aunque sea muy pequeño) para hacerlo sentir que es un hombre grande. Después me pongo ruidosa, haciendo ruidos como de cachetadas y haciendo *mmm, ahhh, eh, eh*. Eso los pone locos. Cuando está a punto de estallar, lo miro a los ojos como si lo estuviera bendiciendo. Eso lo hace rebasar el límite.

Las mamadas son algo bello si las haces correctamente. Así es como sabes si lo estás haciendo bien:

1. Empieza a decir groserías: "Ay dios, ay, chingado dios, puta madre, qué rico se siente. Te voy a comprar un pinche Corvette", aunque sea un rabino. Lo sé por experiencia.

2. Su cara se contorsiona tanto que parece haber perdido un cromosoma. Los ojos se le van al fondo de la cabeza y mira hacia la parte frontal de su cerebro. Su boca se abre como pescado en el muelle tratando de respirar —*pwop, pwop, pwop*—, justo antes de soltar ese agudo: "Ay, caraaaaaaaajoooo".

3. Cuando por fin se viene, se encabrita como si le hubieran disparado en el pecho. Parece que se está muriendo lentamente y lo estás resucitando con choques eléctricos.

Si logras que tu hombre haga esas tres cosas, te prometo que se quedará para hacerte biscochos en la mañana.

Pero no tienes que mamar tanta V como crees

Usar la boca no es tan importante como usar los oídos. Eso lo aprendí en el peor trabajo que he tenido: operadora de sexo telefónico. Ni siquiera sabía que estaba solicitando el trabajo cuando me lo dieron. Me acababa de graduar de la prepa y necesitaba dinero. No tenía a nadie que me pagara la renta o la peluquería o las uñas o la cuenta telefónica. Me las arreglaba yo sola.

Mi mejor amiga y yo buscamos en los clasificados en la revista Backstage West. Todos los trabajos de actuación exigían fotos y currículos, lo que requería muchos viajes a Kinko's y a la oficina de correos, así que los ignoramos. Pero entonces encontramos un anuncio que decía que buscaban actrices de voz. Dijimos: "¡Nosotras tenemos voz!". Así que nos subimos a su Nissan Altima y fuimos a la dirección indicada, que era un edificio de oficinas genérico en Sunset.

Nos estacionamos y subimos en el elevador al tercer piso. *Bing*. Entramos a un vestíbulo corporativo y pulcro. Todo estaba en orden. No había adornos salvo una planta falsa en una esquina. Podría haber sido un consultorio médico o quizás el de una terapeuta.

Nos acercamos al mostrador de la recepción. Estaba levantado del suelo en una especie de cabina, como en las delegaciones de la policía. Lo primero que me llamó la atención de la chica detrás del mostrador fue su tatuaje en el cuello. Era 1998. Había muchos tatuajes de cuello en la época. Si tenías un nombre en tu cuello en ese entonces, eras asesina. La asesina tenía una cierta actitud arrogante también. Nos miró con la cabeza inclinada hacia atrás y las cejas levantadas mientras nos acercamos.

—¿En qué les puedo ayudar?

Mostré una amplia sonrisa.

—Venimos a la entrevista de trabajo.

Asesina levantó el teléfono lentamente como si nos estuviera haciendo un favor y le llamó a alguien.

Después de un par de minutos, un tipo con pantalones caqui y pinta de Scott Baio en apuros entró y nos pidió que nos sentáramos en dos sillas cerca de la parte delantera de la cabina. Carraspeó.

—¿Están aquí para ser actrices de voz?

Asentimos. Asesina se sorbió la nariz como si algo le pareciera gracioso. La ignoramos y nos concentramos en lo que decía el hombre.

—Bueno, antes de empezar, tienen que saber que éste es un empleo para mayores de dieciocho años.

Nos miró de cerca como si acabáramos de robar algo. "¿Qué edad tienen?" Le mostramos nuestras identificaciones. Después de checarlas, asintió y nos dio un par de papeles sueltos.

—Lean esto en voz alta.

Miré la primera línea.

—Hola, mi nombre es [nombre]. ¿Cómo te llamas? ¿A qué te dedicas?

Charles in Charge golpeó su pluma en su pierna un segundo por si todavía no entendíamos antes de explicar:

—Se trata de una línea de operadoras de sexo telefónico.

Miré a mi valedora. Ambas teníamos los ojos abiertos de par en par. Esto no era lo que había pensado. Nos imaginé leyendo frases para anuncios de Palmolive, no hablando sucio para viejos rabo verde. Pero de veras necesitaba ese cheque. Había perdido el apoyo de mi familia y necesitaba el dinero para tener dónde vivir. Pensaba hacer lo que tuviera que hacer. Pantalones caqui siguió hablando. Al final, mi mejor amiga y yo nos miramos y nos encogimos de hombros como diciendo: "Bueno, tiene sentido", porque prometían mucho dinero por hora.

Ambas leímos el guion en voz alta, pero ni siquiera de forma sexy . . . más bien como si estuviéramos leyendo las instrucciones de un juego de mesa o algo por el estilo. Al parecer, eso fue suficiente para él.

—Está bien. Siéntense en la cabina cinco.

Caminamos hacia una cuadrícula de cubículos con unas treinta mujeres, y me sorprendió ver que unos cuantos hombres llevaban audífonos como si fueran comentaristas deportivos. Ese primer día, nos hicieron sentar junto a alguien para verla trabajar durante dos horas, antes de que empezáramos a hacer nuestras propias llamadas. Como un sistema de compañeros.

Nos dirigimos a la cabina cinco, donde nos habían asignado con una treintañera llamada Karla. Tenía cejas oscuras y delgadas, los labios delineados y el pelo echado hacia atrás con un pequeño flequillo hacia delante. Cuando se levantó para darnos la mano, vimos que su falda la abrazaba con fuerza. Llevaba ropa de esas tiendas que tienen maniquíes en la acera con atuendos muy guapos, pero la tela es tan barata que, cuando la vistes en un cuerpo de verdad, te aprieta como salchicha y te deja pareciendo un *muffin*.

Karla nos explicó que hay un montón de líneas diferentes a las que la gente podía llamar: dos chicas y un chico, MILFs, ese tipo de cosas. Algunas líneas tenían reglas diferentes. Empezamos con la línea de noventa y nueve centavos por minuto, en la que no puedes decir groserías. No puedes decir ninguna de las palabras que la gente usa comúnmente para decir pene, vagina o pechos. Tienes que hablar en código. Era como un juego clasificado X de Password. Si decías la palabra equivocada en esa línea, te descontaban tres dólares. Necesitaba ese dinero, así que no me pensaba equivocar.

Karla era chingonsísima en el trabajo. Entre llamadas, ponía el dedo en el escritorio y nos daba consejos e indicaciones.

—Los hombres quieren que hables sucio, pero sabes que no puedes, así que tienes que ser creativa. Si te pregunta: "¿Qué estás haciendo ahora?", dices: "Aquí nomás, jugando con mis juguetes". Entonces coges tu bíper y lo pones junto al altavoz del teléfono y lo haces vibrar sobre la mesa —ruido de vibrador instantáneo—.

Me dijo que debía inventarme un personaje de fantasía para que la persona que llamara se lo imaginara al otro lado de la línea. Decidí que mi personaje se llamaría Patricia.

Cuando me tocara contestar, descolgaría y diría: "Hola, me llamo Patricia. Mido 1.65, soy negra y hawaiana, crecí en Hawái y tengo pelo negro largo que me besa las nalgas cuando camino. Mido 36DD. Soy porrista en USC".

Hacer sexo telefónico por dinero me enseñó que a los hombres les gustan cosas bien pinche raras. Había un tipo con una voz muy grave que quería que le hablara de mis pies todo el tiempo. Me llamaba con voz de Barry White. —Oye, Patricia, no me canso de tus callos, nena. ¿Qué tal si me mandas una foto de tus juanetes?

Pensé, *nel*, pero llegué a imaginarme mandándole una foto de los pies de mi abuela. Eran viejos y escamosos como si fueran una cruza de lagartos. Estoy segura de que se habría divertido mucho con esa foto.

Sentía curiosidad por los hombres que trabajaban en las líneas. A veces hablaban con una voz falsa de mujer, y a veces hablaban con su voz normal. Durante las dos semanas siguientes, me di cuenta de que los hombres ganaban más que cualquiera de las operadoras. Un día, me senté junto a uno de ellos y descubrí por qué. El tipo sabía cómo hablar con otros hombres, cómo mantenerlos en la línea mientras los dólares se acumulaban. Hablaba sobre deportes, política y el clima, y sólo bromeaba con ellos. *Tic, tic, tic,* ¡chinggg!. Otra cosa que me llamó la atención es que se quedaba mucho tiempo callado, escuchando a la persona que llamaba.

Entonces entendí: las personas que llamaban no sólo estaban calientes; se sentían *solos.* Querían poder hablar con alguien tanto como querían excitarse. Empecé a hablar menos y a escuchar más. Si se los permitía, los hombres al otro lado de la línea se volvían vulnerables, dulces y sensibles.

Algunos me abrían su corazón. Sólo querían sentir que a alguien le importaba lo que les pasaba en el día. Por ejemplo, si uno de sus compañeros de trabajo les decía algo que no les gustaba, lo guardaban todo el día hasta las once de la noche, cuando me llamaban y me decían:

—Patricia, ¿estás ahí? Hola, nena. Te tengo que decir algo. Mi jefa no me aprecia. Me rompí la madre para redactar el análisis y lo único que dijo fue: "Ponlo en mi escritorio". Mi mujer nunca me escucha cuando trato de hablarle. Siempre está corriendo para llegar a su clase de kickboxing o alguna pendejada.

Seguían así un rato y después empezaban a hablar de su mamá. Básicamente me pagaban para que les dijera: "¿Y luego qué pasó, mi amor?".

Quince minutos después decían:

—¡Ay, cabrón! ¡Se me olvidó que tenía que tocarme el pene!

Después de un par de llamadas con algún hombre, 90 por ciento de las veces soltaban un gran suspiro y decían:

—Tú eres la única con quien puedo hablar, Patricia.

—¿Cómo es posible? Eres tan buen hombre. Te apuesto a que eres guapo.

—¿De veras lo crees?

Podía oír la esperanza despertar en su voz, como si tal vez fueran dignos de atención después de todo.

Era así de sencillo.

Sólo duré treinta días en ese trabajo. Por cada hombre que llamaba por compañía, diez sólo eran vulgares. Después de un cierto número de discusiones sobre lo que el tipo quería hacer con un cepillo para el pelo y un poco de protector labial, se me empezaba a enfermar el alma, pero la experiencia me enseñó que a veces sólo tienes que hacerles saber a los hombres que estás tan dispuesta a recibir sus palabras como a recibir su esperma.

Que pase un buen rato...el tuyo

Finalmente, y esto es quizás lo más importante que te diré sobre el sexo, no quiero oír que sales de la cama insatisfecha. Estamos en el siglo XXI, nena. Si él se divierte, tú también tienes que divertirte. No hablo sólo de venirte, aunque eso definitivamente tiene que suceder si tú lo quieres. Hablo de satisfacción total. Cuando estén frotando sus partes, tienes que hacerle saber a tu hombre que quieres que te provoque una alegría que irradie a través de tu espíritu.

Debes disfrutar cuando coges. Tiene que hacerte sentir guapa y sexy. No te pases todo el tiempo tratando de adivinar qué tiene en la cabeza, pensando: "¿Le gusta esto?" o "Ay, su barba me raspa, pero si digo algo va a pensar que soy malagradecida. De todos modos, se acabará en un minuto". Eso es una pendejada. Hay muchas buenas vergas en el mundo pegadas a hombres buenos. La mayoría de los hombres quieren que seas feliz. Si no recibes lo que necesitas, pídelo. Boca cerrada no se alimenta.

A los hombres buenos les encanta ver la luz; les encanta verte sonreír. La verdadera alegría que viene del corazón los excita. Si tu hombre piensa que te hará reír, hará las cosas más graciosas en la cama. Fingirá ser Elmo Cosquillas o te dará palmaditas con su V de muslo a muslo sólo para hacerte reír. No se ofenderá porque te rías. Pensará que es el rey porque te hizo sentir muy bien. Recuerda esto: si le haces saber que te estás riendo durante el sexo porque tu espíritu se siente tan bien, intentará estar dentro de ti todo el tiempo.

Y no finjas ser tonta para gustarle a un hombre. Veo esa estupidez todo el tiempo: chicas que se hacen las tontas para que los hombres no se sientan intimidados. La inteligencia hace que a los hombres se les pare la V. Es la onda para los hombres inteligentes. Se calientan con una mujer que sabe lo que piensa. Si sientes que tienes que cambiarte a ti misma —tus ideas o cómo hablas o actúas o cómo es tu cuerpo— para estar con un hombre, tienes un problema. Debería querer hacerte sentir bien en su presencia, no que tengas que ocultar tu luz. Eres perfecta tal como Dios te hizo. Déjalo celebrar la creación de Dios. Déjalo adorarte. Déjalo arrodillarse y alabar lo que el bueno Señor hizo. Sólo asegúrate de que se lave los dientes primero.

CÓMO ME MANTENGO
BAJO CONTROL

EN CASI TODAS LAS entrevistas que me han hecho, el entrevistador me pregunta alguna versión de: "No la has tenido fácil. ¿Cómo puedes ser siempre tan positiva?".

Me encantaría decir que soy un unicornio mágico bendecido con una abundancia de salud mental, pero la verdadera respuesta es *mucho trabajo*.

Me chupé el dedo todos los días de mi vida hasta los dieciocho años. Igual que un bebé. Cada vez que me sentía mal, me metía el dedo a la boca, *mua, mua, mua. Autosociego*, le llaman. Es un milagro que nunca haya tenido que usar frenos, pero solía tener faringitis un chingo.

Ya no me chupo el dedo, pero tengo otros métodos para mantener mi cerebro bajo control.

Mi vida está bien en teoría. Lo sé. Hice un programa de televisión en 2021 en el que gané más dinero por episodio de lo que pensé que vería en toda mi vida. Tengo una casa en Los Ángeles y puedo pagar la hipoteca a tiempo. Soy una pinche celebridad lista A. Pero no soy indestructible. Mi confianza sube y baja como la de cualquier persona porque tengo hormonas. Hay días en que me pregunto: ¿Por qué estoy en este planeta de nuevo? Otras veces entro a las redes sociales y veo que la gente dice cosas muy crueles de mí. Ya es difícil sentirse bien con una misma, pero cuando todo lo que haces se difunde por internet, puede llegar a parecer imposible.

En algún lugar hay un video de mí en Laugh Factory diciéndole al público que deberían hacer algo por sí mismos todos los días.

—Si puedes hacer al menos una cosa por ti –les digo–, una sola cosa que te haga sentir mejor, la vida será un poco más alegre. Haz cosas por ti para recordar que lo que necesitas importa.

Es un excelente consejo. Ojalá yo lo siguiera.

Hubo un momento particularmente duro en mi vida, cuando acababa de perder a alguien importante; a tres álguienes, en realidad, pero la más importante fue mi abuela. Ella me había criado, y ahora ya no estaba. De niña, tenía la impresión de que siempre estaba perdiendo a alguien, así que ahora, cuando pierdo a alguien a quien quiero, mi cerebro primario dice: *¡Espero que te guste estar sola! No vas a tener a nadie. Cuando te mueras, van a encontrar tu cadáver en tu departamento y tu gato con cara de culpable.* Cuando recibí la llamada, entré en pánico. Como si mi corazón jadeara en busca de aire. Lo que necesitaba era tiempo para llorar, pero como no me gusta que la gente piense que soy mala, una cabrona que no hace lo que tiene que hacer, hice lo mínimo por mí y lo máximo por lo demás. Estaba en un rodaje, pero volé al otro lado del país, presenté mis respetos y luego regresé de inmediato al otro lado del país para mi hora de llamada a las 6 de la mañana. Ese día hice veintisiete entrevistas. Intenté mantener la compostura, ser profesional, pero a veces se me salían los sentimientos por la cara. Con los entrevistadores no hubo problema —mantuvieron las partes graciosas y cortaron las partes en las que lloraba—, pero no estuvo bien para mí. Al final del día, apenas era humana. Debería haber seguido mi propio consejo y haberme cuidado.

Cuando no me cuido, cometo errores. Nunca falla. Cuando me descuido y me pongo en último lugar, decepciono a los demás y a mí misma. Según lo veo, mis errores son como señales de advertencia de parte del universo para que me ponga las pilas y empiece a cuidarme. Trato de decir: *Está bien, universo, tienes razón. Me he descuidado. Me he estado odiando un poco. He estado tan ocupada haciendo cosas por los demás y haciendo que las cosas crezcan a mi alrededor, que me estoy robando a mí misma. Es hora de arreglar eso.*

Esto es lo que hago para recuperar a Tiffany: 1) Trabajo en mí misma por dentro y por fuera. Voy a terapia, como alimentos crudos, dejo de fumar y beber por un tiempo, descanso. 2) Trato de convencerme de buscar ayuda. Buscar ayuda no es algo natural para mí porque estoy acostumbrada a cuidarme yo misma, pero lo estoy intentando. Da miedo. Cuando digo: "Oigan, necesito ayuda ahora mismo" y no pasa nada . . . *pffff,* ese es otro nivel de soledad e insignificancia, y empiezo a pensar en mi cadáver en el departamento de nuevo. Pero sé que hay gente que sí escucha lo que tengo que decir. Hay gente que me quiere de verdad, y por más que odie pedir ayuda, puedo contar con ellos. Y 3) reservo tiempo para hacer cosas humanas todos los días. Saco a pasear a mi perro, lavo mi ropa, riego mis plantas para recordarme que, aunque vivo bajo la mirada pública, soy una persona normal con un cuerpo normal que necesita descansar y con un corazón normal que necesita amor.

Nada de eso me hace perfecta. No estoy diciendo eso. Pero estoy aprendiendo a lidiar con mis problemas. ¿Me olvidaré de cuidarme y cometeré otro error? Espero que no. Lo que sí sé es que nunca cometeré el error de no aprender de mis errores.

Siempre que paso por momentos cabrones, ya sea porque me odian en internet, porque se desmorona un proyecto o porque una relación se hace pedazos, éste es mi secreto. Me digo a mí misma: "Tranquila, Tiff, veamos lo que has hecho. ¿Cómo te tratas a ti misma? ¿Qué tipo de comunicación tienes contigo misma? ¿Te estás diciendo que eres estúpida? ¿Que no vales nada? ¿Que tienes un ojo vago?"

Cuando mi vida no anda bien, es porque invité a las malas energías con las chingaderas que me dije sobre mí misma. Quizás no recuerde haberlo hecho. Quizás no recuerde haberme dicho a mí misma: "No puedes hacerlo" o "No eres buena en eso". Pero tres días después, una semana después, un mes después, esa mierda se manifiesta. Las malas energías atraen más negatividad, más dolor y menos confianza, lo que resulta en una menor capacidad de crear las cosas que quiero crear. Me digo: "Chales, no dejo de cagarla. Soy un desastre. Sí, ahí voy de nuevo, cagándola". Y de repente todo está jodido.

Mis emociones son mi brújula, la energía que me guía. Por eso, si les dedico mucha energía a los pensamientos negativos, si les dedico mucho sentimiento, me meto en una mala situación. Tengo que contrarrestarlo.

Lo que hago entonces es tomar esos pensamientos negativos automáticos —los terapeutas los llaman PAN— y eliminarlos de mi conversación conmigo misma. Mato a esos cabrones destructivos. Les digo: "¡Cállense, PAN! ¡Alto!". Los aplasto, los pisoteo. Los aniquilo, los trituro bajo mi talón hasta convertirlos en una asquerosa pasta de pan para dar lugar a pensamientos mejores.

Voy al espejo. Miro el circulito negro de mi ojo y me observo ahí, sólo en esa parte. No miro el resto de mi cabeza, mi ropa, nada. Sólo la pupila. Digo mi nombre completo, Tiffany Sarah Cornelia Haddish, y luego me digo: "Te amo y te apruebo". Hago eso durante cinco minutos: *Tiffany Sarah Cornelia Haddish, te amo y te apruebo. Tiffany Sarah Cornelia Haddish, te amo y te apruebo.* Y entonces mi confianza se enciende. Mi alegría empieza a burbujear de nuevo. Aprendí eso de la escritora Louise Hay y me ayudó muchísimo. La primera vez que lo hice, no duré ni un minuto. Pasaron quizás unos treinta segundos y paré, porque no era eso lo que sentía de mí misma. Pero luego, mientras más lo hacía, más mejoraba mi vida.

Me miro a los ojos y me digo lo chingona que soy. Le hablo a todas las células que viven en mi interior: *Mírense, pequeños átomos y neutrones. Estoy orgullosa de ustedes. Qué buen trabajo están haciendo. Se dividen, crecen, sanan. Mírate, hígado, buen trabajo anoche. Disculpa haberte hecho trabajar tanto. Estás haciendo un gran trabajo sacando ese veneno.*

Me digo a mí misma: "La tienes, nena. Tienes la energía divina por todas partes. Saca esa energía de tu útero". Me recargo a mí misma. Sólo yo controlo mis emociones.

Las palabras que dices son como magia que hace que las cosas sucedan en el mundo. Cuando te das amor, cuando dices: "Yo, eres chingona. Mírate. Eres inteligente, eres graciosa, eres una gran bailarina. El mundo tiene mucha suerte de tenerte", tu subconsciente dice: "Ay, ¿ella cree que es genial? Más vale que salga de aquí y construya un mundo digno de esta persona". No puedes depender de otras personas para darte alegría. Tienes que practicar darte alegría a ti misma. *Maldícete* con alegría.

No lo sé. Funciona para mí. Inténtalo. A ver si logras expresar algo de amor propio. Quizás algunas cosas buenas para ti. Si no, siempre te puedes chupar el dedo.

AY, NICOLAS CAGE

CUANDO TENÍA DIECISIETE AÑOS, fui a ver la película *Contracara* en el Teatro Hawthorne. Es una gran película, aunque es la prueba de que los blancos pueden hacer casi cualquier cosa.

Me imagino el argumento de ventas: *Nicolas Cage, John Travolta, hijo muerto, trasplante de cara.* Apuesto a que lo vendieron en la sala.

Era la película perfecta para ver con alguien en una cita. Era muy emocionante, pero sin terrores que atormentaran mis sueños.

La vi con mi primer novio de verdad, Jerry. Me llevó a la última sesión de la noche. Compramos palomitas y entramos al cine oscuro.

Aunque había unas seis personas en el teatro y nos hubiéramos podido sentar en medio, Jerry dijo: "Ey, vamos allá atrás".

Se dirigió a la última fila. Yo llevaba una falda bonita, pero bien pinche corta. Tenía que jalarla para que me cubriera las nalgas al sentarme.

Como a la mitad de la película, Jerry se inclinó y me lamió detrás de la oreja. ¿Alguna vez te han hecho eso? Te pone los pelitos de punta. Y los pezones también. Me distrajo *mucho*, pero en el buen sentido. Era la primera vez que me acariciaba con alguien en el cine, pero supuse que no era la primera para Jerry. Sabía que la última fila era para eso. Nos empezamos a besar y luego las cosas se pusieron intensas. Sus manos estaban en todas partes: en mi cara, mi pelo, mis muslos. Buscó un poco de acción con las tetas y después sus dedos se deslizaron bajo mi falda. *Hola.* Empezó a juguetear. Nunca me habían tocado antes . . . y me gustó. Mucho.

Sentí una presión extraña allí donde me estaba tocando; una buena presión, como si alguien me hiciera cosquillas en las entrañas, justo al lado de la vejiga. Esa sensación . . . mmta, una locura. Me afectó la respiración. Empecé a jadear como perro en día de verano. *Eh, eh, eh, eh.* La presión seguía aumentando, pero no quería detenerla. Llegué a pensar que me iba a mear. *Voy a arruinar mi falda. ¿Lo debo parar? Nel. A la chingada.* Ya se secaría la falda.

Cerré los ojos y me entregué a la presión. Justo cuando todo estaba a punto de estallar, abrí los ojos y allí estaba Nicolas Cage en la pantalla. Sus penetrantes ojos azules me miraban el alma mientras yo alcanzaba un momento trascendental por primera vez en mi vida. Estoy segura de que vimos la película hasta el final, pero la acción en la pantalla definitivamente pasó a segundo plano frente a la acción en mis calzones. Jerry y yo seguimos juntos durante un año más o menos después de eso, y yo me vine muchas veces mientras él jugueteaba con mi frijolito. Nuestra relación se acabó poco a poco, pero siempre le agradecí mi primer orgasmo. Y siempre sentí algo cada vez que veía los ojos de Nicolas Cage en la pantalla.

Adelantémonos veinte años. Estoy en Budapest rodando una película llamada *El peso del talento.* Nicolas Cage es el protagonista. Así que ahora estoy mirando en la vida real a esos mismos ojos que me miraban la primera vez que me vine.

Yo estaba emocionadísima de trabajar con Nicolas Cage porque es un actor estupendo. Simplemente alucinante. *Adiós a Las Vegas, Educando a Arizona, La leyenda del tesoro perdido* . . . crecí viendo esas películas. Pero era la primera vez que lo conocía en persona.

El vato lleva haciendo películas desde que tenía un año. Sólo podía imaginar las historias que podía contar.

Cuando entré a la sala donde íbamos a rodar —un escenario bastante sencillo, con una silla y un escritorio—, apareció Cage con una chamarra de cuero rosa. Parecía chicle con todos esos parches pegados: un elefante, una pistola, la S de Superman, alas de ángel. Había oído que le gustaba usar chamarras de cuero, sobre todo la primera vez que conocía a alguien. ¿Quizás para intimidar a la gente? No sé a qué venía eso. Llevaba cubreboca debido al Covid, así que lo único que podía ver de su cara eran los ojos.

Ay, diosito. Esos ojos.

Había mucha actividad en la sala. El director, el ayudante de dirección, los ayudantes de cámara, el operador de sonido, el peluquero y el maquillador estaban concentrados en sus tareas —instalar las luces y checar el sonido—, así que no creo que nadie se dio cuenta de que estaba hipnotizada por los ojos de Nicolas Cage.

Cuando por fin estábamos listos para empezar a ensayar, empezó la acción. Al Sr. Nicolas Cage no le gustan los preliminares ni las charlas triviales para conocerse. Directo al grano: "Mucho gusto. Vamos a hacer esta escena. Así va a ser. ¿Está bien? Bueno. Vamos a ensayar".

Me había preparado. Me sabía todas mis líneas, conocía todas mis marcas. Lo sabía todo, pero para mí, lo más difícil es no conocer a la persona con quien estoy en una escena, porque no sé lo que va a sacar de mí.

Lo que Nic Cage sacó de mí fue la memoria de mi primer Gran O. Tenía una película en la cabeza, pero no era la que estábamos rodando.

Nic pronunció sus líneas como un profesional y luego me dio espacio. Pero yo me quedé mirando esos ojos azules como hipnotizada. Intenté hablar, activar mis cuerdas vocales, pero no salió ni una palabra. Sólo movía la boca sin emitir ningún sonido. Estaba teniendo un momento *Contracara* en mi cerebro. *En la madre. ¿Qué sucede? ¿Por qué vuelvo a tener diecisiete años? Si le quito la cara a Nic Cage, ¿aparecerá en su lugar la del güey que me dio esa sensación de ay allá abajo?* No era el estado mental más adecuado para ensayar con una de las mayores estrellas del cine mundial. La estaba cagando. *Tiffany Haddish, eres mucho mejor actriz que esto. Dios mío, te están pagando todo ese dinero y la estás cagando. Contrólate, morra.*

CEREBRO: ¿Recuerdas ese día?

YO: Claro que lo recuerdo. Sabes lo que dicen. La primera vez nunca se olvida.

CEREBRO: Sus ojos azules te miraban como te miran en este momento. Te mojaste mucho y te pusiste: "Uhhhhhaaaah". ¿Te acuerdas?

YO: Ya te dije que sí me acuerdo, carajo. ¿No eres tú el encargado de las memorias?

CEREBRO: Nomás cuéntale la historia para que esto pare.

Cage miró al cielo como diciendo: "Cuando quieras, Haddish".
—¿Qué pasa, Tiffany? —se empezaba a molestar.
—Mira —le dije—, lo quiero hacer, pero me siento intimidada.
—¿Tiffany Haddish intimidada?

CEREBRO: DILE YA, PUES.

El equipo no dijo nada. Siguieron instalando los soportes C y demás para cuando las cámaras fueran a rodar, como si yo no estuviera flipando en pleno plató.

—Mira, te tengo que contar una historia. Es muy inapropiada y probablemente no te la debería contar, pero no hay manera de que pase este día si no me la saco del pecho ahora mismo. Tengo que contártela, mano.

Cage metió los pulgares en sus bolsillos y asintió.

—Bueno, cuéntame.

—¿Estás seguro? No quiero que me demandes o digas que te estoy acosando.

Levantó las cejas como diciendo: "Por favor, no me hagas decir 'cuéntame' de nuevo".

Así que le conté sobre mi orgasmo durante *Contracara*.

—Y ahora, cada vez que me miras a los ojos, me haces pensar en ese tipo. No dejo de verlo en mi cabeza. Por eso no me salen las líneas.

Ahhhhhhh. Listo. Lo dije. Dos cosas podían suceder ahora: o lograba hacer mi trabajo o me correrían.

Nicolas Cage arrugó los ojos y se echó a reír.

—Qué loco. Qué historia tan loca –recuperó el aliento–. Déjame contarte algo. Antes de casarnos, mi primera esposa tuvo una cita y vio una película en la que yo salía y le dijo al tipo: "Me voy a casar con él". Y nos casamos. Qué loco.

Épale, calma, Nicolas Cage.

Sólo quería quitarme eso de encima para poder hacer mi trabajo. No digo que quiera casarme contigo o que necesite que me toques. Pero nos vamos a estar mirando a los ojos, así que hagámoslo.

Fue como si hubiera estornudado . . . o me hubiera masturbado. Una vez que me saqué esa memoria, fue como reiniciar el sistema. Se acabaron las distracciones. Me pude relajar y pronunciar mis líneas.

Terminamos el rodaje. Nic Cage sigue casado con su mujer actual, aunque debo decir que sentí un pequeño cosquilleo al ver sus ojos durante la reproducción.

Eso es todo. No hay lecciones en este capítulo. Sólo una historia sobre no haber podido hacer mi trabajo hasta que compartí el insoportable peso de mi primer Gran O con Nicolas Cage.

CUERPO YADDI YADDI

HACER COMEDIA EN VIVO es la mejor droga del mundo. Una buena actuación es como inyectarme alegría directo en las venas. Me pongo rete pacheca. Eso explica por qué enloquecí con el encierro durante el Covid. Me quedé sin droga. Era como si el virus se hubiera robado mi alegría, como esos dementores en Harry Potter, dejándome fría por dentro. No poder salir al mundo y subirme al escenario frente a un público en vivo fue como quitarme el crack. Me costaba tanto mantenerme en pie, que tuve que controlarme para no salir a contar chistes en las esquinas. *Oye, chamaco, ven aquí. ¿Quieres oír un chiste?*

Con los clubes cerrados, me metía al baño y hacía un número cómico completo sólo para mí y mi cepillo de dientes. Cuando eso me aburría, salía y hacía comedia en mi jardín para mis plantas. Lo llamaba comedia vegetal. Estaba en el jardín ensayando para mis aguacateros. Te diré algo: mis plantas son un público de mierda. No se reían. No me aplaudían. No me gritaban. Así que las puse en un licuado y me lo bebí.

Yo ya estaba hecha un desastre cuando llegó el Covid porque el año anterior engordé un montón: veinte kilos, para ser exactos. Había (A) dejado de fumar en 2018, y luego (B) me jodí la rodilla bien jodida en 2019. A + B = un yo mucho más grande.

Había oído decir que un apetito de monstruo podía ser un efecto secundario de dejar de fumar, y déjame decirte que es la puta verdad. Para dejar de fumar, vi un video en YouTube que prometía hipnotizarme en la noche mientras dormía. Recostaba la cabeza en mi almohada con funda de satén mientras un güey británico me susurraba: "*Te sientes en paz. Déjate relajar por completo. Te sientes cómoda. Tienes el poder y la motivación para resistir las ansias de fumar. Eres más feliz sin fumar*".

Puede que parezca una pendejada, pero resultó ser muy eficaz tener a un Hugh Grant pirateado hablándome mientras estaba inconsciente. Después de cinco noches, *bum*, dejé de fumar. Ni un cigarrillo más. El problema es que creo que mi cuate también me susurraba al oído sobre pasteles de mota. Ya no quería fumar, pero sí quería COMER.

Comí como si fuera el bebé experimental de Jabba el Hutt y el Monstruo de las Galletas. Comía sopa de pollo, sopa de lentejas, Snickers, huevos revueltos, huachinango de Mel's Fish Shack, panecillos con salsa, cecina, carne en conserva y repollo, hamburguesas, chabacanos deshidratados con almendras, Fruit by the Foot, bistec, langosta y pollo con albóndigas... todo eso antes de la cena, que consistía en un montón de pastrami y pepinillos en escabeche. Me encanta todo en escabeche: quimbombó en escabeche, ejotes en escabeche, corteza de sandía en escabeche. Son sabores para degustar. De postre, arrancaba la parte superior de esos pepinillos en vinagre que vienen en un frasco grande y les ponía encima un dulce Now and Later, Jolly Rancher o de menta.

Suena a diabetes. Sabe a éxito.

Llegué a comer tanto que me quedaba dormida mientras comía. Una mañana, me desperté con salami en la cara. No un salami humano. Un salami de ajo. Otro día, hice siete kilos de carne y me los comí yo sola. Delicioso. Mi baño no olía muy bien al día siguiente, pero por lo menos no estaba fumando.

Si ves mis fotos de esa época de mi vida, parece que tenía cuatro o cinco kilos de más sólo en el cuello. Estuve en el show de Stephen Colbert, y al día siguiente había gente mandándome mensajes en las redes sociales diciendo: "Ey, Tiffany, creo que tienes un problema de tiroides". Fui al médico. El único problema que tenía con mi tiroides era que dejaba pasar toda esa comida.

Me rompí el menisco. Es un pedacito de cartílago en la rodilla que evita que los huesos se rocen. Estaba ensayando *Black Mitzvah* y estaba haciendo mi chiste sobre cómo cuando coges con un hombre gordo, le levantas la barriga para poder sentarte en su verga, y luego su barriga regresa y te detiene como la barra de seguridad de una montaña rusa. Puedes montar esa V y no te vas a caer por nada, porque esa barriga te tiene bien encajada. Pero con un tipo flaco, te subes, y cuando empieza a cabalgar, te empiezas a resbalar de su escuálido cuerpo pensando "¡En la madre!", porque no hay barriga que te sujete. Cuando llegué a esa parte en el escenario, empecé a actuar como si me estuviera cayendo de un tipo flaco mientras cogíamos. Levanté una pierna hasta arriba y el otro pie hizo *wup* y se salió de debajo de mí. Imagínate, llevaba tacones de diez centímetros, así que mordí el polvo como si tuviera hambre.

Eso me sacó el aire pero lo ignoré y me levanté de inmediato. Terminé el ensayo sin problemas. Pero la noche siguiente, cuando estaba grabando el programa para Netflix, hice ese chiste y . . . *bam*, me caí *de nuevo*. El mayor dolor que he sentido en toda mi vida me subió por la pierna: ¡zoom, paw! Supongo que a Dios no le gustan los chistes sobre hombres gordos.

Cuando bajé del escenario, mi rodilla estaba bien pinche hinchada. Ni siquiera tenía rodilla. Se me hinchó tanto que tenía el tamaño de mi pantorrilla, de modo que la pierna bajaba directo al suelo como la dibujaría un niño de tres años. Estaba encabronadísima. Tenía buenas rodillas cuando era más joven. Saltaba 1.80 metros haciendo atletismo en la prepa El Camino Real —checa los archivos—, pero después de la caída, mal podía caminar. Si no podía caminar, no podía actuar. Y si no podía actuar, teníamos un problema. Los momentos más bajos de mi vida han sido cuando no he podido hacer comedia. *Necesitaba* estar en el escenario.

Hice todo lo que se me ocurrió. Fui al médico, hice acupuntura y fisioterapia. Probé algo llamado raspado, que consiste en pasar una cuchilla sin filo sobre tu piel para romper el tejido cicatricial que está debajo, y descansé mucho la rodilla. Mientras descansaba, seguía comiendo. Engordé más. Mi culo creció. Cuando me paseaba sin calzones, el cabrón me aplaudía dondequiera que fuera. *Paso, aplauso, paso, aplauso, paso, aplauso aplauso aplauso.* Tenía mi propia sección de porristas.

Durante un tiempo, no dejé que me molestara. Sé llevar peso. No me importa si tengo un poco de barriga que se sacude y hace temblar mi aura al caminar. Puedo tener unos cuantos kilos de más y la gente me sigue elogiando. No tienes que ser delgada para estar saludable o verte bien. Sólo había un poco más de mí a quién amar. Pensé: *Soy perfecta tal y como soy. Y si alguien dice lo contrario, le rompo la boca.*

Pero entonces me empezó a doler.

Cargaba el equivalente de un niño de seis años a todas partes, y mis articulaciones se empezaron a quejar. "Ey, no vas a poder vivir esta vida."

El esfuerzo no sólo dañaba mi cuerpo, me lastimaba el espíritu. El Covid ya había sido muy duro con el mundo al revés, pero con mi instrumento averiado, mi energía decaía y mi alma se arrastraba, lo cual me dificultaba actuar incluso para mis plantas. No hacía gran cosa. Era una babosa en una alfombra.

Después de unos meses sin actuar, me empecé a sentir muy deprimida. Tenía la impresión de que mis cobijas pesaban quinientos kilos. No me quería levantar.

El cuerpo es un recipiente fuerte, pero eso no significa que no pueda romperse. Hay que cuidarlo. De la misma forma que hay que cambiarle el aceite al coche. Veo hombres lavando su coche como diciendo: "Mírate, Bessy, eres hermosa". Eso es un objeto inanimado. Es sólo un coche. No tiene sentimientos. Deberíamos amar nuestros cuerpos de la misma manera, valorando el hecho de que nos llevan a donde necesitamos ir.

Por fin tuve mi momento *Es tan Raven*, en el que entré a mi cabeza y me dije: "¿Qué haces, nena? ¿Por qué sigues acostada en esa cama? Escucha, eres increíble haciendo que la gente se sienta bien con tu comedia. Pero si no eres capaz de levantarte de la cama por la mañana, no puedes compartir la alegría con el mundo. No puedes siquiera compartir tus pedos. Tienes que recordarle a tu cuerpo que te importa".

El discurso de motivación de mi cerebro funcionó.

Decidí empezar a comer más sano y eliminar los alimentos que me pesaban para que mi traje de carne pudiera funcionar al máximo nivel. Decidí pasar treinta días siendo completamente vegana. Hice jugo de todo lo que te puedas imaginar: apio, betabel, aguacate, zanahoria, durazno, manzana. Si salía de la tierra, lo metía a la licuadora.

Pero algo en mi interior no estaba feliz. Los parásitos en mis tripas querían bistec todo el tiempo. Si mi estómago no recibía la carne, se ponía *Budauuerghnbenerrrgg*. Te voy a chingar, cabrona. Pero si quería regresar al escenario, sabía que tenía que hablar con mi estómago.

TIFFANY: Escucha. Hoy vamos a comer del jardín.

ESTÓMAGO: Ah, eres cómica, ¿verdad? Qué graciosa. Ahora ve a cocinarme un poco de pastrami.

TIFFANY: ¿Te parezco cocinera de comida rápida? Yo estoy a cargo de este cuerpo, empezando por lo que entra en la boca, y lo que entra en la boca hoy son verduras. Tal vez algo de fruta. Eso es todo. O . . . puedes pasar hambre.

ESTÓMAGO: [Gruñe] Está bien. Pero por lo menos ponle algún bicho.

Mientras comía mejor, me puse manos a la obra con la transformación corporal para quedar hecha polvo. No soy fan del gimnasio. No me gusta que la gente me mire mientras hago ejercicio. Cuando levanto pesas, hago ruidos raros. Gruño: *errrrrrghhh, ugh, ugh, ahhhhh*. Los hombres de la sección de pesas me miran como diciendo: "¿Esta cabrona está a punto de parir? ¿Hay que ir por agua caliente? Llamen a la pinche partera, carajo".

Empecé a levantarme temprano para hacer ejercicio antes de empezar el día. Empecé a correr. Corrí en la caminadora durante unas semanas. Cuando llegaba el momento de ponerme el sostén deportivo, escuchaba una voz que me decía: "No pasa nada, Tiffany. Hoy no tienes que subirte a esa caminadora". Era como una llamada spam del diablo, así que la bloqueé. Eventualmente me fui a la playa. (Correr en la arena *te mata*.) Hice planchas, talones al glúteo, sentadillas. Todo lo que te imagines. Lo que me mataba eran las patadas de burro: te pones de cuatro en el suelo, apoyas todo tu peso en los brazos y levantas la pierna en el aire. ¡Ji-jau! Cada vez que hacía esas patadas de burro, mis articulaciones y músculos decían: "¿Qué chingaos? Pensé que teníamos un trato. Te ibas a poner en forma para que tuviéramos que trabajar *menos*, no más". Mis piernas protestaron. "*Nooo*, no queremos." Pero yo tengo el control de mi mente, y mi mente controla mi cuerpo, así que dije: "No, piernas, hoy van a trabajar. A darle". Las nalgas, los abdominales, los muslos, todos me gritaban. Me dolía todo el cuerpo.

No fue nada agradable, banda. Definitivamente hubo llanto.

Me dije a mí misma: "Escucha, Tiffany, el cambio es incómodo. Si tienes que hacerlo a patadas y gritos, patea y grita. Pero hazlo".

Después de un par de meses, mis jeans se aflojaron. Mis rodillas se sentían mejor. Me miré en el espejo y me dije: *Voy a andar con la panza al aire, pareciendo Aaliyah. Seré una en un millón. Estos muslos son fuertes como un pura sangre.*

Todavía me quedaba una fina capa de grasa, porque no estoy tratando de ser un esqueleto, pero logré poner este cuerpo en forma. Mi instrumento se sentía más fuerte y recuperé mi energía.

Cuando se relajaron algunas de las restricciones por el Covid en 2021, Laugh Factory volvió a abrir. Me llamaron y me preguntaron si quería actuar. A güevo que quería actuar. Ahora que había recuperado mi cuerpo, estaba lista para encender a algunos cabrones. Necesitaba sentirme bien para estar en el escenario, y necesitaba estar en el escenario para sentirme bien. Hagámoslo.

La noche del espectáculo, la energía corría por mis venas de nuevo.

Esperé entre bastidores a que el maestro de ceremonias me presentara, saltando de un pie a otro como Muhammad Ali. Cuando llegó mi turno, entré pavoneándome.

Me quité la chamarra como si fuera dueña del lugar y grité: "¿Qué tal, Laugh Factory?".

No les voy a mentir: fue el público más ruidoso que he visto jamás. Mi sentí tan bien. Me esforcé por no llorar. El público se levantó. Hasta la última persona, como si estuvieran bajo control mental.

Antes de hacer un solo chiste, sabía que los tenía. Había una sala llena de desconocidos alineados, pendientes de cada palabra. Cada movimiento que hacía con ese cuerpo era el correcto, como cuando el tiempo se ralentiza en *Matrix* para que Keanu pueda esquivar las balas o dar el puñetazo correcto. Había tratado bien a mi cuerpo y ahora lo podía usar para lo que Dios me trajo al mundo. No hay nada mejor que esa sensación. Es mejor que ganar un Grammy. Mejor que un cigarro. Mejor que el sexo con un hombre gordo.

TE VEO, SOUTH CENTRAL

CUANDO LE DIGO A la gente dónde vivo, algo le sucede a su cara, como si me hubiera echado un pedo y no supieran si debían mostrar que percibían el olor a ramen que acababa de salir de mi culo. Oyen "South Central" y piensan en pandilleros, disparos, pobreza, personas sin techo . . . ¡peligro! Piensan en *Los colegas del barrio*. Coches con mecanismos hidráulicos. *Infierno en Los Ángeles* y NWA. Cercas de metal alrededor de los jardines. Vatos con caguamas en la mano, canastas de básquet sin red, señoras con rollos en el pelo y cigarros mentolados colgando de los labios mientras gritan que les van a dar una paliza a sus hijos si no entran a casa ahora mismo. ¿Esas personas con la nariz arrugada? La mayoría jamás ha puesto un pie en South Central. Basan sus reacciones en un montón de estereotipos. Incluso quienes han pasado por mi barrio dejan que esos estereotipos les nublen la vista, así que no ven lo que yo veo. Me encanta este barrio: su historia, su energía, la comunidad. Es mi hogar, y no hay otro lugar en el mundo donde preferiría estar.

Después de la ceremonia de los Globos de Oro de 2020, yo podría haber ido a cualquier parte —a un club de primera, a alguna fiesta de celebridades— pero regresé a mi barrio para estar con mis amigos y comer tacos. Porque sé en dónde pertenezco.

Cuando compré mi primera casa en 2015, era la casa de mis sueños, a un paso de la casa de mi abuela donde crecí, en la calle Cincuenta y Cuatro. Era una casa sencilla. No tenía alberca ni sala de proyecciones ni ninguna de esas mamadas de *Cribs*, pero tenía 200 metros cuadrados, un jardín trasero, varios cuartos e incluso un porche minúsculo. Trabajé mucho tiempo para tener mi propia casa en vez de tener que hacer malabarismos para conseguir el dinero de la renta y entregárselo al casero todo mes. Ahora disfruto ser la reina de mi castillo. Acostarme en el pasto en el jardín en un día asoleado me hace sumamente feliz.

Mi barrio se llama South Central Los Ángeles, pero en realidad no está tan al sur en términos de la configuración de la ciudad. Creo que lo llaman así porque muchos negros del sur se mudaron a la zona cuando llegaron a California. La gente de mi abuela fue parte de esa ola. Vinieron a California en carretas desde Kentucky. O quizás se llama así porque está al sur de la autopista 10, la línea que los residentes blancos no cruzan porque creen que es a partir de ahí que la ciudad se convierte en "el barrio". En realidad South Central está justo en medio de la ciudad, más central que sur. De hecho, la gente usa el término "South Central" para referirse a cualquier barrio negro de los alrededores: desde Watts y Compton hasta Inglewood y Crenshaw.

Quizás no lo sepas, pero South Central es la parte más segura de Los Ángeles . . . quizás no en términos del índice de criminalidad y de gente metiéndose a las casas y drogándose a plena luz del día, pero sí en términos ambientales. California está agrietada por fallas geológicas que podrían abrirse y devorarte en cualquier momento, incluso en Los Ángeles, pero las fallas no pasan por South Central. Las fallas rodean el barrio, no lo atraviesan. En 1994, cuando sucedió el gran terremoto, edificios enteros de la ciudad se derrumbaron como suflés. Una patrulla se cayó de un paso a desnivel. Las carreteras se arrugaron. Cincuenta y cuatro personas murieron ese día. Yo ni siquiera me desperté —no sentí nada— porque mi barrio está en una zona segura, una parte de la ciudad a la que Dios sonríe. Nos muestra que nos considera especiales de muchas maneras. Cuando la niebla llega a Los Ángeles, no alcanza la zona de South Central. El barrio tiene el nivel adecuado, de manera que si la ciudad se inunda, nos mantenemos secos. Porque está bendecido.

A la gente se le dificulta entender el amor que siento por mi barrio. Después de hacer *Girls Trip* juntas, una de mis amigas celebridades me dijo:

—Tiffany, ahora que eres famosa te vas a tener que cambiar. Va a haber hombres sentados en la puerta de tu casa con la verga en la mano. No puedes seguir viviendo en Crenshaw. Tienes que cambiarte más cerca de mí. Nena, ¡hay mansiones por aquí!

¿Que compre una casa donde hay visitas guiadas a casas de celebridades y los autobuses pasan por delante de tu puerta para que los turistas intenten verte en bata de baño? Ni lo pienses. No quiero que nadie me espíe. Parte de lo que me gusta de donde vivo es la libertad. Me siento más segura en mi comunidad que en The Hills. Estoy en mi ambiente. Puedo salir a mi jardín completamente desnuda y bailar el Nae Nae si se me da la gana y nadie me molesta. Voy a Wilshire y, de repente, sobresalgo. Siempre que voy a algún lugar donde hay mucha gente blanca, siento que atraigo una atención indeseada.

Recuerdo que solía ir a visitar a mi amiga y a sus hijos a El Segundo, que está en Santa Mónica. Pasaba la tarde con su familia en el jardín. De regreso a casa, apenas avanzaba unas cuantas cuadras, aparecían las luces en el retrovisor. La policía me paró tantas veces por estar en esa comunidad que me aprendí los nombres de los agentes. Incluso salí con uno de ellos un tiempo. Eso no pasa cuando estoy en Crenshaw.

Mi barrio también es muy práctico. Todo queda muy cerca. Puedo salir de casa a pie y llegar a la tienda de abarrotes en minutos. Puedo bañarme, salir por la puerta y estar en una tienda de productos de belleza o en un 7-Eleven antes de que se me seque la concha. Si se me descompone la lavadora o la secadora, puedo ir andando a la lavandería. Cuando vives en Beverly Hills, no puedes caminar a ningún lado. Bueno, podrías, pero te vas a tardar un chingo. Tendrías piernas de alpinista si fueras andando a todos lados.

Los montes de Beverly no son para mí. No quiero vivir en un lugar en el que el baño del ático tiene un bidet. Ni siquiera hay cucarachas allá; tienen escarabajos con aspecto de metal brillante. Tienen mapaches y ciervos y todo eso. Todo tipo de vida salvaje. Eso no me gusta. Me gusta que mi fauna salvaje sean adictos al crack.

Había mucha fauna salvaje justo delante de mi puerta cuando era niña. Era el pinche viejo y salvaje Oeste. Conocí a un montón de traficantes, estafadores y padrotes. Estuve allí durante la guerra entre pandillas. Aquello de rojo y azul iba en serio. La ropa que llevabas podía ser todo un problema. Si algún pandillero loco llegaba del otro lado de Wilshire y no le gustaba lo que llevabas, te podía madrear. Vestíamos mucha ropa gris.

Con sus amplios bulevares y sus palmeras, South Central se ve muy bonito. Las casas están pintadas de diferentes colores —durazno, lavanda y azul brillante— y la gente tiene bellos jardines. De hecho, si entrecierras los ojos, podrías estar en los suburbios; pero para los pandilleros, no se trataba de bienes raíces. Era territorio. Y ese territorio tenía que ser reclamado y defendido. Se peleaban en las calles. Se peleaban por el dinero de la droga. Por las viejas. Y por quién controlaba el crack.

La epidemia de crack me afectó personalmente porque en esa época mi tía estaba viciada en crack. Su traficante le disparó por la espalda. Lo más triste es que hacía poco que había dejado el crack, pero el traficante quería que fuera su chica. Ella le dijo: "Ya no quiero esa vida.

Podemos vernos, pero ya no quiero coger contigo así". Salió de la casa y él le disparó por la espalda. *Pop.* Murió cuatro horas después.

Me tocó ver mucha mierda.

Al mismo tiempo, cuando vivía en la Cincuenta y Cuatro, había un montón de niños —la mayoría negros y algunos latinos— corriendo por la manzana y jugando juntos todos los días. Estábamos ahí fuera en el lodo, dejando que se nos secara en la piel, de modo que nos agrietábamos como arroyo seco. Jugábamos a la tiendita, a manejar nuestros negocios, y a la casita, a crear nuestras familias.

Mi mamá nos dejaba a mis dos hermanas, a mis dos hermanos y a mí en el parque infantil de McDonald's y regresaba dos o tres horas después para recogernos. Nos daba cinco dólares a cada uno para que compráramos lo que quisiéramos, lo cual me hacía sentir millonaria. A veces compartíamos nuestras papas fritas con otros niños.

Íbamos a los mercados de pulgas a regatear lo que necesitábamos. Si nunca has estado en un mercado de pulgas, es como un mercado con puestos y mesas para los vendedores. Regatear es parte del juego. Le dices:

—Qué tal veinte pares de calcetines por siete dólares.

—No, no, te los dejo en diez dólares.

—Si me incluyes uno de esos shorts, te pago diez.

—Trato hecho.

Cuando hacía buen tiempo, lo cual es muy frecuente en Los Ángeles, me iba en triciclo de la casa de mi mamá a la de mi abuela, fingiendo que estaba a punto de salir en *Star Search*. "Damas y caballeros, Tiffany Haddish actuará en breve. Vengan todos, por favor. Vengan todos al show." Luego me iba al patio trasero y daba vueltas en el triciclo cantando "The Muffin Man" a pleno pulmón. Cuando crecimos, algunos niños jugaban a las escondidas, pero no me dejaban jugar porque mi mamá tenía fama de ser muy mala. Decían: "Quédate en la base, Tiffany". Yo estaba feliz de que me incluyeran.

Los niños íbamos a la casa de los dulces varias veces al día. La casa de los dulces era una casa en el barrio donde podías tocar en la ventana lateral y salía una mujer, generalmente una señora mayor o una mujer con un montón de niños. "¿Qué diablos quieren?" Entonces te vendía una paleta de Kool-Aid en un vaso Dixie por 25 centavos o tres Now and Laters por diez centavos. Podías comprar una bolsa de Doritos con chile o un montón de Blow Pops.

De hecho, eso inspiró uno de mis primeros negocios. Una amiga y yo decidimos vender dulces en las calles. Comprábamos una caja de Blow Pops y otra de Jolly Rancher. Íbamos a su casa, porque en la mía había demasiadas cucarachas, y poníamos los Jolly Ranchers en una bolsa y la metíamos en agua hirviendo hasta que el caramelo se ablandaba. Entonces los sacábamos y los enrollábamos alrededor del centro de un Blow Pop. Los poníamos en una bolsa atada con un lacito y los llamábamos Saturn Pops. Los vendíamos por un dólar cada uno. Así conseguimos el dinero para nuestras chamarras jeans y mochilas Arizona.

En serio, mi barrio era un Barrio Sésamo de verdad . . . salvo que los Monstruos de las Galletas adultos tenían galletas especiales con mota.

Cuando tenía unos siete años, mi padrastro embarazó a una de las empleadas de mi mamá, así que dejaron atrás todo aquel lío y nos fuimos de nuestra comunidad y nos mudamos a Pomona, que era un barrio casi todo blanco. El día que llegamos a nuestra nueva casa, salí del coche y juré que estaba en los premios Nickelodeon. Nunca había visto tanta gente blanca fuera de la televisión. Hasta que nos mudamos, creía que todos los maestros trabajaban en la PBS. Pensaba que todos los policías eran de *Chips*. Cuando venían a mi casa buscando a mi tía porque se había metido en algún pedo de droga, yo les decía: "Oigan, ¿me dan su autógrafo?".

Regresamos a nuestra antigua cuadra a principios de la década de 1990, unos años después del accidente de mi mamá. Esta vez, mis hermanos y yo no podíamos de salir. Los años del crack llegaron con fuerza, había mucho desempleo y mucha gente la estaba pasando muy mal y estaba enojada. Había muchos asesinatos con armas de fuego y mi familia no quería nada de eso. Teníamos que jugar en la casa para evitar el desmadre en las calles, y por eso estábamos todos en casa cuando leyeron el veredicto de Rodney King. No se puede hablar de South Central sin hablar de las rebeliones. Eso sucedió cuando yo estaba en primero de secundaria, el 29 de abril de 1992.

Apenas salió el veredicto, estallaron las protestas. La gente salió a las calles para liberar la presión que sentían por dentro, provocando incendios, irrumpiendo en tiendas, arrebatándole cosas a otras personas de la misma manera en que les habían arrebatado su humanidad. La mayoría de la gente se enteró de lo que sucedía por las noticias, viendo desde sus sofás cómo ardían los incendios y los propietarios de tiendas armados se subían a los tejados. Pero en mi barrio lo escuchamos y lo olimos. El fuego recorría las calles y se fue la luz. Un humo denso y bajo se colaba por las ventabas y nos picaba la nariz. La gente estaba afuera gritando, expresando su rabia porque el mundo estaba tan jodido, que tres tiras blancos y uno latino podían golpear a un hombre negro de esa manera, que todo eso podía ser grabado y reproducido quinientos millones de veces para que todo el mundo lo viera, y que un jurado mayoritariamente blanco declarara inocentes a los perpetradores. La impotencia ardía en las venas de la gente. La Guardia Nacional recorría las calles de Los Ángeles con las armas desplegadas como si estuvieran en una guerra. Sesenta personas perdieron la vida.

Yo sólo tenía doce años. No quería protestar por nada. No quería incendiar nada. Sólo quería conseguir algo gratis. Durante los dos días siguientes, vi por nuestras ventanas cómo los niños del barrio pasaban con cajas de zapatos Payless y todo tipo de ropa de Big Lots y Pick 'n Save. La gente llevaba grandes pavos que habían sacado del supermercado, montones de papel higiénico e incluso televisores bajo el brazo. Miré el desfile de gente que pasaba tambaleándose con el peso de todas las cosas que cogieron, y le dije a mi mamá:

—¡Están saqueando! Vamos a Payless. Necesito zapatos.

Mi mamá no dejó pasar ni un segundo antes de decir:

—No, no vamos a participar en esa tontería.

Y se acabó.

Las escuelas cerraron durante una semana y la ciudad decretó toque de queda mientras seguían los disturbios. Cuando las cosas se calmaron un poco, mi familia se metió al coche, un *hatchback* con asientos de plástico floridos. El coche era tan feo que se llamaba Gremlin. Dimos una vuelta por el barrio en el Gremlin y vimos todo lo que se había quemado. El mercado de pulgas en Vermont se quemó. El centro comercial Crenshaw. La gasolinera Shell. El suelo estaba negro y carbonizado como un volcán, y había vidrio por todos lados.

Cuando regresamos a la escuela, todos llevaban el pelo bonito porque habían robado kits de permanente. Los chicos iban vestidos con bonitas ropas que sus mamás habían robado. Tenían mochilas nuevas, zapatos nuevos, todo nuevo. Yo no tenía ni madres.

Llegué a casa al final de mi primer día de vuelta a la escuela enojadísima. "Mamá, ahora sé que no me amas porque no saliste a robar para nosotros. Todavía tengo zapatos agujerados." Si no fuera por mi mamá, yo hubiera sido una de esos saqueadores . . . no por mi digna rabia, sino porque pensaba que necesitaba zapatos Looney Tunes nuevos.

Ese video, ese veredicto y esa rebelión sentaron las bases para una relación muy jodida entre la policía y los residentes de South Central.

Generalmente trato de no llamar a la policía porque sólo traen más problemas. El otro día, los tuve que llamar porque vi algo muy loco. Llegué a casa tarde en la noche. A la una de la mañana, miré por la ventana. Allá iba una señora blanca empujando su carriola de bebé cara y paseando su perro por mi calle en la oscuridad de la noche. Lo primero que pensé al ver a esa señora blanca fue: *O vende drogas o no está bien.* Llamé al 911. Llegaron rápido. Los últimos dos años llegan más rápido que en el pasado . . . y ni siquiera salgo con ninguno de ellos. Pero resulta que sólo llevaba a su bebé a pasear. El hecho de que una mujer blanca se sintiera segura en mi cuadra a la una de la mañana me dejó pensativa.

No hay duda de que veo más gente blanca ahora donde vivo. Hace dos años, trabajadores del censo vinieron a mi casa para saber cuántos negros vivían en mi barrio. El tipo me preguntó de qué raza era. "¿De qué raza? ¿Eres daltónico?" Hace diez años, no hubieran necesitado que nadie saliera a contar. Los trabajadores del censo se podrían quedar en casa y marcar Negro, Negro, Negro y Negro hasta el final. Pero ya no. Empezó con una salpicadita —dos o tres caras blancas entre la multitud—, pero de repente fue como si alguien hubiera echado todo el tarro y una salpicadota hubiera caído en las calles del barrio, que ahora resplandecían como si estuviéramos en la playa. Parece que todos los que se mudan a mi barrio son blancos. Suelo bromear que, cuando me teñí el pelo de rubio, lo hice para encajar en mi nueva comunidad. El valor de las propiedades ha subido, pero el barrio ha cambiado. Ya no hay tantos pandilleros. Ahora son los agentes inmobiliarios los que reclaman el territorio. El barrio se está transformando. Se están vendiendo las casas a mi alrededor. Los agentes dicen: "¡Tiffany Haddish vive en este barrio!", como si yo fuera una razón para comprar. Cada vez que alguien se muda, aparece un pay o un pastel en mi puerta. Ahora sólo hay tres familias negras en la cuadra. Todos los demás son blancos, latinos o asiáticos.

Incluso The Jungle, donde se rodó *Training Day*, a unas cuadras de mi casa, ha cambiado. Puedes pasear en coche a las dos de la mañana sin que nadie te dispare. Antiguamente, si tenías problemas en esa zona y llegaba la policía, te decían: "Pues no deberías estar aquí".

No hay control de rentas aquí, y por eso los condominios de lujo se multiplican como moho por el barrio. Hay un Starbucks calle abajo. Están renovando el centro comercial Crenshaw y construyendo un hotel de cinco estrellas. Inglewood alberga ahora el estadio SoFi, que costó miles de millones de dólares. Van a poner un Kaiser Permanente en el barrio. Así es como sabes que los blancos de veras están llegando.

No pueden llegar cosas nuevas sin que salgan las viejas. Ya no hay tantos mercados de pulgas como antes. La zapatería Payless, Fedco y Big Lots cerraron. Es verdad que esos negocios no son pequeñas tiendas familiares, pero servían a la comunidad más que una tienda que vende cervezas de doce dólares. ¿Sabes qué más ya no existe? Las casas de dulces.

Así funciona la gentrificación, ¿no? Alguien husmea, huele un inmueble barato y lo compra. Suben las rentas para que los únicos que puedan pagarlo sean los que tienen una riqueza generacional, lo cual es difícil cuando a tus antepasados no se les permitía poseer tierra hasta hace unos cien años. Hay escrituras de viviendas en la ciudad que todavía dicen: "Ningún lote de dicha zona podrá ser habitado por una persona cuya sangre no sea enteramente de la raza caucásica".*

Esas palabras ya no son válidas en los tribunales, pero el sentimiento permanece como un pedo en la iglesia.

Mucha gente llega a ver las casas en venta en el barrio, pero la gente que veo salir de sus Priuses y Teslas no tienen familias que han vivido aquí por décadas. Son hombres blancos con cortes de pelo de jugador de futbol. Cuando las propiedades se venden, el barrio empieza a atender a ese nuevo público. Y eso crea problemas para los antiguos residentes, que no sólo no pueden comprar lo que venden las nuevas tiendas, sino que no se sienten bienvenidos en ellas . . . *en su propio barrio.* Hay tiendas donde se usan nombres en clave para identificar a los negros que supuestamente pueden estar allí para robar por la simple razón de haber entrado por la puerta. Esas mamadas te hacen sentir indeseado. Por eso, cuando muere la abuela cuyo nombre está

---

* Ryan Reft, "How Prop 14 Shaped California's Racial Covenants", KCET, 20 de septiembre de 2017, https://www.kcet.org/shows/city-rising/how-prop-14-shaped-californias-racial-covenants.

en el contrato de renta, el resto de la familia que vivía con ella dice: "Tenemos dos opciones. Podemos seguir rentando aquí entre las tiendas de té boba y estudios de luz infrarroja, ve a saber qué chingados es eso, o nos podemos cambiar con los demás negros a Lancaster o a San Bernardino y ahorrar un montón de dinero". Después de que se van, los propietarios eliminan la Sección 8 de la propiedad, hacen algunas reformas y la alquilan a gente más rica. Antes de que te des cuenta, tienes una población completamente nueva. Ya no hay tanta gente que se parece a mí en el barrio. A veces me digo: "¿Adónde se fue todo mundo? ¿Todos se murieron?".

Nunca pensé que eso sucedería aquí. Pero he vivido en el barrio toda mi vida y no me pienso irme de aquí.

Cuando era más joven, veía a las celebridades que surgían en el barrio. Tan pronto lo lograban, decían: "Estuvo chido, pero me voy". Siempre me pregunté por qué se iban del barrio como si nos quisieran olvidar lo más pronto posible. ¿Por qué tener éxito y huir de donde estás y de donde eres? ¿Por qué no quedarte y reinvertir en el lugar que te formó? Por eso no me he ido. Quiero ser un ejemplo para mi comunidad. Así, los niños que crecen aquí me pueden ver y pensar: "Si Tiffany Haddish lo pudo hacer, cualquiera lo puede hacer. Si ella se quedó, debe valer la pena quedarse por nosotros".

Lo que la gente que insiste en que me vaya a Beverly Hills no ve es lo que más me gusta de mi barrio: la parte del barrio que resiste con todo en contra, manteniéndolo real.

Por ejemplo, el otro día hubo una fiesta de barrio a una cuadra de donde vivo. No era una fiesta oficial en la que se cierra la calle con un permiso y se ponen barricadas, sino unas cuatro o cinco familias que pusieron mesas frente a sus casas y montaron pequeñas carpas, como una fiesta improvisada.

Los niños jugaban, se perseguían por la calle. Uno de los vecinos sacó sus bocinas y la estaba haciendo de DJ, tocando Bobby Brown, Ginuwine, Usher, todas las canciones de la década de 1990 y principios de la de 2000. Me sentí de nuevo en la prepa. El ambiente era familiar, de baile y diversión.

Estaba el camión de Juicy Burger en la esquina. Había hieleras en la banqueta. Algunas personas sacaron sillas a la calle y otras se sentaron en sus porches para platicar, visitando a los vecinos de casa en casa como si se tratara de un episodio de *227*. Era una escena tan bella. No hay forma de encontrar alegría como esa en ningún otro lado.

No se ve eso en esas grandes y viejas mansiones de Beverly Hills. ¿Te lo imaginas? "Bueno, vamos a hacer una fiesta en el jardín delantero, pero por favor no pises mi césped patrimonial. ¿Puedes pedirle a Anders que mueva la carpa para que no bloquee el Cayene?"

Aquí la gente cantaba, bailaba en shorts, sin importarles si se les veían las nalgas cuando se reían con sus vecinos. Era hermoso. Ése es mi barrio. Me pienso quedar aquí hasta que sea una anciana, paseando en mi silla de ruedas por Crenshaw, tocando viejas canciones, vendiendo Saturn Pops y preguntándole a todo mundo si quieren oírme cantar "The Muffin Man".

TÉ CON UNA OG

ERA UN BUEN DÍA para un agasajo. El aire estaba fresco y yo vibraba con esa energía previa al rodaje. Era otoño de 2019 y estaba en Nueva York para rodar una película. Si me conoces, sabes que lo mío es Los Ángeles, pero me gusta Nueva York porque es fácil ligar con hombres allí, sobre todo cuando hace frío y la gente busca con quién acurrucarse. En ese viaje no tendría tiempo para arreglarme para salir a los clubes a probar lo que Nueva York tenía que ofrecer, porque las jornadas de producción de la película serían largas. Pero tuve tiempo para curiosear un poco en Bumble. Había descargado la aplicación la noche anterior, en mi primer día en la ciudad, y había pasado por alto varios tipos. Nadie me llamó la atención, hasta que . . . espérate. Paré en el perfil de un tipo con grandes dientes blancos y pelo como Ben Affleck. Lo reconocí . . . llamémosle Ben. Había estado entre el público de uno de mis espectáculos cómicos la última vez que estuve en Nueva York.

Mira nada más. Nunca sabes quién aparecerá en las aplicaciones. Habíamos platicado un poco después de mi set porque me pareció guapo y además trabajaba en bienes raíces y creo en comprar tierra, así que le di mi número telefónico. Tenía que regresar a Los Ángeles a la mañana siguiente, así que no pudimos vernos más, pero ahora estaba de vuelta en Nueva York, así que, ¿por qué no? Le di me gusta en la aplicación. Al cabo de una hora, me llamó y quedamos de vernos en mi cuarto después del rodaje al día siguiente . . . lo que quería decir que pensaba poner *Juego de Tronos* mientras dejaba que me comiera. Gracias, Nueva York.

Ese segundo día en Nueva York entré a mi hotel después de terminar el rodaje del día, pero el portero me detuvo.

—Disculpe, señorita Haddish, alguien quiere hablar con usted.

En realidad dijo el nombre de una celebridad de la lista A. Voy a llamarla Celebridad de Hollywood OG.

¿Qué chingaos? No conocía a esa mujer. O sea, sabía *quién era*, pero no éramos cuatas ni nada. Sabía que era una de las otras actrices en la película que estaba rodando, pero no teníamos ninguna verdadera escena juntas. Sabía por el guion que nuestros personajes estarían en la misma habitación en ciertos momentos, pero no estábamos en la misma situación. (Hay algo de presagio en eso, banda.)

El portero me dio su número de cuarto y me dijo: "Llámela".

Tomé el número, pero como eran más de las diez de la noche y Ben vendría a verme, me dije: *No le voy a llamar a Celebridad Hollywood OG a esta hora. Después le llamo.*

Subí a mi cuarto para relajarme. Mi cuarto era boniiiiiito como salido de una revista. Había pequeños objetos decorativos en las mesas y todo eso. Hasta tenía un cuarto extra y una cocina para mí sola. Ben llegó, y digamos que no volví a pensar en Celebridad Hollywood OG esa noche.

Al día siguiente fui a trabajar, rodé mis escenas y regresé al hotel. Pero al llegar, el mismo portero me detuvo de nuevo.

—Celebridad Hollywood OG de veras quiere que la llame. Éste es su número de celular.

¿En serio? ¿De qué se trataba? Sabía que tenía una prima come-diante, así que quizás quería hablarme de eso. Tomé el número y me pregunté si debía llamarla. Lo pensé. Después de todo, ella *le dio* su número de celular al portero, pero no quería que nadie del rodaje se pusiera a decir que yo había despertado a esa famosa mujer blanca en plena noche. Tenía demasiado sentido común para eso, así que me fui a dormir.

Bueno, el día *siguiente* después del trabajo, regresé a mi cuarto y había un mensaje de voz que decía: "Nena, habla Celebridad Hollywood OG. Llámame".

Caramba. Supongo que de veras quería hablar.

Marqué el número pero no contestó. ¿Quizás no tenía tantas ganas de hablar? Por mí no había problema, porque Ben estaba en camino de nuevo. Me bañé mientras esperaba que subiera a mi cuarto. Unos minutos después, lo dejé pasar y entramos en calor de inmediato. Nos dirigíamos al sofá cuando tocó el teléfono. Contesté y era Celebridad Hollywood OG.

—Cariño, siento no haber podido contestar tu llamada. Quiero que nos veamos. ¿Dónde tomamos té de marihuana? ¿En tu cuarto o el mío?

Recuerda que no conocía a la mujer y estaba a unos diez minutos de coger, pero ¿cómo iba a rechazar una invitación como esa?

—¿En qué piso estás?

—Estoy en el penthouse.

—¿El penthouse? Yo estoy en el octavo. Nos vemos en tu cuarto.

Colgué y miré a Ben, que se había tomado la libertad de desnudarse mientras yo hablaba por teléfono. Me miraba como si estuviera listo para la acción, pero le dije:

—Lo siento. Tengo que hablar con Celebridad Hollywood OG ahora mismo. Ahora vuelvo.

—¿Puedo ir contigo?

—¿Qué? Ni madres. No pienso llevar a nadie de *Hermanos a la obra* a conocer a Celebridad Hollywood OG. Espérame aquí.

Yo ya estaba casi desnuda, así que me puse la cómoda bata de baño del hotel y me dirigí a su cuarto. Pero entonces pensé: *No sé si debería ir a conocer a Celebridad Hollywood OG, que es más o menos una leyenda, vistiendo una pinche bata.* Me quedé pensando en qué ponerme para ir a ver a una actriz famosa a las once de la noche.

Mientras dudaba, volvió a llamar y me preguntó:

—¿Cuánto vas a tardar en subir? Caray, ¿qué estás haciendo?

—Estoy tratando de decidir qué ponerme. Sólo traigo una bata y no quiero subir a tu cuarto en una bata.

—No me importa lo que lleves puesto, sólo sube.

Así que me puse una camiseta y unos pantalones y la bata por encima.

Todos tenemos cierta reputación, ¿sabes? Yo soy conocida por ser divertida, graciosa y un poco loca. No una loca de esas que te acuchillan las llantas. Más bien del tipo baila-en-la-iglesia o salta-del-coche-en-el-semáforo-y-empieza-a-mover-el-culo-como-*She-Ready*. Celebridad Hollywood OG ha interpretado a muchas mujeres fuertes, y en la película que estábamos rodando básicamente se interpretaba a sí misma: una actriz muy conocida y segura de sí misma. Así que, en el camino a su cuarto, me la imaginé sentada con una camisa hecha a la medida, lista para saludarme con voz de Katharine Hepburn. "Tiffany, cariño, ¿cómo estás, querida? Debes hablarme de tu vida. ¿Quién eres, *en serio*?"

Pero cuando abrió la puerta, allí estaba ella con su ropa cómoda, bien tranqui, en onda: "Ey, nena, ¿cómo estás?". Me invitó a pasar y empezó a hablarme como si nos conociéramos de toda la vida: me contó cómo había sido su día, cómo fue el rodaje, sobre un evento al que asistió, esto y aquello. Yo escuchaba, pero seré honesta contigo: no oía todo lo que decía. Estaba demasiado ocupada mirando su cuarto. El penthouse era lo máximo. Su cuarto no sólo tenía bellos objetos de arte, tenía escaleras. Era como un departamento dúplex completo. Tomé nota. *Nena, tengo que elevar mi estatus para que pueda tener un cuarto como éste.* Celebridad Hollywood OG notó que miraba su cuarto y me dijo: "¿Quieres que te dé un tour? Vamos. Échale un vistazo".

Así que subimos las escaleras y entramos a su dormitorio. (No te emociones. No es ese tipo de historia.) Estaba recorriendo el inmueble . . . quizás debería haber traído a Ben conmigo después de todo. Me paré a los pies de su cama y miré hacia afuera. Se veía toda la ciudad: el Empire State por allí, el Chrysler por allá. Todas esas luces brillantes. Era muy, muy bonito. Al salir, miré en el baño. Había mechones de pelo rubio por todos lados. Se disculpó: "Me quité el pelo".

—Nena, te entiendo. Si vas a mi baño, verás tantas pelucas y pelo postizo que te asustarás. Pensarás: "¿Qué chingados es eso? ¿Una mangosta?".

Se rio y bajamos las escaleras. Estaba a punto de decir: "Bueno, gracias por el tour. Nos vemos mañana", pero ella dijo:

—Ahora, tomemos el té.

—¡Ah, sí, el té!

Nos sentamos y ella me sirvió el té. Le ofrecí un resto de porro que había traído.

Fumamos y tomamos té. Me sentía muy relajada cuando empezó a decir que ella y yo teníamos mucho en común. La miré como diciendo: ¿En serio, señorita Penthouse? ¿Creciste en una casa de acogida? ¿Alguna vez te has despertado con la policía en la cara porque estás durmiendo en tu coche? Dije:

—¿En serio? ¿Qué tenemos en común?

—He estado escribiendo un libro y leí el tuyo. Me inspiró mucho al contar mi historia.

Fui muy abierta y honesta sobre mi vida en *El último unicornio negro*. Traté de que fuera gracioso, pero lo dije todo. Dije la verdad sobre cómo el accidente de mi mamá la jodió y cómo eso me jodió a mí. No entendía qué es lo que Celebridad Hollywood OG había visto en mi libro que le recordaba su propia vida, pero entonces me dijo:

—Mi mamá también tuvo problemas mentales. Yo no entendía lo que ella estaba viviendo en la época. Sólo lo entendí cuando ya era mayor.

Mira nada más. Sí teníamos algo en común después de todo. Me dijo muchas cosas que yo no sabía de ella y que de veras se parecían a las cosas que yo viví. La miré como diciendo: Órale. Esta señora blanca y yo sí *tenemos mucho en común. Somos como dos gotas de agua.*

Mientras más hablaba, más me identificaba con ella. Me estaba gustando la plática, escuchaba cada palabra. Me acomodé en el sofá mientras el té surgía efecto, y me dio tanto sueño que empecé a cabecear y casi me quedo dormida. Tal vez fuera el hecho de que era tan tarde. Me acurruqué en mi bata y pensé: *Chales, no importa el color de la piel. No importa dónde creces y cuánto dinero tienes. Probablemente tienes algo en común con todo mundo. Hay un terreno común bajo nuestros pies en algún lado.*

Utilizo esa conexión con otras personas en mi carrera como actriz. Cada vez que interpreto un nuevo personaje, me preparo mucho para el papel. Para mí, cada guion es un pedazo de la vida de alguien, y si quiero hacer un buen trabajo, tengo que conocer esa vida. ¿De dónde viene? ¿A dónde va? Tengo un cuaderno donde apunto los pensamientos de mi personaje, cómo se siente, en qué piensa. Trato de imaginarme cómo se viste. Si va a una fiesta, ¿se pondrá un vestido o un mono? ¿O será que odia las fiestas? Me imagino sus opiniones políticas sobre algún tema, qué le gusta comer, qué le encabrona. Escribo en mi diario desde el punto de vista del personaje. Me aproximo de ella y trato de investigar cómo se relacionan conmigo algunos aspectos de ese personaje.

Intentar meterse en una cabeza ajena y averiguar qué compartes es una experiencia totalmente humana. Estaba disfrutando estar sentada frente a Celebridad Hollywood OG, descubriéndome en ella, conectando. Pensé: *Todos estamos conectados.*

Y entonces me dijo:

—Sabes, Jane Fonda y yo hemos estado hablando. Jane ha estado haciendo una protesta sobre el cambio climático frente a la Casa Blanca y la arrestan todos los viernes. Se llama "Fire Drill Fridays".

Eso me despertó.

—Carajo, nadie debería ser arrestada por protestar –dije.

—Pues *estamos* protestando frente a la Casa Blanca. Y sí te arrestan por eso.

Quizás el té era más fuerte de lo que pensé. Tenía que entender.

—Dejan que las arresten *a propósito*? ¿O sea, por su propia voluntad?

—Sí . . . Deberías venir algún viernes y hacerlo con nosotras.

Me quedé callada. Miré de un lado a otro como diciendo: *Bueno, ¿dónde están las cámaras? Sé que Ashton Kutcher está a punto de aparecer porque me tomaron el pelo en Punk'd.* ¿De veras me está invitando a participar en una protesta y ser arrestada *a propósito*?

He ido a algunas protestas. Con todo lo que le ha sucedido a la comunidad negra en los últimos años, he salido a las calles a mostrar que pienso que el mundo está jodido y que necesitamos grandes cambios de inmediato.

Después del asesinato de George Floyd, participé en una protesta en Laugh Factory. La cuestión con esa propuesta fue que todas las calles estaban cerradas y la gente sabía que estaba ocurriendo. La organización Black Women Lead consiguió los permisos. Nadie sería arrestado. Nadie sería madreado por decir la verdad. Los organizadores en Laugh Factory me invitaron a decir algo, así que tomé el micrófono durante un minuto. Me dio gusto poder expresarme en un espacio seguro. Hablé sobre el miedo y la esperanza. Me hubiera gustado dedicarles algunas palabras a la policía, incluyendo a los que estaban allí para mantener la paz. Me habría encantado insultarlos, *ratatatat.* Pero sabía que no debía hacerlo. De ninguna manera podía insultar a un tira. Si eres negra y lo haces, *bum*, te vuelves una estadística. Eso es privilegio blanco.

Lo quiero dejar claro. No voy a ningún lado con la intención de ser arrestada. Siempre es posible, de acuerdo, pero no me apunto voluntariamente.

Así que le dije a Celebridad Hollywood OG:

—Mira, sé que soy judía, pero te das cuenta de que también soy negra, ¿no? Tú eres blanca. Si te meten a la cárcel, sales. Jane Fonda es blanca. Ella también sale. Pero si me encierran a mí, mi culo negro se queda allá dentro toda la semana. Dios sabe con qué tipo de incidentes me han asociado. Consiguen mi DNA, mis huellas dactilares, y las comparan con alguna pendejada y dicen: "¡Ahí está!" Me acusan de quién sabe qué. No. Eso no va conmigo.

Se recostó en su silla, escuchando. ¿Pero de veras me escuchaba?

Si eres blanca o blanco y lees esto, espero que me escuches.

En 2020, me invitaron a asistir al funeral de George Floyd. Fui para apoyar a la familia porque sabía lo duro que es perder a alguien de esa forma. Cuando vi a la policía fuera del evento, fue si como el asesino volviera a la escena del crimen. Me conmovió mucho.

No soy miedosa, pero mis experiencias con la policía no han sido buenas. He visto amigos ser masacrados por la policía. Cuando tenía trece o catorce años, tenía un amigo . . . ni siquiera hacía nada malo, pero supongo que se parecía a alguien. Iba caminando y la policía lo paró. Se pusieron a forcejear. Yo no pude hacer nada más que gritar: "¡No, no hagas eso!". ¿Pero de qué servían mis gritos? De repente, estaba muerto. Muerto. Lo vi suceder. Mi amigo sólo estaba caminando. Caminando en estado de negritud. Y su historia terminó allí mismo.

Tres años después, otro amigo fue asesinado por la policía sin ninguna chingada razón. Estábamos en la zona este, en Watts. Estaba platicando con mis primos y la policía nos empezó a hablar. Estábamos tranquilos. De repente, los policías se empezaron a poner muy agresivos. Pensamos: "¿Qué chingaos?". Éramos niños. Lo único que podíamos hacer era gritar. La policía agarró a mi amigo. Empezaron a forcejear y al final él también estaba muerto. El policía lo agarró del cuello y lo mató. Tenía dieciocho o diecinueve años.

En el funeral, todo mi estrés postraumático regresó de golpe. Recordé a todos mis amigos a cuyos funerales había ido. Amigos de la escuela que murieron o fueron encarcelados sin motivo porque no tenían con qué pagar un buen abogado o que fueron acusados de crímenes que no cometieron. Lloré tanto. Trataba de tragarme las lágrimas, de evitar que volvieran. Las reprimí, pero salieron por mi nariz y mi cubrebocas contra el Covid se llenó de mocos. Al día siguiente tenía la cara muy suave por el moco facial.

Mis lágrimas no eran sólo por George Floyd; eran por toda la gente que ha muerto. Cuando hicieron esos ocho minutos y cuarenta y seis segundos de silencio en el escenario, yo estaba junto a la madre de una víctima. Durante el silencio, me imaginé la rodilla de alguien sobre mi cuello por tanto tiempo. Pensé en lo indefensos que estaban mis amigos cuando los atacaron. El dolor que sentí fue inmenso. El problema es que puedes llorar todo lo que quieras, pero eso no borra el mundo. Fue una ceremonia preciosa, y me sentí muy agradecida de haber podido asistir.

Esas chingaderas te hacen sentir que la policía tiene licencia para matarnos. Es jodidamente aterrador. Amigos blancos me han dicho que cuando van a exceso de velocidad y ven a un policía detrás de ellos en la autopista, sienten sus tripas hundirse, como si estuvieran en una bajada en una montaña rusa. Tienen miedo de que los multen. Bueno, pues yo tampoco quiero una multa, pero los negros sentimos eso cuando vemos a la policía sin que hayamos hecho nada malo. Si estás comprando un helado y ves un uniforme por el rabillo del ojo, se te revuelve el estómago. Te pones en estado de pelear, huir o congelarte. Aumenta tu ritmo cardíaco, te sudan los labios, tienes una sensación de mareo en la cabeza. Sonríes como diciendo: "Hola, oficial.

Sólo estoy tratando de comprar un helado de mantequilla de nuez y me voy. Por favor, no me dispare".

A los entrevistadores les encanta preguntarme si pienso tener hijos, y a veces he pensado que me gustaría, pero creo que no es mi camino. Siempre invento excusas en las entrevistas: "Ay, necesito un millón de dólares en el banco antes de tener un bebé". O me invento una lista de requisitos que un hombre tiene que cumplir antes de que esté dispuesta a tener un bebé con él: No debe tener hijos propios, debe poder cargarme sin hacer ruidos de viejo y tiene que tener un lunar en el pie izquierdo. Pero la verdadera razón por la que no pienso tener hijos es que no me gustaría dar a luz a alguien que se parezca a mí, sabiendo que lo van a cazar o a matar. No quiero vivir preocupada cada vez que mi bebé negro sale de la escuela o platica con sus amigos, sabiendo que puede acabar muerto. Parece que nos quieren exterminar. Convertirnos en una especie en peligro de extinción. Tengo cuatro ahijados y me muero de miedo por ellos. Sé que no soy la única mujer negra que se siente así. Los blancos no tienen que preocuparse por eso. Celebridad Hollywood OG no tenía que preocuparse por eso.

Cuando me pidió que me arrestaran con ella como si fuera cualquier cosa, me di cuenta de que podíamos tener algunas experiencias en común, pero esa mujer no sabía nada sobre lo que significa ser negra. No estoy criticando a esa mujer en particular. Sólo digo que no sabe. Hay cosas que no puedes saber si no las has vivido.

Por ejemplo, puedo tener un montón de cosas en común con un médico, pero no sé nada de cómo es ser médico. ¿Entiendes lo que quiero decir? He estado con un médico. Puedo relacionarme con un médico. Algunos de mis mejores amigos pueden ser médicos y podemos tener buenas pláticas. Pero no sé cómo es vivir como doctor, tener días en los que mi trabajo es de vida o muerte, o qué se siente que todo mundo sepa al instante que tengo estudios universitarios cuando me presento. ¿Me entiendes? Por más experiencias de vida que Celebridad Hollywood OG y yo compartamos, no sabe lo que significa ser negra.

No pensaba ser la única cara negra entre la multitud en la protesta de Jane Fonda.

Si eres blanca o blanco, déjame preguntarte algo. ¿Cuándo fue la última vez que fuiste la única persona blanca en la sala? Tuviste que pensarlo, ¿verdad? No te puedo decir cuántas veces he sido la única persona de piel morena en una sala. Llevé a una amiga blanca a una carne asada familiar hace un par de meses. Generalmente ella es el alma de la fiesta, pero percibí que estaba sentada en un rincón, como encorvada. Me acerqué y le pregunté qué le pasaba.

—Tiffany, me siento muy incómoda. Siento que . . . no encajo.

¿Crees que no sentí que no encajaba en sus cenas de cumpleaños, en las que no había nadie que se pareciera a mí? ¿O cuando iba a sus clubes nocturnos y todo mundo era blanco? ¿O cuando estoy en una reunión y no hay una sola cara negra en la sala? Los blancos están acostumbrados a que haya otras personas de su cultura en casi cualquier situación.

Recuerdo la primera vez que fui la única cara negra en una multitud. Cuando nos mudamos a Pomona, justo cuando empecé segundo de primaria, tuve que cambiarme de escuelas y terminé en una primaria de blancos. Desde el primer día no encajé. Tenía la sensación enfermiza de que no era lo suficientemente buena para estar allí.

No saber leer no ayudaba, porque me hacía sentir idiota en clase. Esperaba el recreo con impaciencia porque allí nadie me pedía que leyera nada. No tenía amigas con quién jugar, salvo una niña blanca. Los primeros dos días jugué sola a la rayuela. Pero el tercer día en mi nueva escuela decidí: *Me voy a poner un vestido bonito y voy a hacer amigos.*

De niña, era la dueña del pasamanos. Podía atravesarlo, regresar de reversa, darme la vuelta, levantar las piernas, sentarme arriba, colgarme de cabeza, un montón de cosas. Pensé: *Apenas esos niños vean mis habilidades, van a hacer cola para ser mis amigos.* Apenas llegué al pasamanos, todos los niños saltaron como ratas de un naufragio. Pero no entendí el mensaje. Pensé: *Bien, dejan que pase la mejor. Estoy a punto de brillar.*

Me subí y atravesé al otro lado y de regreso. Llegué al medio e hice un giro en el aire que sacudió mi pelo, y cuando me solté, aterricé en una rodilla como superheroína. Me volví hacia los niños blancos que me miraban y les dije:

—A que no pueden hacer eso.

Y entonces un niño que tenía los ojos más preciosos me dijo:

—Claro que no podemos hacerlo. No somos changos.

¿Qué me dijo este pendejo?

—Eres una niña chango.

Mi única amiga blanca respondió:

—No es un chango; es negra.

—Negra, chango, es lo mismo.

¿Qué carajo? ¿Este güey me acaba de comparar con un animal? ¿Y no era un caballo o un unicornio? No supe qué decir, así que me di la vuelta y me fui, tratando de entender lo que acababa de suceder. ¿Era sólo él, o todos los niños blancos de la escuela me odiaban? Por la cantidad de comentarios malvados que escuchaba en la cola del comedor cuando no tenía dinero para pagar la comida, pensé que todos me despreciaban.

Al final hice amigos, pero nunca olvidé cómo en un segundo ese niño con los ojos bonitos transformó mi alegría en dolor, sólo porque no le gustó el color de mi piel. Eso hizo que me costara mucho confiar en los niños en esa escuela.

Te voy a dar un mejor ejemplo de lo diferente que es ser negra. Vi los disturbios en el Capitolio el 6 de enero de 2021. Cuando toda esa gente blanca se subió, pasaron como si nada frente a la seguridad instalada en las escaleras. Pasaron por los detectores de metales, las vallas, todo. Asaltaron esa chingadera como Amanecer de los chingados Muertos. Condujeron su odio hasta uno de los edificios mejor custodiados de los Estados Unidos, trepando por las paredes como una manada de arañas venenosas. Se les pusieron enfrente a los policías, gritándoles e insultándolos en la cara. La mayoría de esos guardias no hizo nada. Si hubiera sido gente negra quienes les gritaban, les hubieran lanzado bombas antes de que pudieran llegar a las escaleras.

No puedo explicar lo que sentí al ver eso, no exactamente. Pero fue una sensación *muy mala*, como si me estuvieran atacando. Me sentí personalmente violentada al ver a todos esos supremacistas blancos odiando públicamente a todos aquellos que se parecen a mí sin que nadie los detuviera. No soy idiota. Sé que hay racistas en este mundo, pero ver a tantos de ellos salir de las sombras de forma organizada me puso los pelos de punta. ¿Cómo puedo saber si eres uno de los que me odian o me quieren matar? Mirar a ese ejército de blancos marchar con sus banderas de odio hasta el centro de nuestro gobierno —la institución que se supone que debe servirnos a todos *por igual*— hizo que algo se desatara en mí.

Al día siguiente de los disturbios, me desperté temblando y sudando de pies a cabeza. Me sentí como un feo grano: roja, enojada y a punto de explotar. Quería salir al jardín, arrancar las plantas del suelo y gritar. Eventualmente mi cuerpo dejó de temblar, pero mi mente corría a alta velocidad. No la podía parar. Quería abrirme la cabeza y regalar mi cerebro, poner la conciencia de cómo nos tratan en algún lugar donde no tuviera que verla, de la misma forma que enterramos los residuos nucleares.

Ese día en el trabajo, en un programa de televisión en el que participaba, me sentía enardecida, como sin saber si quería pelear o qué. Mis sentidos estaban en alerta máxima. Miré a mi alrededor y los únicos negros que había en el plató ese día eran los que habían venido conmigo: mi maquilladora, mi estilista y demás. Me pregunté si debería haber llevado una pistola al trabajo. Mi mente corría a mil por hora. Miré las caras en la sala, tratando de decidir: ¿Estás conmigo o contra mí? ¿Qué tienes en mente, hombre blanco? ¿Vas a reunir a las ocho personas negras que trabajan en este programa y meternos a un trailer y lanzarnos a un despeñadero? *¿Estamos seguras?* Nadie me miraba a los pinches ojos. Justo antes de la primera toma para la primera escena, me puse a llorar. Un gran llanto, no uno bonito y pequeño. Se abrieron las compuertas, y también hubo más mocos.

La persona con quien estaba haciendo la escena se me acercó y me frotó la espalda diciendo: "Todo va a estar bien. Nena, lo sé. Lo sé. Lo sé. Lo sé. Lo sé". Pero no, *no* sabía. Al igual que Celebridad Hollywood OG, al igual que cualquier otra persona blanca, no sabía.

Pero bueno, hay un millón de cosas sobre la vida de Celebridad Hollywood OG con las que no me puedo identificar. Por eso, no presupongo nada sobre lo que esas experiencias significaron para ella. Lo mejor que puedo hacer es intentar comprender y sentir, ponerme en sus zapatos como lo hago cuando investigo un personaje y así intentar respetar la experiencia, aun sabiendo que es sólo una parte de su vida, no todo el pastel. Hay partes que nunca conoceré.

Regresemos a esa habitación de lujo. Cuando Celebridad Hollywood OG me dijo: "Vamos, Tiffany. Ven a protestar con nosotras", le dije:

—Déjame decirte algo. ¿Quieres que te dé dinero para la Tierra? Te escribo un cheque. ¿Quieres que promueva tu causa en Instagram? Lo hago. Pero no puedo ponerme de pechito diciendo: "Órale, policías, vengan a esposarme". La única posibilidad de que me preste voluntariamente a que me arresten es si alguien me madrea y los quiero matar. En ese caso, iré yo misma a la delegación y les diré: "Enciérrenme porque voy a cometer un asesinato. No me dejen matar porque no quiero que muera nadie". Fuera de eso, no pienso invitar a la policía a que me encierre. Porque el resultado será diferente para mí que para ti.

Me miró por encima de su taza de té. Vi que le daba vueltas al asunto. Me dijo:

—¿Sabes qué? Te entiendo —empecé a asentir con la cabeza—. Pero si cambias de opinión, nos encantaría tenerte con nosotras.

No, no entendía.

Mira, Celebridad Hollywood OG me cae bien. Pude ver su espíritu y creo que es una buena persona. Como dije, no la estoy criticando a ella en particular. Pero en esa conversación, me dio la impresión de que le importaba más el medio ambiente que las personas. Lo veo en la gente blanca todo el tiempo, incluso en la gente mejor intencionada. Es como si hubiera un agujero en su pensamiento. Sienten amor por los osos polares, los árboles, los coches eléctricos, pero cuando se trata de personas negras y latinas, tienen un punto ciego en el corazón. Nadie quiere que haya más huracanes u osos polares hambrientos, pero quizás si dejáramos de esclavizar a la gente en las prisiones o elimináramos la esclavitud sexual o creáramos más empleos o ayudáramos a los sin techo para que no tengan que cagar en la calle . . . quizás si nos tratáramos mejor unos a otros, a la Tierra también le iría mejor.

Después de decir lo que tenía que decir, mi teléfono se deslizó de mi bolsillo al sofá y vi que era más de la una de la pinche madrugada. Tenía que despertarme temprano al día siguiente. El cansancio me golpeó como un monzón. Tenía que salir de allí.

Me despedí de Celebridad Hollywood OG y regresé al octavo piso. Supongo que el té me seguía afectando, porque cuando abrí la puerta, podría haber jurado que había un hombre blanco en mi sofá con la verga colgando como un juguete para gatos.

Estoy segura de que las cosas cambiarán para la gente negra. Pero para eso las cosas se tienen que desmoronar y volverse a construir de una forma justa. Siento en las tripas que en cinco o diez años veremos un mundo diferente. Rezo por que sea diferente, porque la gente evoluciona. O quizás para entonces aparezcan los extraterrestres y les den superpoderes a los negros. Nos darán el poder de volar y los blancos pensarán: *Carajo, la cagamos. ¡Los deberíamos haber tratado mejor!* Saldrán a las calles agitando los resultados de sus pruebas de ADN como diciendo: "Miren, ¡tengo 2 por ciento de negro en mí! Déjenme volar".

Mientras eso sucede, si eres blanco y lees esto, ve a hablar con otras personas blancas. Sí, tenemos mucho en común, pero no todo. Llama a esa línea directa que sé que ustedes tienen donde todos hablan. Diles que no puedes saber cómo es ser negro a menos que seas negro. No nos pidas que hagamos algo sólo porque tú lo harías. Llama a los políticos, a los supervisores de las juntas directivas, a los alcaldes, y diles que desmantelen el racismo sistémico que ha existido durante tanto tiempo. Son ustedes los que crearon el sistema en primer lugar.

Pero, Celebridad Hollywood OG, en serio, eres lo máximo. Llámame. Tomaremos té.

RECIBES LO QUE DAS

SIEMPRE QUE ALGUIEN ME dice: "¡Morra, saliste de la nada con *Girls Trip!*", les digo que se vayan a la chingada con su "de la nada". He sido comediante desde que tenía dieciséis años, en 1997. Estamos hablando de finales de la década de 1990 . . . otro siglo. Sudé durante muchos años antes de triunfar y, la neta, sigo sudando. Mi éxito no fue una "sensación de la noche a la mañana" ni un "fenómeno inesperado" ni un "golpe de suerte". No. Fue un camino laaaaargo y lento que recorrí centímetro a centímetro con mucho trabajo . . . y una actitud chingona.

Te voy a resumir la trayectoria profesional de Tiffany Haddish. En el camino, tuve muchos papeles menores en la pantalla, empezando como extra en programas de televisión. Te llaman "actriz", pero es más como ser una mima o un asta de bandera, porque tienes que estar completamente callada. Básicamente eres relleno humano en el plató, pero no me importaba. Podían ponerme en una escena de cafetería o en una multitud en un evento deportivo, y no me quejaba. Trabajé como extra en *The OC, One Tree Hill, Hannah Montana* . . . todos ellos programas blancos en los que se necesitaba una chica negra que se moviera sin hablar.

De hecho, sí tenía una queja. El problema de ser extra es que te pasas mucho tiempo esperando, lo que te da la oportunidad de observar. ¿Y sabes qué es lo que observé? Gente blanca. Frente a la cámara y detrás de ella. No había mucha gente que se pareciera a mí en esos platós. Podía jugar a encontrar a otro actor o miembro del equipo negro en el rodaje y perder. Eso no me gustaba, pero no tenía ningún poder en la época para hacer nada al respecto. Nadie quería escucharme frente a la cámara —y definitivamente no querían mi opinión detrás de ella—, pero me prometí que, si algún día tenía un poco de poder, añadiría un poco de color a la escena.

Me contrataron para participar en una película de Wes Craven y en algunas otras películas como personajes que no hablaban, hasta que por fin pude abrir la boca y hablar frente a la cámara en un episodio de *Es tan Raven*. Hice el papel de una guía de turistas en una biocúpula con una chamarra muy elegante. Con esos treinta segundos hablando sobre plantas carnívoras me gané mi tarjeta del Sindicato de Actores de Cine. Por fin era una actriz legítima, aunque siguiera haciendo papeles en los que mi crédito era "Chica Urbana". Pero me mantuve positiva. Hice todo lo posible por salir adelante. ¿Quieren que le ayude a alguien a aprenderse sus líneas? Claro que sí. ¿Necesitan hacer una lectura de la obra? Allí estaba. ¿Sustituir a alguien que estaba enferma o en otro rodaje? Tiffany Haddish, para servirle.

Hice amigos en todos los platós. Incluso cuando tienes un papel hablado, hay mucho tiempo muerto durante el rodaje. Usaba ese tiempo para conocer a la gente con quien trabajaba. Trataba de ser amigable, hacer sonreír a la gente, hacerlos reír —hacerlos sentirse bien—, y esa energía positiva da sus frutos. Hasta hoy, me hago amiga del cámara . . . no sólo para que me haga ver bien, sino porque detrás de esa cámara es una persona como cualquier otra. Me llevo bien con la gente del servicio de catering, los electricistas, los peluqueros y maquilladores, la persona que trae papeles para que los firmes. Con todos. Cuando alguien se esforzaba por ser amable conmigo, le decía: "Si alguna vez triunfo, voy a regresar por ti. Si alguna vez tengo un programa propio, te voy a incluir en él".

Mientras intentaba conseguir papeles en la pantalla, hacía comedia en vivo siempre que podía, poniendo a prueba mi gracia, perfeccionando mi arte y trabajando durísimo. Los verdaderos cómicos pueden actuar diez o veinte minutos o incluso una hora como si nada. Lo que el público no ve son las 750 horas que pasaron trabajando en su material, sudando en clubes más pequeños y en eventos de micrófono abierto, probando chistes que no le gustan a nadie y yendo a casa para mejorarlos, para intentarlo de nuevo. Jerry Seinfeld ha dicho que la comedia es un juego de tonelaje. Hay que repetirlo mil millones de veces para convertirte en una bestia fuerte capaz de arrasar.

Me tomo en serio la práctica. Cuando decidí dedicarme a la comedia en vivo a principios de la década de 2000, hacía tres shows por noche; no por el dinero, sino por la experiencia. Cuando estás empezando, te dan 100 dólares por diez shows y dos tragos y una cena de pollo por una noche. El único beneficio real de hacer esos shows era que me daban boletos gratuitos para repartir entre todos los extras con los que participaba en varios platós, y los usaba todos.

Me subía a mi Geo Metro para actuar en Azusa y luego corría para otra actuación en Hollywood, me bajaba del escenario y me iba directo a un club en Pico y La Brea. Cuando terminaba, era la una de la mañana y yo seguía tratando de conseguir otro show en algún espacio minúsculo con un público de tres personas, dos de las cuales se habían desmayado sobre un plato de nachos. Estaba lista para actuar en cualquier lugar donde hubiera un escenario y la gente estuviera dispuesta a escuchar. Actué en peluquerías, hospitales, *baby showers*, patios traseros enlodados e incluso residencias de ancianos. Los shows en las residencias de ancianos son la cosa más loca. En uno de ellos, una señora con un vestido florido arrastró su silla plegable para sentarse al lado de un señor de pelo blanco en la primera fila. Tendrían unos ochenta años. Unos diez minutos después del inicio de mi show, llegó otra mujer con su andador y se puso a gritarle a la primera señora: "¡Aparta tu culo de gelatina de mi hombre!". Empezó a golpear a la pareja, tirándoles sus chocolates de las manos al suelo en medio de mi espectáculo cómico. La novia no paraba. Llovían puñetazos de furia sobre los viejos tortolitos. Pero era como una pelea en cámara lenta. *Jiiiiiiiyaaaaaaaaaah*. El hombre debe de haber tenido fuego en los pañales, porque esas mujeres estaban como locas. Ese show fue otra práctica.

Hay que dejar claro que la comedia en vivo y trabajar como extra *no* te paga la vida . . . a menos que tengas un papi rico. Yo no tenía un papi rico. Lo que tenía era una chamba en A Place Called Home, un centro juvenil de la zona este. En 2003, cuando dejé de trabajar en las aerolíneas, estaba buscando un nuevo empleo y mi compa estaba trabajando en el departamento de contabilidad de ese centro. Me recomendó para que trabajara con los niños, enseñándoles danza. Me pasaba todo el día con los chicos y luego iba a mis audiciones, con la frente todavía brillante de sudor.

De vez en cuando, llevaba a los chicos del centro juvenil a ver los programas de televisión que se grababan en terrenos cercanos. Quería que vieran que los programas de televisión que les gustaban se grababan muy cerca y que podían ser parte de ellos. Studio City está a menos de una hora de distancia, pero es como si estuviera en Tokio. Algunos de los chicos de A Place Called Home estaban bajo cuidado tutelar. No se les ocurría solicitar trabajo en platós de televisión o de cine. Esos chicos no tenían un Tío Mort en William Morris que les dijera: "Charles, ¿te gustaría una pasantía en la agencia? Déjame hacer una llamada. Listo. Hecho. Empiezas el lunes".

En el autobús, de camino a *One on One* o *In the Cut*, animaba a los chicos. "Su energía es parte de lo que hará que el programa sea un éxito. Así es que, ¿quién va a poner esa energía? Cuando haya un concurso de baile, ¿quién va a participar? ¿Quién va a cantar?

Más vale que canten chingón". Quería que supieran que podían ser parte de ese mundo. Un par de los chicos del programa que eran pandilleros hacen luz y sonido ahora. Una chica hace voces de fondo para diferentes artistas. Así que supongo que funcionó. Sin embargo, debo admitir que llevar a los chicos a los platós también era un poco egoísta porque quería ver los entresijos de montar un espectáculo de primera mano.

Con el tiempo, las semillas que planté como Johnny Appleseed por todo Hollywood florecieron. Las personas con quienes estuve en los diferentes platós o a quienes repartí boletos gratuitos se convirtieron en ejecutivos o directores o directores de reparto. Gente que contrata a personas como yo. Y cuando necesitaban una actriz negra graciosa, se acordaban de mí. "Siempre fuiste tan dulce, eras la única que me hablaba en ese plató, y siempre me invitabas a las funciones. ¿No te gustaría hacer este papel?"

En 2015, conseguí el papel de Nekeisha en *The Carmichael Show*. Poco después, empecé a conseguir papeles más importantes en algunas películas. Fui subiendo en la lista de candidatos moviéndome constantemente para poder comer, como un colibrí que bate las alas mil veces por minuto.

Es por eso que no me gusta cuando la gente dice que soy una "estrella fugaz". Como si me hubiera fugado de la cárcel. No estaba en la cárcel. Estaba chambeando. No aterricé en una película de éxito por pura suerte. Trabajé como una condenada. Pero creo que la razón de mi éxito, mi salsa secreta, es que vivo conforme la regla de que como trates a los demás es como te tratarán a ti. Eso genera buena energía. Quiero alegría para mí, así que siempre trato de dársela a los demás.

Nunca me hubieran contratado para *Girls Trip* si no hubiera sido por esa buena energía. Lo que sucedió fue que participé en la película *Keanu* en 2016 con Key y Peele. Interpretan a unos primos burguesitos que fingen ser duros para recuperar su gatito de los gánsteres que se lo robaron.

Rodamos en Nueva Orleans. Aunque es una ciudad tan pegajosa que te tienes que lavar el culo tres veces al día, me encanta Nueva Orleans. Lo que más me gusta es la gente . . . porque la gente hace la comida, y la comida es *deliciosa*. Los *po' boys*, las *muffulettas*, los frijoles rojos con arroz. Increíble. Tanta buena comida debe de poner de buen humor a quienes viven allí, porque todos son muy amables y me llaman "Amor" todo el tiempo. Oír eso me alegraba el espíritu. Aunque lo dijera un tipo harapiento en Bourbon Street con vómito en los zapatos, me hacía feliz.

Cuando no estaba actuando, me la pasaba con los miembros del equipo, como siempre he hecho, para conocerlos. Cuando terminábamos de rodar, salía con ellos al Howling Wolf. Había una gran banda en la sala principal, donde todo mundo bailaba por un par de horas. Yo me dirigía a una pequeña sala al fondo y hacía un show de comedia. Comíamos pepinillos fritos, nos tomábamos unos daiquiris y nos divertíamos mucho.

Ocho o nueve meses después de terminar, recibí una llamada de un cuate que trabajó en el departamento de sonido de *Keanu*. Me dijo que algunos de los miembros del equipo de *Keanu* estaban trabajando en una nueva película en Nueva Orleans llamada *Girls Trip*.

—Déjame decirte algo. Leí el guion y lo único en lo que podía pensar era en Tiffany Haddish. El personaje Dina eres *tú*.

Le di las gracias y archivé la información. Unos días después, alguien del equipo de decoración de *Keanu* me llamó y me dijo:

—Oye, ¿ya leíste *Girls Trip*? Te juro que tienes que estar en esa película.

Durante las dos semanas siguientes, ocho miembros del equipo me mandaron el guion y todos me dijeron: "No le digas a nadie que te lo di". Pensé: *Caramba, si tanta gente se arriesga para decirme que debería leer el guion, supongo que debo leerlo*. Lo hice y mi reacción inmediata fue: "¿Quién estuvo conmigo el verano pasado y sabe cómo me la paso con mis compas? Este personaje soy *yo*. Tengo que conseguir el papel".

Llamé a mis agentes.

—¿Has oído hablar de *Girls Trip*? ¿Me puedes conseguir una audición para esa película?

—Lo siento, Tiffany, sí sabemos de la película, pero sólo quieren nombres.

¿Nombres? Se referían a personas con suficiente reconocimiento para protagonizar una película.

—Mira, diles que he tenido un nombre desde 1979 y es Tiffany Chingado Haddish. Más vale que me consigas una audición o por lo menos una prelectura, porque tengo que estar en esa película.

Así que me consiguieron una prelectura. Llegué al estudio y me pidieron que leyera frente a un pasante. No el director de casting. No el asistente del director de casting. Un pasante. No era lo que yo esperaba, pero bueno. Está bien. Soy una profesional; haré mi trabajo. Así que leí y *salió chingón*. Los productores me llamaron para otra lectura frente al asistente del director. Chingón de nuevo. Entonces me llamaron para leer frente al director de casting. *Chingonsísimo*.

Después dijeron: "¿Sabes qué? Eres increíble. Entraremos en contacto".

Pero aún no conseguía el papel. Tenía que regresar por última vez para una audición con el director en persona, Malcolm Lee, uno de los pocos hombres negros que ha llegado a ser director.

El día de la audición, estuve dos horas en la sala de espera mientras todas las grandes actrices competían por el papel de Dina. Debería haber estado nerviosa, pero me la pasé echando relajo, coqueteando con un tipo bien bueno que estaba allí, recostando mi cabeza en él y riendo. Aunque había mucho talento en ese vestíbulo, yo pensaba: *Ese papel es mío*.

Cuando me llamaron, entré a la sala y miré alrededor, pero no vi a Malcolm Lee por ningún lado. Resulta que ya estaba en Nueva Orleans preparando la película, de forma que sería una audición por Skype. Montaron la computadora, ajustaron la iluminación y todo eso.

Podía ver a Malcolm en la pantalla sentado tras su escritorio y una pared cubierta de Post-its detrás de él. Eso fue varios años antes del Covid, así que mi única experiencia con videollamadas era para sexo telefónico. Cuando vi la pantalla, pensé al instante: "¡Estoy a punto de desnudarme!".

Le dije a Malcolm:

—Te lo digo de una vez, mano. Voy a hacerlo, pero no es normal para mí. Estoy acostumbrada a ponerme sexy para mi hombre en situaciones como ésta. Tienes buena iluminación, hay Post-its en esa pared detrás de ti que muestra que tienes un trabajo y puedo oler ese buen crédito desde aquí. Si empiezo a desabrocharme la camisa o bajarme algo, por favor, devuélveme a la realidad.

Se rio.

—Está bien. Vamos a la escena.

Hice la escena y cuando terminé me dijo:

—Muy bueno. ¿Lo puedes hacer menos "urbano"?

Ahora bien, la escena estaba escrita de forma muy "urbana". ¿Podría quitarle lo urbano? A güevo. Fui a la escuela en el Valle.

Así que le di un poco de "*Dios mío, Amber, qué loco*", como chica del Valle. Malcolm se carcajeó. Luego me pidió que lo hiciera más urbano.

De nuevo, a güevo que sí. Hice Dina al máximo, y Malcolm se carcajeaba. Salí de allí sintiéndome muy segura.

Luego pasó una semana . . . completo silencio.

Finalmente, dos días antes del inicio de los ensayos, recibí una llamada de mi agente: *Ya está*.

Girls Trip me cambió la vida, y nunca hubiera sucedido si no me hubiera llevado bien con el equipo . . . si no me hubieran querido al punto de mandarme el guion aun pensando que podían meterse en problemas por pasármelo a escondidas. Todo ese tiempo había estado trabajando, construyendo mi red de células durmientes, gente dispuesta a respaldarme cuando llegara el momento de actuar. Lo aprendí observando al hombre blanco.

El hombre blanco sabe mantenerse unido con su gente. Si ves una película de Adam Sandler, de Judd Apatow o de Wes Anderson, son las mismas caras con diferentes disfraces. Invitan a sus amigos a sus películas, a sus programas, lo que produzcan. No es que los odie por eso. Lo entiendo. A mí también me gusta trabajar con la gente que quiero. Es divertido. ¿Quién no querría trabajar con amigos si pudiera? Como si fuera una fiesta todos los días. El truco está en conseguir una persona que pase por la puerta y que la mantenga abierta para que los demás vengan a la fiesta.

Girls Trip recaudó 140 millones de dólares a nivel mundial. A partir de entonces, todo me empezó a ir muy bien. Una de mis amigas me dijo: "Tiffany, ahora eres la portera". Lo dijo como un cumplido, como diciendo, "Eres chingona," pero yo pensé: *"Ni madres, no quiero ser portera. Quiero quitar los tornillos de las bisagras y tirar la puerta para que mi gente pueda pasar sin problema"*. Vengan todos. *Girls Trip* significaba que tendría la oportunidad de usar mi influencia, de moverme como se mueve el hombre blanco y llevar a mis amigos conmigo en el viaje, como Dorothy en *El mago de Oz*.

No todo mundo está de acuerdo con esa estrategia. Hasta mi propio equipo a veces se opone a las personas que quiero en mis proyectos y me dicen con quién debo trabajar y con quién no. Cuando insisto, me dicen: "Tiffany, te estás portando difícil, estás siendo una diva". Sé que "diva" es una forma de decir "cabrona". ¿Sabes qué les contesto? Si fuera un hombre blanco, no me estarías presionando con esto. Quiero que me trates como si tuviera un pene rosa y fuera de Australia. Mi gran pene rosa y yo necesitamos que nos paguen, y necesitamos traer a los demás penes con nosotros.

Por eso negocié como lo hice con Netflix para mi segundo programa especial, *Black Mitzvah*.

En 2018, Netflix me ofreció un trato para un programa especial de comedia. Era un buen trato, pero no *el mejor*, no un trato de riqueza generacional. No un trato de jet privado. Si llevara sólo diez años haciendo comedia, hubiera sido una buena oferta, pero como te conté, tenía ya mucha experiencia en mi camino. Les dije a los ejecutivos que esa cifra no era suficiente para mí. Netflix volvió y me dijo: "Oye, bueno, ¿qué tal si te damos tanto más?" y la cifra era mucho mayor. No la que sería para Amy Schumer o Chris Rock —ni de lejos la que sería para Jerry Seinfeld— pero mucho mayor. Quizás no un jet privado, pero sí primera clase de por vida. Eso me interesó, y sin duda pensé en firmar el contrato en ese mismo instante. Pero las negociaciones se llevaban a cabo justo cuando mi compa Mo'Nique hablaba de boicotear a Netflix por no hacer lo suficiente por la inclusión.

Tenía razón. En los cerca de setenta especiales que Netflix produjo antes de 2018, sólo había una docena de mujeres, y adivina cuántas de ellas eran negras. ¿Adivinaste cero? Pues deberías. ¿Quieres decir que no había una sola mujer negra graciosa que mereciera media hora en Netflix? ¿Ni una sola? ¿Y le diste una plataforma a Larry the Cable Guy? ¿En serio? Podía subirme a cualquier autobús urbano y encontrar a una mujer que merecía más tiempo que algunos de esos tipos blancos mediocres que presentaban.

Pensé que tenía razón. Netflix necesitaba ser más inclusivo. Vería qué podía hacer para darle un empujoncito a Netflix. Quería ver más gente como yo trabajando. Quería contar nuestras historias. Les hice una propuesta: "¿Qué tal esto: en vez de darme más dinero, por qué no me dejan producir un especial de comedia con algunos cómicos que yo elija? Quiero compartir la plataforma. El dinero que me pagarían, se lo pagan a ellos. Preséntenlos al mundo en un espacio aparte. Y *entonces* aceptaré hacer mi especial".

Pensé que se negarían. Estaba *segura* de que se negarían. Pero me llamaron y me dijeron:

—Trato hecho. Elige a seis cómicos, los que tú quieras. Tú presentas el show. Lo filmas como quieras. Adelante.

—¿En serio?

—En serio.

—Ay, ¡va a ser una fiesta!

Mientras me rompía la madre tratando de subir, deseé tanto que alguien me llamara y me dijera: "Tiffany, aquí está tu especial. Es tu oportunidad de brillar. Yo te respaldo". Ahora podía hacerlo por otras mujeres. Ser su Hada Madrina. Su Tío Mort. Wanda Sykes se incorporó como productora y yo elegí a las mujeres que me habían tratado bien, que me cuidaron, que me animaron, que me ayudaron a mudarme, que me llevaron a casa del aeropuerto, o simplemente que me hicieron reír mucho. Algunas de las mujeres a las que les había dicho: "Si alguna vez llego a ser algo en la vida, te llevo conmigo". Soy una mujer de palabra. Si digo que voy a hacer algo, lo hago. Me habían dado esa buena energía y quería retribuirles porque las verdaderas cabronas se cuidan unas a otras.

Todas las mujeres que tenía en mente tenían una historia como la mía. Sabían lo que es luchar. Nadie les regaló nada, pero no estaban amargadas ni tristes. Se reían para curarse. La primera persona en quien pensé fue Flame Monroe, porque Flame me hace reír mucho y me encanta su trayectoria. Verla contar chistes sobre ser madre soltera y mujer negra trans que nunca se rinde . . . es una fiera en el escenario. Sabía que tenía que incluirla en el proyecto. Aida Rodríguez: fue sin techo un tiempo, igual que yo. Marlo Williams: creció bajo cuidado tutelar, igual que yo. April Macie: llevaba casi el mismo tiempo que yo trabajando y creció en la pobreza. Chaunté Wayans: sí, es una Wayans, pero también es lesbiana, lo cual no es nada fácil en el mundo de la comedia. Y Tracey Ashley me parecía graciosísima.

Les llamé: "¿Están listas? Más vale que sí, porque están a punto de brillar".

Todas ellas estaban entusiasmadísimas con la oportunidad, porque sabían lo que significaba no sólo para sus carreras, sino para la gente que nunca había visto su experiencia representada en un especial de Netflix. En una entrevista promocional, Flame dijo que esperaba que alguna niña en algún lado la viera y supiera que está bien vivir como una es. Representar no se trata sólo de marcar casillas, sino de validar la experiencia. Todo mundo quiere sentir que su vida cuenta. Te veo, Anton. Represéntate a ti mismo.

Las mujeres en *They Ready* tienen sus propios shows que están a punto de salir, caricaturas, películas. Eso vale más que el dinero. Es alimento para el alma ver brillar a mis amigas y saber que sus hijos tendrán mejores oportunidades.

Una de mis metas es hacer ochenta películas antes de los cincuenta. Cada vez que hago una película, se crean puestos de trabajo para cincuenta a doscientas personas. En el camino, hago uso del nepotismo en su máxima expresión. ¿Quieres que esté en tu estudio? Tienes que incluir a algunos de esos jóvenes de mi barrio que crecieron en casas de acogida. Tienes que ofrecerles una pasantía. No puedo trabajar contigo si no incluyes a algunos de mis chicos. Quiero vernos trabajar. Ayudar a crear riqueza generacional.

Cuando era niña, mi abuela me decía: "Somos grandes bolas de energía. Puedes ser energía positiva o negativa. ¿De qué tipo quieres ser? ¿Serás alguien con quien la gente quiera estar o alguien que hace que la gente se quiera ir?". Yo elijo ser positiva. Elijo el tipo de energía que une a la gente en vez de separarla.

Siento la obligación de ayudar a la gente a levantarse, como cuando ves un coche descompuesto a media calle. Puedes mirarlos como diciendo: "¡Pos qué mala suerte!". O puedes dejar de lado tu bolsa, arremangarte y darles un empujón. Cuando les das un empujón, toman impulso, prenden la marcha y *vruuum*, ahí se van, agarrando el volante. Ese coche va a seguir adelante por mucho tiempo. Y todo mundo es más feliz porque no hay una falla en el sistema que evite que la gente vaya a donde quiera.

BENDICIONES

LO QUE QUIERO SABER es por qué tanta gente ha pensado que tiene la obligación de decirme cómo debo llevar el pelo a lo largo de mi vida.

Cuando tenía dieciséis años, salía con un chico llamado Nate. Él no iba a mi escuela, pero hablábamos mucho por teléfono y a veces nos encontrábamos en el centro comercial Crenshaw. Mi compa Mona salía con su hermano, así que íbamos juntas a su casa en verano para pasar el rato y platicar, y a veces para besarnos un poco. Después Mona rompió con el hermano, así que me iba yo sola en autobús a ver a Nate. Nuestra relación era tranquila. Sólo la pasaba bien con él.

Una tarde calurosa, después de besarnos, Nate se apartó para poder verme la cara y me dijo:

—Sabes, serías mucho más atractiva si tuvieras el pelo más largo.

Me toqué el pelo. Generalmente lo llevaba recogido en un chonguito con fleco a la Shirley Temple, pero ese día me lo había planchado y rizado, así que estaba suelto.

—¿Qué quieres decir? El pelo me pasa de los hombros.

—Sí, pero serías más guapa si te llegara al trasero. Deberías ponerte extensiones.

Esto fue en 1996, cuando todo mundo, desde Aaliyah y Mariah a Janet y Toni tenían pelo largo, pero yo no sabía lo que eran las extensiones.

—¿Quieres que me ponga qué cosa? ¿Hablas de una peluca? No pienso gastar mi dinero en pelucas. Ya me lo gasto comprando boletos de autobús para venir a verte.

Aunque lo de Nate no era algo serio, me dolió que me dijera que no era suficientemente guapa como era. De por sí me sentía de la chingada con mi aspecto por culpa de mi mamá. Me decía que era fea todo el pinche tiempo, sobre todo después de su accidente, cuando se volvió increíblemente cruel. Recuperó el habla al cabo de unos meses, pero parecía que su mente sólo tenía espacio para las palabras más dolorosas. Las cosas que me decía me quemaron tan profundamente que me incendiaron por dentro. Hasta hoy siento la quemadura en mis intestinos.

Sigo escuchando el veneno en su voz cuando me sorprendía mirándome en el espejo mucho tiempo.

—Deja ese espejo. ¿Quién te crees? No hay gente vanidosa en esta casa. No necesitas un espejo para saber que eres fea como el pecado.

Ay, mamá. ¿Por qué tenías que decirme eso? Me miré en el espejo. ¿Sabes qué? Tiene razón. Mis orejas son demasiado chicas para mi cabeza y mi nariz es rara. Y luego me daba una paliza. Me encantaría decirte que no me importaba cómo me veía la gente, pero cuando tu mamá te dice que no eres bella, lo crees y duele un chingo. Una vez que plantó en mí la idea de que era fea, fue como si un cactus me aguijoneara el interior del cerebro; no se necesitaba mucho para mantenerlo vivo.

Como la mayoría de las mujeres, le he hecho millones de cosas a mi cuerpo para sentirme más guapa. Me he puesto pintura de guerra como si me estuviera preparando para pelear en la calle. Me he puesto

Vicks VapoRub en la piel porque vi en YouTube que le da más brillo y elimina las estrías. Creo que sólo hizo que mi frente se sintiera fresca como menta. Regina Hall me dijo que se ponía cinta adhesiva en la cara para las arrugas, así que saqué el Diurex y me lo puse por toda la cara porque esa mujer *no parece* tener cincuenta años. Me puse tanta que parecía una momia mientras dormía. Así que, sí, he probado muchas cosas, pero soy una chica sencilla. Si por mí fuera, preferiría mantener mi rutina sencilla en vez de hacer todo eso antes de salir de casa.

La cuestión es que, tras el éxito de *Girls Trip*, mi carga de trabajo aumentó, y con ella todo lo relacionado a las apariencias. La apariencia básica no funcionaba para las alfombras rojas y los estrenos y las entrevistas, para las que la mayoría de las estrellas gasta un montón de dinero y tiempo para prepararse. Conseguí las pestañas postizas, el maquillaje, el pelo indio, el estilista, el maquillador. Era demasiado. A veces me encantaba porque no tenía que preguntarme si estaba guapa o no. Era la responsabilidad de otra persona hacerme estar guapa, y era una decisión menos que tenía que tomar.

Pero a veces, cuando estaba en plena rutina, una parte de mí era como una niña de ocho años que gritaba: "¡Quiero ponerme tenis Jordan con mi vestido para la iglesia!". Así soy yo. Cuando escucho el llamado de ser yo misma, se libera mi espíritu. Pero la máquina trata de convertirte en una muñeca Barbie. Como si ser tú misma no fuera correcto. Odiaba esa sensación.

Eventualmente se me metió a la cabeza la idea de raparme. No llevar el pelo corto. No con pelusa de durazno. *Rapada*.

Todas las personas a quienes les conté mi idea trataron de convencerme de que no lo hiciera. Mis amigas me decían: "No lo hagas. ¿Y si tu cabeza es muy fea bajo el pelo?" Una amiga me dijo que debería consultarlo con mi hombre antes de cortármelo. A la chingada con eso. Ya estaba harta de que los hombres me dijeran lo que tenía que hacer con mi pelo. Le dije: "Soy una mujer adulta. No pienso consultar con ningún pinche hombre qué hacer con algo que le crece a *mi* chingado cuerpo". Mi representante y mi publicista fueron menos directos. "¡Claro! Qué buena idea. Me encanta . . . Ay, pero ¿sabes qué? Tienes ese evento pronto. Quizás no sea el mejor momento. ¿Quizás después de que termine esta sesión? ¿Quizás en seis meses?" Me daban todos esos "quizás" para distraerme con la esperanza de que me olvidara de raparme, pero nunca lo olvidé.

Cuando el encierro por coronavirus se empezó a extender por el mundo, me dije a mí misma: "No habrá ninguna alfombra roja en los próximos tiempos. No estoy grabando ninguna película. Y las películas que vienen quieren que use peluca. Y la peluca me va a quedar mejor si no tengo pelo". Me pensaba rapar por completo —quiero decir *por completo*— para ver lo que pasaba en mi cabeza.

Me gustaba mucho la idea porque todas las religiones del mundo hablan sobre la importancia de conocerse a sí misma. Yo ya me conocía del cuello para abajo bastante bien. Me había hecho un mapa corporal —ya sabes, como los que tienen en las morgues— para saber dónde estaban todas mis pequeñas abolladuras. Pero me di cuenta de que no sabía lo que tenía en la cabeza. Sólo había visto pedacitos de mi cráneo, como el lugarcito que me froto a un lado de la cabeza cuando me estreso —cuando digo: "Esto sí que está cabrón"—, a tal punto que casi lo dejo calvo. Pero es sólo un lugarcito. No sabía gran cosa sobre el resto de mi cabeza. ¿Cómo era mi cuero cabelludo? ¿Qué aspecto tenía? ¿Era plano, redondo, liso, arrugado o qué? ¿Tenía lunares allá arriba?

Sabía que tenía un montón de lunares en el resto del cuerpo —101 marcados en mi mapa corporal—, pero ¿y en la parte superior de la cabeza? Un dermatólogo me dijo que debería revisármelos cada seis meses, pero en cuarenta años no había checado una sola vez si tenía alguno en la cabeza.

De niña, mi abuela me dijo: "Tiffany, dondequiera que tengas un lunar, Dios te besó allí. Son tus bendiciones". Cuando me dijo eso, de inmediato pensé en mi tía, porque tenía lunares por todos lados:

por todo el cuello, el pecho, en los brazos, por todos lados. Daba la impresión de que se había revolcado en una caja de pasas. Pensé: "Caramba, Dios debe de haber querido mucho a mi tía".

Antes tenía dos lunares en la cara. Ahora sólo tengo uno porque me hice quitar uno de la barbilla. Cuando tenía unos veinte años, algo raro pasó con ese lunar y se me hinchó la barbilla como la cara de Will Smith en *Hitch*. Fui al doctor y me dijo: "Uy, *definitivamente* algo está pasando ahí. Vamos a tener que quitártelo".

Fui a la cita para mi primera —y única— cirugía plástica en Kaiser Permanente. Me pensaban dormir. Les dije: "Ah, no. Si me van poner a dormir, no lo voy a hacer". Así que me dieron lo mismo que te da el dentista; me anestesiaron toda la mandíbula y se pusieron a trabajar. Podía oír la sierra, el corte, el zumbido como si tuvieran una motosierra en el consultorio, pero no sentí nada. Y entonces el médico empezó a jalar el lunar, tirando, tirando de él. Por fin lo jaló con mucha fuerza y estiró lo que había sacado delante de mí: unas hebras largas y nervudas. Parecían cables telefónicos saliendo de mi cara.

El médico dijo: "Con razón estaba tan hinchado. Tienes todos estos pelos encarnados". Me mostró una mata de pelo que se retorcía como una araña en los fórceps. Cuando dejó caer la maraña de pelos negros en la bandeja, me sorprendió que la cosa esa no saliera corriendo.

—Bueno, pues qué tal si te quitamos el que tienes debajo del ojo también.

—Naooooo. Naoo mee vaooo a reeconseee. Naoo mee vaooo a reeconseee.

No podía hablar bien porque la mitad inferior de la cara no me funcionaba.

Estaba acostumbrada a ese lunar bajo mi ojo. No era mi rasgo favorito, pero me reconfortaba verlo en la mañana cuando me miraba en el espejo. *Sí, soy yo, la del lunar bajo el ojo*. Temía que nadie me reconociera sin él. Era eso lo que trataba de decirle al médico: "No me van a reconocer". No es que me encantara el lunar, pero era parte de mí, parte de quien soy, y no pensaba dejar que ese hombre me lo quitara. Así que todavía tengo ese lunar.

Como quiera que sea, quería descubrir cuántas bendiciones más tenía. Había estado hablando de raparme por un tiempo. Ya no quería seguir hablando al respecto. Era hora de *hacerlo*.

Una tarde durante el encierro, invité a algunas amigas y prendí la cámara de mi teléfono para que el mundo entero viera en Instagram Live cómo me cortaba todo el pelo. En aquella época, mis mechones me llegaban a los hombros. Estaban en buen estado, pero estaba dispuesta a deshacerme de ellos para sentirme más ligera.

Apreté el botón de "grabar" y anuncié: "¡Me voy a cortar el pelo!". Junté mis mechones en la parte superior de la cabeza para poder llegar a la parte de abajo, donde tengo ese pelo 4C. Mi pelo es unidad. Cada mechón quiere entrelazarse con otros mechones; son tan unidos que he roto esos peines "irrompibles". Levanté las tijeras y una amiga me gritó que no lo hiciera, pero dije: "¡Hago lo que se me dé la gana!". Mientras agarraba un mechón suelto, me dijo: "Dios mío, Tiff, espera". Pero era demasiado tarde. Lo hice. Mis amigas se volvieron locas, diciendo que tenían que tener el estómago lleno para ver lo que estaba haciendo, pero a mí me encantó. Empezaron a discutir sobre cuál restaurante servía el mejor desayuno. Mi compa decía que odiaba Waffle House, lo cual es una pendejada porque Waffle House es una bomba, y además la he visto comerse como el 85 por ciento de mi desayuno cuando vamos allá.

Un mechón tras otro cayó al suelo y mi silueta se transformó. Se veía muy cenizo allá arriba porque llevaba mucho tiempo con esos mechones. En cierto momento, como a la mitad del proceso, me veía muy loca, con un pedazo de cuero cabelludo reluciendo. Mis amigas se pusieron como locas, gritándome que estaba cometiendo un error. Pero era sólo pelo. No era la primera mujer que se cortaba el pelo Un buen estilista puede trabajar con cualquier cosa. Hay chicas que se sientan en el sillón sin pelo y salen pareciendo sirenas. Seguí adelante, y con cada corte me sentía más libre. Como si estuviera podando todas las pendejadas. *Chas. Adiós, trenzas tan apretadas que me dan dolor de cabeza. Chas. Adiós, pasarme de cuarenta y cinco minutos a una hora pensando en qué estilo llevar. Chas. Adiós, brazos adoloridos de tanto detenerlas sobre mi cabeza, retorcerlas, peinarlas, sujetarlas.* Al final, era de nuevo la edición original de lo que Dios hizo. *Hola, Modelo Básico Tiff. Hola, yo.*

Guardé algo del pelo que me corté para mi Biblia. Si pones tu cabello en la Biblia, regresa más fuerte. Es por eso que ponen el pelo de los bebés allí, porque está protegido por la Palabra.

Cuando terminé, tenía una especie de halo alrededor de la cabeza Parecía de los años 1980. También me parecía un poco a mi tío Charles —quien nació en 1930—, pero de alguna manera me veía *bien.* Los hombres aún me cogerían. Y, ay Dios, qué bueno era peinármelo y pasarme los dedos por él; era suave y algo esponjoso.

En ese momento todavía me quedaba como un centímetro de pelo, y quería quitármelo todo para que el resto de mi cabeza coincidiera con mi frente, pero necesitaba esperar un par de días para que las arrugas del cráneo desaparecieran. Esa noche, me unté algunas moras y jugos de mi jardín en la cabeza, y después me puse un poco de licuado de col rizada para que el cuero cabelludo se asentara y se alisara.

Unos días después, estaba en Mississippi. Era un día nublado, el aire estaba húmedo y pesado, pero me sentí ligera al sentarme para afeitarme el último centímetro de pelo. Shush. Shush. Shush... pero con cuidado para no mancharme de sangre. En poco tiempo, estaba reluciente. Mi mamá debe de haberme dado a luz sin problemas porque tengo una cabeza bien formada.

Las yemas de mis dedos conocieron a mi cuero cabelludo calvo. *Hola, cuero cabelludo. Encantadas de conocerte. Veamos cómo eres. ¿Sabes qué? Eres suave como un pene. Qué bonito. Eres un poco plano por detrás, pero está bien. Bueno, ¿qué más? Bien, hay dos lunares más. Ya son 103. Supongo que Dios también me quiere mucho. Espérate, ¿qué es esta parte que se siente como si tuviera una cabeza de carne masticada?* Giré el espejo y vi dos cicatrices que había olvidado que tenía.

Me toqué atrás y de inmediato recordé de dónde venía esa parte masticada. Cuando estaba en primero de primaria, estaba en el patio de recreo dominando el espiro. Rebotaba sobre las puntas de los pies, gruñendo: "¡ARRRJJ!", como si fuera Serena Williams. Debo de haberle pegado al espiro demasiado fuerte, porque cuando dio la vuelta, hizo ¡ZAZ! justo en mi cara. Mi cabeza golpeó el suelo como si alguien me hubiera noqueado. Me abrí la parte trasera de la cabeza. Lo siguiente que vi fue a la enfermera de la escuela poniéndome hielo y tratando de detener el sangrado con una compresa. Era una herida grande, así que había mucha sangre. Resulta que tenemos muchos vasos sanguíneos en el cuero cabelludo.

En la época, mis hermanas y hermanos y yo todavía vivíamos con mi mamá, así que la enfermera le llamó para que me recogiera. Mi mamá llegó, le echó un vistazo a mi cabeza que sangraba por toda la enfermería y dijo: "No es para tanto. Vámonos". Creo que la enfermera se sorprendió con la reacción de mi mamá, porque como dije, había *mucha* sangre.

Mi mamá no tenía recursos para ciertas cosas. Y supongo que tampoco teníamos seguro médico. No es que pasáramos hambre, pero no sobraba dinero. O no lo sé. Tal vez sí teníamos seguro médico y simplemente no tenía ganas de llevarme al médico porque estaba exhausta. Era gerente en la oficina de correos, trabajaba el turno de noche y sólo llegaba a casa a las cinco de la mañana. También tenía su propio negocio, y además tenía que cuidarnos. Mi cabeza ensangrentada era una pendejada más que añadir a su lista de cosas por hacer.

Me llevó a casa, me cortó el pelo alrededor de la herida y me puso papel higiénico en la cortada como te lo pones bajo los calzones cuando te llega la regla y no tienes toallas sanitarias. Después la cubrió con una curita y un poco de cinta adhesiva y me jaló el pelo hacia atrás para cerrar el corte. Jaló con tanta fuerza que parecía que trataba de sacarme los pensamientos de la cabeza. Me veía muy rara porque me hizo una cola de caballo arriba y luego una segunda en la parte de atrás. Parecía un Snork cabeza de pollo.

Por eso tenía una cabeza de carne en la parte trasera del cráneo: porque me ataron el pelo en vez de darme puntos.

Pero también descubrí otra cicatriz al explorar mi nueva cabeza de pene.

Sabes que cuando haces alguna pendejada la gente te pregunta: "¿Qué te pasa? ¿Te tiraron de cabeza cuando eras niña?". Bueno, pues sí me tiraron. Cuando tenía seis años, mi mamá me estaba ayudando a salir del coche. No sé bien qué sucedió, pero de alguna manera me resbalé de sus brazos. Ella hizo "Ups" y me dejó caer por accidente. Mi cabeza golpeó la acera. Duro. Mucha sangre.

Esa vez sí me cosieron. Me volvió a meter al coche y me llevó al hospital, pero en el camino me dijo que no podía decirle al médico cómo me rompí la cabeza. Me dijo: "Sólo di que te caíste del coche". Ahora que soy mayor, pienso que mi mamá probablemente estaba paranoica porque como un año antes tuvimos un accidente y mis primos y yo estábamos en el asiento trasero sin cinturones de seguridad. Al chocar, todos volamos hacia delante, y mis primos cayeron encima de mí. Se me rompió la pierna izquierda. Aunque era muy pequeña, recuerdo todas las preguntas en la sala de urgencias sobre qué fue lo que pasó que hizo que me rompiera la pierna. ¿Dónde estábamos sentados? ¿Cuántos éramos en el coche? ¿Quién manejaba? ¿En qué cruce de calles? Un sinfín de preguntas. Como si mi mamá les estuviera ocultando algo. Como si no creyeran que fue un accidente de coche lo que me rompió la pierna.

De manera que, cuando mi mamá me dejó caer de cabeza, sabía que los doctores revisarían mi historial médico y verían que había llegado con una pierna rota y ahora estaba allí de nuevo con una cortada sangrienta en la cabeza. Pero mira, si una familia blanca llega con una niña que ha estado en urgencias dos veces en dos años, el personal dice: "Ay, qué mala suerte. ¿Dos accidentes? Pobrecita. No te preocupes. Nos ocuparemos de todo". Pero si eres negra y llegas con una niña sangrando de la cabeza y una historia dudosa, se abre una investigación y los Servicios de Protección de Menores intervienen. No necesitábamos nada de eso y mi mamá lo sabía, así que me pidió que dijera que me había caído.

Cuando eres niña, haces todo lo que tu mamá te pide. Es la reina. Piensas: *Esta persona me alimenta, me viste, me da un techo; la voy a adorar.* No sabes quién es Dios cuando naces, así que tu mamá es Dios hasta que te das cuenta de que no es así. Eso pensaba de mi mamá. Todo mi mundo giraba alrededor de ella.

Solía hacer pasteles de barro para mi mamá para demostrarle lo mucho que la quería. Salía al jardín y cogía grandes puñados de barro, luego regresaba a la casa, tomaba todas las especias y condimentos que encontraba en el armario, lo mezclaba todo y le daba forma de empanada. Entraba de puntitas al cuarto de mi mamá y le ponía el plato de barro y canela frente a la nariz. "Son para ti, mami, porque trabajas tanto. Eres la mejor mamá del mundo." Ella levantaba medio párpado y decía: "Muchas gracias. Ahora deja dormir a tu mami trabajadora". Me iba a limpiar la cocina mientras esperaba a que se levantara. Cuando por fin salía, me cargaba y me daba el mejor abrazo . . . de esos en los que te sientes completamente dentro del cuerpo de la persona. Me abrazaba tan profundamente que ni siquiera se me veía por detrás. Podía respirar hondo y descargar en ella todo el dolor que sentía. Todavía sueño con esos abrazos.

No era perfecta, pero la amaba. Si quería que dijera que me había caído del coche, estaba bien, era eso lo que diría. Cuando el médico entró, le dije directamente: "Me caí del coche".

En realidad no mentí. *Sí* me caí del coche. Puede que me hayan ayudado un poquito, pero como quiera me caí.

Sólo quería complacer a mi mamá, hacer lo correcto y obtener su aprobación. Todos queremos que nuestro dios nos apruebe.

Quizás no todas sean visibles, pero tengo muchas cicatrices. Mi vida ha estado lejos de ser perfecta. Como dije, mi papá me abandonó cuando tenía tres años. Vi a mi mamá volverse loca impredecible tras su accidente. Viví en casas de acogida. Me metieron al edificio del condado, me sacaron del pinche edificio del condado a la calle, he estado en refugios para indigentes, he dormido en mi coche, me han faltado al respecto, me han violentado, me han lastimado. He tenido que luchar por cada maldita cosa que tengo, y tengo las cicatrices de batalla para demostrarlo.

Pero ¿sabes qué? El tejido cicatricial es muy duro. Cuando un caballo se corta, la piel vuelve a crecer, formando una dura cicatriz que se llama carne orgullosa. Me parece correcto. Estoy orgullosa de saber que lo que he vivido me ha hecho más fuerte.

Vivir cosas duras me ha hecho más compasiva. Cuando me topo con alguien grosero o malintencionado, no siempre supongo que nacieron pendejos. Les tengo empatía porque obviamente algo pasó que los hizo sentir que tenían que portarse así. Su espíritu está jodido. Así que rezo por ellos.

Hay gente que no ha tenido que luchar, que no ha vivido ninguna injusticia. Ni siquiera saben cómo es. Lo pueden ver en la televisión, pero no es su propia vida. Piensan: "Todo me parece justo. Me pagaron la educación. Apenas me gradué, me fui a trabajar a la empresa de mi papá. Tengo tierra. ¿Cuál es el problema?". No han tenido que luchar por nada. Pero nunca he conocido una sola persona de éxito que no haya tenido que luchar de alguna forma . . . algo que haya tenido que superar antes de llegar al siguiente nivel.

Todo el peso que he cargado en mi vida me ha hecho bien pinche fuerte. Nuestras experiencias nos moldean, nos hacen ser quienes somos. Si las cosas hubieran sido diferentes, si hubiera crecido con papás ricos en los suburbios, quizás sería una niña mimada con una herencia. Quizás tendría un trabajo de atención al cliente de nueve a cinco. Quizás no sería para nada graciosa si no hubiera pasado por todo lo que he pasado. Sería sólo una cara bonita con un talento no descubierto. Todo lo que me ha lastimado, lo que me ha hecho sentir mal, lo he usado. Todo lo que soy capaz de hacer, todo a lo que puedo acceder con mi comedia, creció después de la tragedia. Porque, ¿sabes lo que es la mierda? La mierda es fertilizante; te hace crecer.

El dolor es como un regalo. Un regalo que no siempre quiero, sin duda, pero una vez que lo recibo, busco la forma de transformarlo en una bendición. Algunas bendiciones pesan.

Hay días en los que me imagino otro mundo en el que mi mamá nunca tuvo ese accidente . . . un mundo en el que se enfermó y no fue a trabajar ese día y su cabeza nunca atravesó el parabrisas y no terminé con una mamá que me ponía comida chatarra en mi lonchera y se peleaba conmigo porque llegaba tarde en la adolescencia. Cuando tiene momentos de calma y tranquilidad, puedo ver a esa mujer dentro de ella, pero no logro llegar hasta ella.

En mi egoísta mundo ideal, conozco a alguien mágico capaz de curar a la gente como en *The Green Mile*. Michael Clarke Duncan toma a mi mamá en sus enormes manos, le sopla suavemente hasta que brilla un halo de luz, y todo lo malo sale de ella y se va flotando por la ventana. Recupera su cognición por completo y recupero a la mamá que recuerdo.

Pero sé que sólo es una película. En el mundo real, tengo que entender que mi mamá tiene una enfermedad mental. No es fácil ver a alguien que amas y saber que su cerebro no está bien. No sé si esos genes en ella se hubieran activado en algún momento de todos modos o si el accidente la destrozó de tal forma que rompió lo que fuera que contenía la enfermedad que se derramó por todo su cerebro. Como quiera que sea, no tenía control sobre muchas cosas cuando yo era niña, lo que significaba que había muchas cosas maternas que no podía hacer . . . no porque no quisiera hacerlas, sino porque no funcionaba con las herramientas necesarias para criar a cinco hijos. Quizás su forma disparatada de amarme era como tenía que ser amada, y es por eso que ahora soy quien soy. Quizás es por eso que mi corazón es un instrumento sensible que responde como lo hace. Quizás es por eso que estoy maldecida con alegría y con la necesidad de compartirla con todos.

Hace poco, mi mamá se encargó de cuidar a mis mascotas mientras yo estaba de viaje. No había cuidado nada sola desde que éramos niños, pero necesitaba que alguien alimentara a mi gato y mis perros y los ejercitara mientras yo rodaba *Mansión embrujada*. A los pocos días del viaje, mi hermana me llamó.

—Tiff, no lo vas a creer. Mamá está tan bien. No habla sola. No se enoja. Le habla a tus mascotas. Las adora, las saca a pasear, las limpia. Nunca la vi sonreír tanto en toda mi vida.

Mira nada más. Yo no pensaba regalarle mis animales a mi mamá —los necesitaba— pero cuando regresé del rodaje, le conseguí un perro precioso: un bulldog al que llamamos Satin. Mi mamá estaba radiante. Estaba feliz. Abrazaba al perro, me abrazaba a mí. Duerme con él, lo baña, le compra ropitas.

Al verla con Satin, me di cuenta de que necesitaba algo que cuidar. El tiempo que estuvo mejor fue cuando nos cuidaba a sus hijos, aunque su forma de hacerlo no fue perfecta. Curarme la cabeza rota lleván- dome al hospital para que me dieran la atención que necesitaba aunque no supiera lo que pensarían de ella . . . esos fueron algunos de sus mejores momentos.

Con mi cabeza tan calva como nalgas de bebé, podía verme de verdad. Mi pelo había sido como un marco, y los marcos pueden distraernos de lo que hay al interior. Raparme fue como quitarle un gran marco a una pintura y ponerla en una pared blanca para poder apreciarla de verdad.

¿Has visto cómo reaccionan los bebés cuando se ven en el espejo por primera vez? Así me sentía. ¡Mira eso! Dios mío. Eres hermosa. *Mírate. Toda tú. Cada parte. Te ves guapa, nena. Mira esos ojos. Esos ojos están muy bien. Están bien separados. Mira esa nariz. Es linda. Mira esos labios que Dios hizo. Dios hizo un buen trabajo contigo. Felicidades, Dios.*

Miré las pupilas de mis ojos y me enamoré de mí misma. Sentí que ahora sí me conocía de verdad, de los pies a la cabeza. Nadie me podía hablar de mí como yo lo podía hacer. Ni mi mamá, ni los publicistas, ni siquiera Nate a los dieciséis años.

Me toqué las cicatrices en la calva. No estaba enojada con mi mamá por vendarme el cráneo en vez de llevarme a que me cosieran o por pedirme que mintiera en el hospital. Era una mujer negra con un bebé sangrando y tenía miedo de que le quitaran a su bebé. Todos tenemos nuestro dolor.

Salí a la calle, donde había empezado a llover. Soplaba el viento y me dieron escalofríos en la cabeza. Las gotas de lluvia se sentían como si Dios me estuviera dando un millón de besitos por toda la cabeza. Como si me estuvieran bendiciendo o bautizando con esas sensaciones increíbles. Empecé a llorar un poco. Cuarenta años en este planeta y nunca había sentido nada igual.

¿Si me muriera y fuera al cielo o al purgatorio y me dijeran: "Mana, ¿ya llegaste? Qué pena, porque te perdiste esa sensación", y luego me dieran una probadita de la sensación de la lluvia en la cabeza, de amarme a mí misma, de conocerme por completo, con todo y cicatrices? Me pondría furiosa. Les diría: "Mándame de vuelta. ¿Cómo regreso? ¿Dónde está la taquilla para los boletos de vuelta?". Pero no me la perdí. Estaba allá afuera sintiendo la lluvia caer sobre mi calva, cubriéndome a mí y a todas mis bendiciones.

TARRO DE MIEL

HAY MUCHAS ABEJAS EN mi jardín ahora. No me quejo. Las tengo en mi propiedad a propósito. Una compañía llamada Flamingo Estates organizó una recaudación de fondos para instalar colmenas en propiedades de diversas celebridades para vender la miel. Cuando me propusieron la idea, me dijeron que, si quería participar, tendría que tener las abejas durante seis meses. El dinero que ganaran se usaría para apoyar a una organización que ayuda a los niños a no abandonar la escuela y les proporciona vivienda. Sé lo que significa no tener vivienda de niña, así que les dije: "apúntenme".

Un apicultor trajo una caja de madera azul Tiffany con la palabra "Flamingo" en el exterior. Cuando la vi, pensé: ¡Me van a dar unos flamencos! Pero entonces recordé las abejas. La caja es una especie de fichero, con cajones para guardar los panales. La colocó junto a mi floripondio, que tiene unas flores grandes y preciosas que cuelgan con la boca abierta hacia la tierra. Cuando se fue el apicultor, las abejas empezaron a salir y a explorar el jardín. No quise acercarme demasiado

—no quería que me picaran— así que me quedé en el porche observándolas explorar. Las dejé en paz y me dejaron en paz.

El apicultor venía cada dos semanas para ver cómo estaban mis abejas. Me acostumbré a tenerlas, y conforme me acostumbraba, me empecé a acercar más y más. Me apoyaba en su caja para verlas ir y venir, y ellas me ignoraban. De vez en cuando, alguna se sentaba en mi hombro. Les hablaba, hablándoles sobre mi día, contándoles chistes. Combinaba mi comedia vegetal con comedia de abejas. Las abejas son mejor público, porque al menos hacen ruido, no como mis pinches plantas maleducadas.

Me emociona tener abejas porque sé que ayudan a que el huerto crezca. Me encanta mi huerto. Si cultivas tu propia comida, siempre podrás comer, pase lo que pase en tu carrera. Si te despiden de una chamba, puedes ir a casa y hacerte un licuado de col rizada y estarás bien. Mi familia ha tenido huertos desde que tengo uso de razón. Mi abuela y su gente eran aparceros y ella mantuvo la tradición, sin el trabajo agotador y la explotación. Me pasé mucho tiempo en los árboles frutales que tenía alrededor de la casa: granados, limoneros, naranjos. Había un eucalipto, un nectarino, un duraznero, un nogal. (Déjame decirte algo: no plantes nogales en cualquier lado porque aparecen las ratas. Las ratas y las ardillas te joden los nogales.) Comía aguacates y ciruelas de los árboles durante el día, y luego me la pasaba en el escusado toda la noche. Tenía los intestinos que mejor se movían en todo South Central. Mi estómago era muy plano.

Ahora que tengo mi propio huerto, estoy en él todo el tiempo. A veces salgo en mi vestido de noche después de algún evento. Está oscuro afuera y prendo mi linterna y le echo un vistazo a mis plantas como una ladrona sexy. Me gusta cultivar. Hay algo en criar una planta desde que es una semillita, asegurándome de que reciba lo que necesita, que me llena el alma.

Apenas llegó la primavera, mis abejas empezaron a enjambrar. Salí de la casa un día y habían cubierto el floripondio por completo—y mi plantita de marihuana que cultivo allí (no me delaten)— con sus cuerpos apilados, tarareando una canción desafinada. Me acerqué de puntitas para ver qué pasaba y empezaron a bajar del árbol en tropel. Rodearon el jardín como una gran nube oscura. Si hubiera sido un dibujo animado, hubieran formado una flecha y me hubieran perseguido, pero en vez de eso se elevaron hacia el cielo más allá de los cables eléctricos y se separaron, unas hacia el este y otras hacia el oeste. Sólo quedaron unas cuantas. ¿Mis abejas me habían abandonado? ¿Me dejaron así nomás? Me empezaba a sentir rechazada, pero unos cuarenta y cinco minutos después regresaron.

La siguiente vez que vi al apicultor, me explicó que mis abejas estaban haciendo lo que estaban destinadas a hacer en este planeta: trabajar. Le estaban enseñando a las abejas más jóvenes cómo volar, cómo recoger polen y, probablemente, algunas de ellas también estaban montando a la reina.

Al parecer, cuando llega el momento de aparearse, las abejas de miel se alejan. No cagan donde comen. Lo hacen en el aire como acrobacia sexual aérea. Los zánganos machos se mueren después de la diversión, pero la reina sobrevive. Puede producir hasta dos mil huevos por día. Es una hembra muy ocupada. Se pasa toda su pinche vida teniendo bebés abeja.

De niña, pensé que yo sería así. Tendría un montón de hijos . . . tal vez no dos mil, pero quizás unos cinco de cuatro papás diferentes. Cobraría el cheque del condado. Casi todo mundo en mi barrio tenía hijos. Si tuviera un hijo, lo llamaría Illuminate porque iluminaría el cuarto. Abreviado, Nate. Si fuera una niña, se llamaría Clarity. Me imaginaba parada en la puerta llamándola: "Clarity, ¡te necesito ahora mismo!". La vida no me ha salido así, para bien y para mal. Sobre todo para bien.

Me he embarazado varias veces, pero ninguna llegó al término. No es que quisiera tener un hijo con ninguno de esos hombres, pero creo en seguir el camino que Dios ha trazado para mí. Si alguno de esos embarazos hubiera resultado en un bebé, lo habría criado como mamá. Pero hasta ahora, el camino que Dios trazó para mí parece no incluir hijos, porque mi cuerpo no los mantiene. He perdido más bebés de lo que me debería tocar a lo largo de los años. De hecho, el más reciente fue hace sólo unos meses.

En el pasado, cuando sufría un aborto, no se lo contaba a nadie. Es un asunto privado. No quiero hablar al respecto. ¿Qué pueden hacer los demás? No son Dios. No pueden deshacer lo que sucede en mi interior. Pero por alguna razón, esta vez se lo conté a mi amigo y mánager musical porque me llamó justo después de que sucediera. Me invitó a salir, cosa que definitivamente no quería hacer. Traté de fingir que estaba tranquila.

—Nel, estoy bien. Me voy a quedar en casa esta noche –le dije.

—Vamos, levántate, nena. Vamos al antro.

—No quiero ir a ningún lado.

Sólo quería acurrucarme en un rincón, pero mi amigo insistía.

—Tiffany, deja de ser así. Vamos a bailar.

Por fin le dije:

—No tengo ganas de bailar. Acabo de perder un bebé.

Eso lo hizo dejar de insistir. Es un buen tipo, así que de inmediato se ofreció a venir a cuidarme. Le dije que no, que estaba bien y no necesitaba ayuda, porque para mí era normal que mi cuerpo se doblara y sangrara. Estaba acostumbrada a tener mucho dolor en el útero. Quería hacer lo que siempre hago en esos casos: llenarme de ibuprofeno, dormir todo lo posible, lamerme las heridas, preguntarme qué carajos le pasa a mi cuerpo y luego regresar a la lucha. He superado ese dolor muchas veces. Casi nunca me he tomado tiempo libre para superarlo. He estado en el plató con una gran compresa entre las piernas, diciéndome que tenía que dejar de preguntarme por qué mi útero no funciona y regresar al trabajo. De hecho, cuando mi amigo me llamó, estaba trabajando. Estaba en medio de una entrevista con un periodista.

La he pasado terrible con mi menstruación desde que tenía trece años. A partir de mi cuarta o quinta menstruación, mi cuerpo se retorcía de dolor cada vez que sangraba. Todo mes, era el dolor más insoportable que te puedas imaginar. Quería derrumbarme porque me sentía tan destrozada. Me dejaba sin fuerza. Me quedaba dormida en clase todo el tiempo y, ay Dios, estaba tan irritable. Me peleaba como en Rumble in the Jungle con mis hermanos o con cualquiera que me mirara de reojo. Cuando me quejaba de lo incómoda que me sentía en la escuela, me mandaban a la enfermería, donde me daban un Tylenol, que mi dolor miraba y decía: "Qué tierno".

No entendía por qué nadie más parecía sentir lo que yo sentía. Ninguna de mis amigas en la prepa mostraba signos de que sus entrañas hubieran estado ardiendo durante la cuarta parte de sus vidas. ¿Eran muy buenas fingiendo? ¿Cómo podía ser esto normal? Quizás todo estaba en mi cabeza. Quizás estaba creando un gran problema de la nada y sólo tenía que aguantarme.

A veces, el dolor era tan fuerte que me subía al coche y gritaba con todas mis fuerzas. Me dolía tanto, sobre todo cuando empecé a tener relaciones sexuales. Toda vez que me encontraba con mucha carne, sentía como si me estuvieran arponeando, como si alguien me apuñalara en la garganta. Contaba los minutos, preguntándome cuánto tiempo más me destrozarían las entrañas. Aguantaba todo lo posible hasta que apartaba a mi hombre y le decía: "¿Qué tal si te hago un sándwich?". Hice muchos sándwiches.

Eso causó problemas en mis relaciones. Supongo que sólo puedes alejar a alguien un cierto número de veces antes de que se vaya. Pero pensé que era así con todas las mujeres.

Un hombre con quien salí un tiempo solía decirme que su abuela le contó que, si una mujer se quejaba de la menstruación, era porque era débil. Odio sentirme débil, así que dejé de quejarme.

Le conté todo esto a mi amigo y él insistió mucho en que lo que estaba describiendo no era normal. Me dio el número telefónico de una especialista que conocía. Él es de lo más gay, así que no sé cómo conocía a una doctora de conchas, pero la conocía. Me dijo que esa doctora se movía en círculos importantes. No sólo atendía a las estrellas, sino también a reinas y princesas. Ella descubriría lo que me pasaba, me dijo. ¿Y sabes qué? Lo hizo.

No es que nunca hubiera ido al médico. Era una tortura que me metieran un espéculo, pero me examinaron un montón de veces para tratar de determinar qué me pasaba. En uno de esos estudios, a los treinta y pocos años, me enteré que mi útero era pequeño y tenía forma de corazón. La doctora me dijo que aunque tenía muchos óvulos, era muy poco probable que pudiera gestar. Me ofrecieron operarme para corregirlo y aumentar mis chances de tener hijos. Pero dije: "No lo sé. Tal vez sea el control de natalidad de Dios". En ese momento de mi vida, sentía que no quería tener hijos. No estaba hecha para eso.

De hecho hay una pequeña posibilidad de que tenga hijos en algún lado. Doné un montón de óvulos cuando tenía veinte años y necesitaba dinero. Me tuve que inyectar en el vientre todos los días y manejar hasta Orange County para los exámenes. No podía tener sexo con nadie mientras estuviera en el programa, porque producía de cinco a veinticinco óvulos, lo que significaba que, con la pura mirada de algún espermatozoide, tendría un montón de bebés. Se suponía que la clínica me mandaría un cheque si alguien eligiera uno de mis óvulos.

Nunca me afectó mucho no ser mamá. La gente me dice que debería intentarlo, pero siento que ese no es mi propósito. Creo que los niños son hermosos. Son un regalo maravilloso de Dios. Los amas, ves en ellos crecer una versión miniatura de ti misma, te alegra que estén aquí en este planeta. Es increíble. Y sin embargo, he visto tanto dolor y sufrimiento, que no sé si debo traer otra alma a este desastre.

Sé que hay gente que piensa que no eres una mujer completa si no tienes hijos, pero eso es una pendejada. Hay muchas otras formas de esparcir tu amor y alegría por el mundo. Todos tenemos diferentes papeles que desempeñar. Diferentes dones que dar.

Mira mis abejas. Todas realizan trabajos diferentes. Hay muchas maneras de vivir lo mejor de una vida de abeja si eres abeja. Está la reina, desde luego, pero también están las trabajadoras que hacen de todo, desde producir alimento para los bebés, hacer miel, construir panales, buscar néctar, proteger la colmena, buscar lugares para hacer una colmena y, por supuesto, bailar. Nos dan miel para el té y cera para las velas e ingredientes para jabones y maquillaje. Dicen en internet que Madam Tussauds incluso usa cera de abeja para hacer sus maniquíes. Nadie le dice a esas abejas que no viven plenamente porque no producen bebés.

Cuando pasaron los seis meses y terminó la recaudación de fondos, Flamingo Estates me llamó y me dijo que vendrían a recoger las abejas. No pensaba dejar que nadie se llevara mis abejas. Había aprendido a amarlas y ellas aprendieron a amarme. Teníamos una relación. Le dije a Flamingo Estates que compraría las abejas, y ahora prosperan en el barrio, dando vida al huerto y miel para la mesa. Se supone que mi floripondio sólo florece una o dos veces al año, pero florece todo el tiempo gracias al trabajo de mis abejas. Producen ocho frascos de miel cada dos semanas porque tienen la energía Haddish.

Decidí hacer una cita con la doctora que me recomendó mi amigo. No fue barato —y no aceptan seguro médico—, pero valió la pena. Era atención médica como la atención médica debería ser. Está jodido que la única razón por la que tuve acceso a un buen tratamiento es porque por fin tengo el dinero para pagarlo. Se sentó a hablar conmigo de verdad, y sobre todo a escuchar. Le dije que todo mes siento que tengo gente en mi útero, arañando las paredes, tratando de arrancarme las trompas de Falopio. Como si estuvieran allá dentro con uñas de gato, agujerando todo mi maldito canal vaginal. Que a veces hasta el trasero me duele. Le conté de mis abortos. Le conté cómo dolía tener sexo. Le conté lo cansada que estaba. Le conté todo.

Me examinó y me dijo que no tenía el útero en forma de corazón. Me mostró una imagen de ultrasonido en una pantalla de ochenta y cinco pulgadas. Nunca había visto mi concha tan grande. Me mostró los lugares donde mi útero producía capas adicionales, tanto por dentro como por fuera. Y me dijo que tenía una enfermedad llamaba endometriosis.

Endometriosis es una enfermedad en la que el cuerpo produce un tejido similar al del útero por toda la sección media del cuerpo. Duele un chingo, hace que tu ciclo menstrual sea muy pesado y puede causar infertilidad. No puedo creer que tuve que esperar hasta los cuarenta y cuatro años para enterarme de que la menstruación no debe doler. Me habló de los diferentes ejercicios y dieta que me ayudarían a aliviar los síntomas. Pero lo que de veras hizo por mí fue hacerme entender que no estaba loca ni era débil.

Lo que más me gusta ahora es hablar de la endometriosis cuando platico con hombres. Les digo: "Mi endometriosis me está madreando". Y dicen: "¿Endomequé? Nunca he oído hablar de eso. ¿Qué es eso?".

Les digo: "Búscalo en Google ahora mismo y léelo en voz alta". Empiezan a leer y se les saltan los ojos de las órbitas. Luego avientan el teléfono al suelo como si fuera infeccioso y no quieren saber nada de él. Ojalá a los hombres les diera endometriosis. Si les doliera eyacular, encontrarían una cura de inmediato. Y cualquier médico sabría qué hacer para disminuir el dolor, hasta los podólogos.

Durante el examen, la doctora me dijo que todavía me quedaban muchos óvulos. Saberlo no me hizo querer tener un bebé, pero me hizo preguntarme qué sucedió con todos esos óvulos que doné hacía veinte años. Cuando llegué a casa, busqué el recibo de mi donación de óvulos donde lo había guardado entre las páginas de un antiguo diario. (Soy acumuladora.) El número de teléfono estaba borroso, pero aún podía leer la dirección de la clínica en Orange County. Recordé más o menos dónde estaba. Fui hasta allá una tarde asoleada una semana después.

El edificio era el mismo, quizás un poco más oscuro. Pero al acercarme vi que la clínica había cerrado y ahora era un centro de salud mental. No sé qué hicieron con mis óvulos. Quizás hay un montón de medio Tiffanys por ahí. O quizás los óvulos se están pudriendo junto a unas cáscaras de plátano en algún contenedor de basura.

No estoy tratando de tener un bebé, pero últimamente he tenido algunas noches inquietas en las que pienso que he tomado malas decisiones. Si me embarazara hoy, aceptaría los planes de Dios. Pero no tener hijos también puede ser una bendición, porque me da más tiempo para estar disponible para los demás. Si tuviera mis propios hijos, estaría muy enfocada en ellos y quizás no podría hacer todas las otras cosas que Dios quiere que haga . . . como la comedia. Es maravilloso poder hacer lo que adoro hacer y compartirlo. Cuando oigo reír a una sala por un chiste que conté, me olvido del dolor de mi cuerpo.

Quién sabe. Quizás algún día decida adoptar. Tendré un par de niños de unos siete años de edad, cuando ya sepan ir al baño solos. Me gustaría que esos niños supieran: "Mira, te escogí para que estuvieras conmigo", y les ayudaría a descubrir su papel en el mundo, su propia manera de crear alegría.

Por ahora, cuido a las abejas y ellas me cuidan. Me despierto a las seis todos los días. Me siento en el jardín y les hablo mientras ellas ofrendan su regalo al mundo. Hago cosas que le hacen bien a mi cuerpo —algunos movimientos de hula-hula y algunos estiramientos para que fluya la sangre, una cucharadita de miel en té de diente de león para calmarme— y ya no siento tanto dolor.

Trato de ver el lado positivo de todo el dolor que sufrí todos los meses durante tantos años. Quizás el dolor me fortaleció. El sufrimiento me permitió apreciar más los buenos momentos. Lo que no he hecho me permite apreciar más todo lo que sí he hecho. Y todo lo que he vivido me ha dado la fuerza para prepararme para todo lo que me queda por hacer. El futuro me sonríe. Viene otro programa especial en camino, he estado componiendo música, comprando propiedades, ayudando a jóvenes en casas de acogida y trabajando en la tienda de abarrotes. Cuando pienso en mi vida, se me erizan los pelos del brazo porque me siento muy bien. Puede que mi tarro de miel allá abajo esté vacío, pero mi alma está llena.

TE MALDIGO CON ALEGRÍA

GRACIAS POR ACOMPAÑARME EN esta travesía, por escuchar mis historias, aunque no todas hayan sido de risa. Sólo tengo una cosa más que compartir contigo antes de que te vayas.

`Dios me puso en la Tierra para esparcir alegría como los cogelones esparcen herpes. Al final de todos mis espectáculos, maldigo al público con toda la alegría y felicidad que puedan soportar. Así es que, lector o lectora, a ti también te maldigo con alegría. Te maldigo con alegría —no con conflictos— porque si eres mi enemiga, la adversidad sólo te fortalecerá. Si eres mi amiga, ya eres fuerte y quiero que seas feliz. Espero que te hayas infectado tanto con amor y con éxito que, cuando estornudes, estornudes alegría. Cuando cagues, cagues éxito. Espero que todas ustedes sean súper felices y súper ricas. Espero que tu menstruación llegue a tiempo. Y si no quieres que llegue, espero que no llegue. Espero que el cabrón más sabroso del bar te pida tu número telefónico. Espero que tengas un trabajo de oficina con comida gratis en la sala de descanso. Espero que puedas saltar al mar desde un yate. Espero que tengas dónde vivir, gente que te quiera y una comunidad que te haga sentir que perteneces a ella. Espero que estés segura. Espero que sepas cuánto vales. Y espero que vivas tu vida como tú quieres, sin que te importe un carajo lo que digan los demás.

¡Te maldigo con alegría! Ahora sal por el mundo y espárcela.

SOBRE LA AUTORA

TIFFANY HADDISH es comediante, actriz, presentadora y productora que protagonizó la exitosa comedia *Girls Trip* y es autora del *bestseller* del *New York Times*, *El último unicornio negro*. Entre sus otras obras de cine y televisión están *The Afterparty, El contador de cartas, Aquí y ahora, Un viaje pesado, Tuca & Bertie, Kids Say the Darndest Things, Escuela nocturna, The Carmichael Show* y *Keanu*. Su especial de comedia *Tiffany Haddish: Black Mitzvah*, nominado al Emmy y ganador de un Grammy, se estrenó en Netflix en diciembre de 2019. Haddish se convirtió en la segunda mujer negra en ganar un Premio Grammy al mejor álbum de comedia. También es productora ejecutiva y presentadora de *Tiffany Haddish Presents: They Ready* por medio de She Ready Productions. En noviembre de 2017, hizo historia al convertirse en la primera comediante negra en presentar *Saturday Night Live*, lo que le valió el Premio Emmy 2018 a la mejor actriz invitada en una serie de comedia. Haddish también fundó la Fundación She Ready para ayudar y apoyar a niños necesitados que se encuentran en casas de acogida. Actualmente vive en Los Ángeles.